KB115013

문재인 흑서

위선의 역사

문재인 흑서

위선의 역사

타임라인

머리말

　우리 국민은 살려달라는 민간인 표류자, 그것도 동족을 향해 수십 발의 총탄을 퍼붓고 시신까지 소각한 서해 공무원 피살사건의 충격을 잊지 못합니다. 그러나 북한의 이런 만행보다 더 놀랍고 소름 끼치는 것은, 이대준 씨가 북한군에 의해 피격된 다음날 대통령 안보실은 안보 관계 장관회의를 비공개 소집하였고, 서훈 비서실장은 정부의 대북화해정책에 대한 비판을 우려하여 "서해 공무원 피격 및 시신 소각 사실에 관하여 철저하게 보안을 유지하고 위 사실이 일체 외부로 유출되지 않도록 할 것"을 지시했다는 사실입니다. 구조할 수 있는 시간이 다섯 시간이나 남아 있었지만, 국방부와 합참이 구조에 필요한 조치를 전혀 지시하지 않았고, 사건 관련 첩보와 보고서를 완전 삭제하고, '자진 월북'으로 몰기 위한 허위 정보를 고의적으로 흘렸습니다. 불과 3년 전인 2020년 9월 23일의 일입니다.

　문재인 정권 5년간 서울 아파트값이 대부분 두 배 이상 폭등하는 등 국민의 주거 안정이 뿌리째 흔들렸지만, 문 정권은 부동산정책의 실패를 인정한 적이 없습니다. 오히려 자화자찬에 바빴습니다. 이를 위해 2017년 6월부터 2021년 11월까지 장하성·김수현·김상조·이호승 전 청와대 정책실장과 김현미 전 장관은 94회에 걸쳐 부동산통계조작을 지시, 관여하였음이 감사원 감사 결과로 적나라하게 드러나고 있습니다.

2019년 10월 투자자 400여 명에게 1조 6,000억 원대의 피해를 입힌 '라임사태' 초기에 이미 민주당과 청와대 인사들이 연루된 정황이 있었음에도 추미애 법무장관은 2020년 1월 '증권범죄합동수사단'을 폐지하였습니다. 검찰의 전문 수사 능력은 제거되었고, 코드에 맞춘 문재인 검찰은 부실 수사로 일관한 정황이 밝혀지고 있습니다.

도대체 우리는 어떤 나라에서 살아왔던 것인지 묻지 않을 수 없습니다. 지난 문재인 정권 시절 전횡을 일삼던 무리들은 여전히 입법권력을 차지하고 '한 번도 경험하지 못한' 대한민국을 만들기에 혈안이 되어 있습니다. 이들이 이렇게 할 수 있는 배경에는 부끄럽게도 우리 국민의 무관심이 있습니다. 이에 지난 여름 사실(史實)이 잊혀지기 전에 남겨 두어야 한다는 절박한 사관(史官)의 심정으로, 민주공화정을 훼손하는 무리들은 반드시 척결되어야 한다는 고발인(告發人)의 심정으로 '사회정의를 바라는 전국교수모임(정교모)' 교수들이 뜻을 모았고, 그 결실이 이 한 권의 책이 되었습니다. 정기애·홍승기 교수님은 편집을 맡아 수고해 주셨고, 강규형 교수님은 전 과정을 조율해 주셨습니다. 기획하고 후원해 주신 임동균 원장님께 특히 감사드립니다.

이 책은 그야말로 문재인 정권 5년간 암흑시대의 극히 일부분만 담았을 뿐입니다. 그러나 그럼에도 불구하고 이 책만으로도 독자들에게 그 답답하고 암울했던 기억을 되살리고, 대한민국이 다시 위기일발의 상황으로 몰려서는 안 된다는 경종을 울리기에는 충분하다고 생각합니다. 불행히도 이 어둠의 역사는 완전히 사라지지 않았고, 2024년 4월 10일 총선은 우리가 다시 그 암흑의 터널로 들어가느냐, 마느냐의 분기점이 될 것입니다.

이 흑서가 누군가에게는 소시민적 안일함과 방심을 깨우는 파수꾼의 나팔 소리로 작용하여, 짧게는 2024년 4월 10일 총선에서의 대한민국의 확실한 정상화의 발판이 되고, 길게는 이 시대의 각성제가 된다면 저자들로서는 더 이상 바랄 것이 없겠습니다.

2023년 11월

저자들을 대표하여 편집위원장 김주성

정교모 사무총장 이호선

목차

진실 왜곡

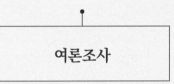

여론조사

국가 정체성·법치 파괴

주사파 정치세력의 저강도 혁명

김주성/전 한국교원대학교 총장,
현 특권폐지국민운동본부 공동대표

특이한 정치행태

문재인 대통령은 대한민국 헌정사에서 특이한 정치행태를 선보였다. 취임사에서 '통합과 공존'을 약속했으면서도, 집권 기간 내내 적폐 청산을 밀어붙이면서 진영정치를 극한까지 몰고 갔다. 87체제에 만족하지 않고, 정치체제를 손보려고 헌법 개정을 서둘렀다. 청와대 주도로 헌법 개정안을 마련했지만 국회에서 폐기되고 말았다. 그러자 정치적 구상을 유별난 정책과 법안으로 만들어 국가 시스템을 뒤흔들었다.

우리는 헌정사상 '한 번도 경험해보지 못한 나라'를 살이 떨리도록 경험했다. 먹구름이 걷히고 나자 우리는 많은 의문을 품게 되었다. 문재인 정권이 진정 목적했던 바는 무엇이었나? 그들은 혁명하려고 했던 걸까? 그랬다면 국가권력을 장악하고 있었으면서도 왜 실패하였나? 그들의 실패는 혁명전략의 한계에서 비롯되었을까? 아니면 도도한 현대문명사의 흐름에 어긋났기 때문인가? 그들은 이제 잦아들 것인가? 아니면 또다시 솟구칠 것인가?

의문을 풀기 위해서, 문재인 정권의 성격을 알아보고, 주사파 정치세력이 어떤 전략으로 정권을 만들어냈는지, 그들의 성공과 실패는 무엇이었는지를 시대의 흐름 속에서 짚어보자.

문재인 정권의 성격

주사파 정권의 성격은 다음과 같은 발언에 잘 표현되어 있다. "문재인은 공산주의자다"라는 고영주 변호사의 말에 용공성이 표현되었고, "문재인은 간첩이다"라는 박인환 변호사의 말에 반대한민국의 성격이 표현되어 있다. 고 변호사는 문재인 대통령으로부터 명예훼손으로 고발당했는데, 오랜 재판 끝에 대법원에서 최종 무죄판결을 받았다. 박 변호사는 최근 더불어민주당으로부터 명예훼손으로 고발당했는데 이 사건은 언제 마무리 될지 알 수 없다.

물론 명예훼손 소송에서 무죄판결이 난다고 해서, 문재인 대통령이 공산주의자 또는 간첩으로 판정되는 것은 아니다. 무죄판결은 발언 내용이 표현의 자유에 해당한다고 판정한 것일 뿐이다. 그런 만큼 문재인의 용공성, 반국가 행위 여부는 그의 행적이나 정책으로 판단해야 한다.

문재인의 용공성은 어렵지 않게 확인할 수 있다. 취임 초에 열린 평창동계올림픽 개막식에서 대통령 문재인은 신영복을 존경한다고 공개적으로 밝혔다. 또한 청와대에서 신영복이 쓴 글씨 앞에서 김여정, 김영남과 함께 기념 촬영을 하기도 했다. 신영복은 통일혁명당 간첩단 사건으로 20년 동안 감옥살이를 한 골수 공산주의자이다. 거짓 전향서를 내고 풀려나서 나중에 성공회대학의 교수가 되었다. 그는 북한에서 가장 아낀 남한 토박이 공산주의자로 유명하다.

베트남전쟁이 끝났을 때, 이대용 공사를 비롯한 외교관 3인이 사이공을 탈출하지 못했다. 그들을 구출하고자 접촉했을 때, 북베트남은 북한에 교섭권을 넘겨주었다. 북한이 교환조건으로 내세운 인물이 무려 21명이나 되었는데, 그 가운데 신영복이 우선순위 1번이었다. 북한의 리스트에는 중량급 장기수들이 많았지만, 북한에 가보지도 않은 신영복이 최우선 인사였다. 그런데 예기치 않은 일로 교환 협상은 없던 일이 되었다. 대한민국은 북베트남과 직접 협상하여 억류 외교관들을 무사히 데려왔다.

문재인은 제주 4.3추념식에서 "누구보다 먼저 꿈을 꾸었다는 이유로 제주는 처참한 죽음과 마주했다"면서, "슬픔 속에서 제주가 꿈꾸었던 내일을 함께 열자"고 당부했다. 4.3의 제주가 꾸었던 꿈은 자유주의 세상이 아니었다. 그랬다면 4.3사건이 일어나지 않았다. 제주의 꿈은 용공(容共) 세상이었고, 그 꿈을 이루기 위해 5.10선거를 폭력적으로 방해했다. 그런 만큼 제주의 꿈을 실현하자는 말은 용공적인 세상을 만들자는 말과 다름없다.

현충일 추념식에서 문재인 대통령은 김원봉이 참여한 광복군이 국군창설의 뿌리라고 강조하였다. 김원봉은 의열단을 조직해서 무정부주의 투쟁을 하다가 광복군의 부사령관을 지냈다. 해방정국이 끝날 무렵 월북했고, 6.25전쟁에서 세운 공로로 북한 훈장을 받았으며, 권력 서열 3위까지 올랐다. 만일 적군 수괴를 국군창설의 주역으로 내세운 문재인 대통령의 발언을 들었다면, 현충원에 잠들어 있던 6.25 참전용사들이 소스라치게 놀라 벌떡 일어났을 것이다. 사실 광복군은 국군창설에 기여한 바가 전혀 없다. 국군창설의 뿌리는 해방 이듬해에 결성된 국방경비대이다.

당시에 청와대 관계자들은 좌우를 가르던 시대는 지났다며, 문재인 대통령의 발언 취지는 상생하자는 것이었다고 변명하였다. 그러나 상생이란 미사여구로 집요하게 밀어붙이던 적폐 청산 작업을 해명할 수 없으며, 극단화되었던 문재인 정권의 진영정치를 설명할 수 없다. 상생을 거부하는 용공 사상이 문재인의 발언에 스며 있다.

문재인 대통령의 용공성에 대해서는 이만큼 해 두고, 반대한민국의 행적을 살펴보자. 반대한민국의 행적은 대한민국의 존재 기반을 허무는 이적행위를 말한다. 무척 많은 사건이 있지만 대표적인 것으로, 판문점회담에서 김정은에게 직접 USB를 건네준 것, 서해 공무원이 자진 월북했다고 조작한 것, 국정원의 간첩 수사를 무력화시킨 것을 들 수 있다.

먼저 헌정사에서 가장 놀라운 스캔들부터 살펴보자. 문재인 대통령은 2018년 4월 27일의 판문점 정상회담에서 김정은의 손에 직접 USB를 쥐어주었다. USB에 무슨 내용이 담겼는지는 주고받은 사람을 빼놓곤 아무도 모른다. 문재인 대통령이 청와대 회의에서 신경제 구상과 더불어 발전소에 관한 내용이 들어 있다고 얘기한 것밖에는 밝혀진 바가 없다.

USB는 통일부에서 만들었는데, 최근에 자유통일당에서 공개를 청구하자 '국방 등 국익 침해'를 이유로 공개를 거부했다. 더욱이 통일부는 판문점 회의에서 김정은에게 전달된 USB가 자신들이 만든 것인지 확인할 길이 없다고 털어놓았다. USB의 내용은 국가기록원의 대통령기록물에도 들어 있지 않다. 그런 까닭에 USB에 핵심적인 국가기밀이 들어있지 않나 하는 의혹이 더욱 커지는 것이다.

USB에 국가기밀이 담겨 있다면, 대놓고 이적행위를 한 셈이다. 반역죄로 처벌해야 마땅하다. 그렇지만 이 사건은 아직 사법 절차에 들어가 있지 않으며, 당분간 사법처리를 기대할 수도 없다. 핵폭탄급의 정치 사안인 만큼, 윤석열 정부가 국민의 전폭적인 지지를 받지 않는 한 수사에 착수할 수 없을 것이다. 그렇지만 국가를 정상화하려면 언젠가 반드시 사법처리를 해야 한다.

둘째로, 국민의 생명과 재산을 보호할 국가의 제1 의무를 저버린 사건을 보자. 서해 공무원이 자진 월북했다고 조작한 사건이 바로 그것이다. 2020년 9월 21일 새벽에 당직근무를 서던 공무원이 실종되었는데, 이틀

날 북한의 총격으로 죽었다. 그때 해양경찰청과 국방부는 실종 공무원의 채무관계나 해상표류 예측자료를 인용해서 자진 월북했다고 발표했다. 그러나 최근에는 자진 월북의 근거를 발견하지 못했으며, 사실상 청와대의 압력을 받고 그렇게 발표했다고 털어놓았다.

월북 조작 사건이 반국가 범죄인 까닭은, 국가의 존재 이유를 무너뜨렸기 때문이다. 국가가 국민을 보호하지 않고 책임을 회피한다면, 누가 국가에 충성하겠는가? 자국민의 충성을 확보하지 못한다면, 국가가 어떻게 존립할 수 있겠는가? 서해 공무원 실종사건은 비록 공무원 한 사람에 관계된 소소한 사건으로 보일지 몰라도, 본질적으로는 국가 존립에 관계된 거대한 사건인 셈이다.

마지막으로 국가 정보 능력을 조직적으로 무너뜨린 사건을 살펴보자. 적대적으로 대립하는 분단국가일수록 국가정보원의 역할이 필수적이다. 그런데도 문재인 정부는 국가의 정보 능력을 헐어내는 일을 서슴지 않았다. 세 단계로 일이 진행되었다. 처음에는 국정원의 국내 파트를 없앴고, 다음에는 국정원의 간첩 수사를 무력화시켰으며, 마지막에는 아예 국정원의 대공수사권을 박탈했다.

국정원의 국내 파트를 없애 버리자 해외 파트에서 물어온 소중한 정보를 헛되이 방치하는 경우가 많았다. 대표적인 예를 보자. 중국에서 요소수의 한국 수출량을 이례적으로 매번 점검하는 것을 해외 파트에서 우연히 알아냈다. 국내 파트가 없어지자 해외 정보의 정치경제적인 의미를 분석할 수 없었다. 소중한 해외 정보는 방치되었고, 큰 봉변을 당했다. 몇 달 뒤에 중국이 요소수의 수출을 통제하자 대란이 일어났다. 요소수의 97%를 중국에서 수입하던 상황에서 대비책을 마련하지 못했기 때문이다. 정보기관의 국내 정보 기능을 없앤 곳은 우리나라가 유일하다고 한다.

간첩 수사를 무력화시킨 것은 최근 수사선상의 민주노총 간첩사건으로 드러났다. 내부 폭로에 따르면, 문재인 정부 당시에 민주노총 핵심 간부들이 북한 공작원을 접촉한 사실을 확인하고도, 윗선의 반대로 수사를 못 했다고 한다. 남북관계 악화를 우려해서 국가정보원 수뇌부가 수사 허가를 내주지 않았다는 것이다. 국정원이 간첩을 잡지 않았다는 사실은, 통계를 보면 더욱 뚜렷해진다. 간첩의 적발 건수가 문재인 정권 이전 6년 동안 26건이었는데, 문재인 집권 이후 5년 동안 겨우 3건에 그쳤다. 이마저도 박근혜 정부에서 수사하던 사건들이다.

마지막으로 국정원의 간첩 수사권마저 박탈했다. 그래 놓고 간첩 수사권을 경찰에 이관했다고 국민을 호도했다. 간첩 수사권은 경찰이 본래부터 가지고 있었지, 이번에 이관받은 것이 아니다. 간첩 수사권을 갖고 있어도, 그동안 간첩 수사를 제대로 못 했다. 경찰은 전문성이 떨어질 뿐만 아니라 해외파트가 없기 때문이다. 문재인 정권은 안보 경찰의 숫자도 1,000명이나 줄여 놓았다. 이런 상황에서 경찰이 독자적으로 하라 하면, 간첩 수사나 대북 정보 수집 능력은 형편없이 될 것이다.

지금까지 살펴본 것들은 빙산의 일각일 뿐이다. 이것만 보아도 대한민국의 뿌리가 얼마나 손상됐는지 짐작할 수 있다. 만일 빙산의 전체 모습이 드러난다면, 문제의 심각성이 얼마나 클지 알 수 없다. 반국가적인 행적들은 조직적으로 추진하지 않으면 생겨날 수 없다. 이제 문재인 정권의 반국가성에는 의심의 여지가 없을 것이다.

주사파 정치세력의 혁명전략

주사파 정권은 87체제의 클라이맥스를 장식하고 있다. 87체제는 1987년의 6월 항쟁으로 성립된 제6공화국의 정치체제를 말한다. 87체제는 본질적으로 봉건영주와 같은 지역 맹주들의 권력분점 체제였기에, 주사파 운동권은 외면했다. 현실적인 선택지이기도 하였지만, 그들은 노동, 교육, 언론, 문화 및 사법 영역에 들어갔다. 그러다가 현실 정치권이 부르자 하나둘씩 들어가 마침내 87체제의 주역으로 성장하였다.

87체제의 좌파 정권으로는 김대중·노무현·문재인 정권이 있다. 세 정권 모두 용공성과 반대한민국 혐의가 있지만, 그 중에서도 문재인 정권이 가장 노골적이고 조직적이었다. 김대중 정권은 헌정사에서 최초로 친북 정권의 모습을 선보였고, 노무현 정권은 좌파 부흥기를 마련했으며, 문재인 정권은 좌파 종북 정치의 진수를 보여주었다.

김대중 대통령은 햇볕정책으로 유명하지만, 그의 용공성과 반대한민국 성격은 북핵 정책을 통해 드러났다. 그는 "북한은 핵을 개발할 의사도 없고, 능력도 없다"면서 국민을 오도하고 북핵 개발의 활로를 열어주었다. 막대한 대북송금액은 북핵 개발의 단비가 되었다. 그럼에도 불구하고 신자유주의를 도입하여 IMF 위기를 극복한 공적이 있다. 아직은 국가 개념이 살아있었다.

노무현 대통령의 용공성 혐의도 북핵 정책에서 나타났다. "북한의 핵 주장에 일리가 있다"고 두둔하자 한 해 뒤에 북한은 핵보유 선언을 했다. 그리고 놀랍게도 남북정상회담에서 NLL을 포기하는 발언을 했다. 그러나 "좌클릭하고 우회전"을 하며 국익을 챙긴 행적도 있다. 한미 FTA를 추진하고, 제주 강정마을에 해군기지를 건설하고, 이라크 전쟁에 파병했던 것이다. 아직은 국익 개념이 살아있었다.

주사파 정치세력은 노무현을 영웅처럼 받들면서도, 그가 국익을 위해 추진했던 정책들은 끝까지 반대했다. 그리고 일관되게 국가 시스템을 파괴하고 국익을 훼손했다. 국가 개념이나 국익 개념 자체가 없었다고 보이는 이유이다. 그럼에도 불구하고 문재인 정권은 역대 어느 정권보다도 지지율이 높았다.

주사파 세력이 문재인 정권을 세우는 과정에는, 음악 선율이 클라이맥스에 오르듯 기민하고 집요했다. 두 가지 과정으로 진행되었는데, 하나는 시민사회를 장악하는 과정이었고, 다른 하나는 정치 사회를 장악하는 과정이었다. 주사파 운동권 세력은 시민사회를 장악하는 전략과 정치사회를 장악하는 전략을 잘 조화시켜서 성공할 수 있었다. 이탈리아의 공산주의자인 안토니오 그람시의 이론을 잘 따랐던 것이다.

그람시는 유럽에서는 레닌의 볼세비키처럼 혁명을 할 수 없다고 보았다. 후진 러시아와 달리 선진 유럽에는 시민사회가 성숙했기 때문이다. 선진사회에서 혁명에 성공하려면, 시민사회를 먼저 장악해야 한다. 시민사회를 장악하는 전략을 진지전이라 했고, 국가를 장악하는 전략을 기동전이라고 불렀다. 진지전이나 기동전은 제1차 세계대전을 겪으면서 빌려 온 군사 용어이다.

주사파의 86운동권은 프랑스의 68운동권처럼 그람시의 진지전부터 수행할 수밖에 없었다. 프랑스의 학생운동권은 대대적인 기동전을 펼쳤지만 실패하고 말았다. 1968년 5월에 드골 정부에 반기를 들고, 소규모 학생봉기로 시작했다. 곧바로 프랑스 전역의 학생과 파리 노동자 대부분이 참여하는 대대적인 혁명 상황이 연출되었다. 드골 정부는 군사력을 동원하고 의회를 해산했으며, 총선을 실시했다.

무질서에 진저리친 국민들의 지지를 업고, 드골이 총선에서 대승을 거두었다. 프랑스의 68세대는 혁명에 실패하자 시민사회로 들어가서 성 해방, 인권, 공동체주의 및 생태주의와 같은 진보적 가치를 드높이는 데 혼신을 기울였다. 입지는 좀 달랐지만, 주사파의 86세대도 프랑스의 68세대의 길을 걸었다.

1987년에 넥타이부대의 참여로 주사파 학생운동권이 주도한 6월 항쟁이 성공하였다. 그렇지만 항쟁의 열매는 보수 정객들에게 돌아가고 말았다. 지역 기반을 가진 거물 정치인들이 87체제를 권력분점 체제로 만들어 버렸다. 곧이어 동유럽의 공산권과 혁명의 성지인 소련마저 해체되고 말았다. 이중적으로 설 땅을 잃어버리자, 주사파 운동권에게는 시민사회로 들어가는 길밖에 없었다.

주사파 운동권은 출판시장에 들어가 좌파 서적을 산더미처럼 출간했고, 영화·예능계에 들어가 젊은이들을 좌파 문화의 소비중독에 빠지게 만들었다. 입시 학원가에 들어가 감수성이 예민한 청소년들에게 좌파 가치를 심어 놓았다. 노동계에 들어가 노동자들을 정치화 시켰고, 노동자의 권익보다 정치운동을 앞세우는 민주노총을 만들었다. 교육계에 들어가 대한민국을 폄하하고 북한 정권을 옹호하는 전교조를 세웠다. 언론방송계에 들어가 사업장마다 언론노조를 만들고, 데스크와 운영권을 장악했다. 사법계에 들어가 틈만 생기면 법정투쟁으로 반대 세력을 지치게 만들었다.

주사파 86세대가 시민사회를 장악하는 과정은 프랑스 68세대의 그것과 달랐다. 주사파 운동권은 가끔씩 쌓아온 역량을 결집시키면서 국가를 공격하였다. 일종의 기동전이었는데, 목적이 국가를 직접 장악하는 데 있지 않았다. 주사파 정치세력이 국가를 장악할 수 있는 기반을 만드는 데 있었다. 시민사회에서 헤게모니를 충분히 장악하기 전에 국가를 장악하면, 반드시 실패하게 된다는 그람시의 경고를 따랐다.

대표적인 기동전으로는 미군 장갑차에 치인 효순·미선의 사망사건, 미국산 수입 쇠고기의 광우병 사건, 천안함의 폭침 사건, 세월호의 침몰 사건, 마지막으로 박근혜 대통령의 탄핵 사건을 중심으로 펼쳐졌다. 이 가운데 가장 거대하고 성공적인 기동전은 박근혜 대통령의 탄핵 촛불시위였다. 이로써 문재인 정권의 탄생이 예비되었고, 한국 사회의 주도권을 움켜쥐게 되었으며, 정치사회의 운동장이 기울어지게 되었다.

프랑스 68세대와 달리 주사파 86세대는 정치세력화에 성공했다. 대통령 탄핵의 기동전이 성공하자, 국가권력을 장악할 수 있었다. 주사파 운동권은 처음에 87체제에 관심을 두지 않았다. 그들은 레닌과 마오쩌둥과 김일성의 제자였기 때문이다. 그러나 시대 상황이 그들을 시민사회로 들어가게 만들자, 그람시의 제자가 되었다. 현실정치권에서 김영삼과 김대중이 경쟁적으로 불러들이자, 주사파 운동권이 정계에 자리 잡게 되었다.

주사파 운동권은 새천년 즈음에 전향파와 비전향파로 갈라졌다. 공산권의 몰락을 조용히 지켜본 한 무리의 주사파 운동권이 자유민주주의자로 전향하였다. 그러나 대부분의 주사파 운동권은 전향하지 않고 현실정치에 참여하였다. 비전향파는 주로 김대중 정권에 참여했지만, 당시에는 정치세력화를 엄두도 낼 수 없었다.

노무현 정권에서는 달랐다. 처음에는 미미했지만, 주사파 비전향파들은 친노 정치인들과 함께 정치세력화에 성공하였다. 열린우리당을 창당하자 노 대통령이 합류하였고, 대통령의 탄핵소추를 계기로 총선에서 크게 성공하여 제1당이 되었다. 노무현 대통령은 살아서는 주사파 운동권을 부흥시켰고, 죽어서는 그들의 생명수가 되었다.

주사파 운동권의 정치세력과 시민 세력은 자유우파의 이명박 정권과 박근혜 정권에서도 전투력을 잃지 않고 살아남았다. 그럴 수 있었던 데는 서로 다른 이유가 있었다. 주사파 정치세력이 살아남을 수 있었던 까닭은, 자유우파 정권이 주사파 정치세력을 경쟁적인 동반자로 여겼기 때문이다. 두 정권은 모두 사회통합운동이나 국민대통합운동을 펼쳤다.

실용정부를 표방한 이명박 정권은 이념 문제에 무디었다. 취임 초부터 한미FTA 반대와 광우병 사태로 지쳐버렸는지, 권력 안팎의 빈 공간에 이념 세력들의 자리를 내주고 말았다. 이명박 정권에 주사파 운동권이 똬리를 틀고 있다는 소문이 많았다. 몇 년 전 '기생충'이란 영화가 나오자 자유 시민들은 이명박 정권을 떠올렸다. 이념 세력의 숙주 노릇을 톡톡히 했다고 보았던 것이다.

자유우파와 달리 주사파 운동권은 반대 세력을 적대적 척결 대상으로 여겼다. 자유우파는 그런 사실을 몰랐거나, 알았다 하더라도 소홀히 한 것이 분명하다. 박근혜 정권은 통합진보당을 해체하고 전교조를 법외노조화하면서 이념문제에 날을 세웠다. 위협을 느낀 주사파 운동권이 본색을 드러내고, 박대통령의 탄핵을 밀어붙였다. 거대한 기동전을 펼쳤던 것이다.

주사파 시민 세력이 시민사회의 주류가 될 수 있었던 까닭은, 자유시민들의 부채의식과 자유 지성인들의 비겁함에 있었다. 주사파 운동권은 권위주의 시대에 민주화를 위해 목숨을 걸고 싸웠다. 그들이 많은 희생을 치를 동안 대부분의 자유시민들은 자기 삶을 개척했다. 이런 기억 때문에, 자유시민들은 대부분 운동권 세력에게 미안한 감정을 갖고 있었다. 그래서 기회가 있을 때마다 그들을 챙겨주었다. 그런데 부채의식은 오도된 것이다. 학생운동 시절에 그들이 신봉한 이념은 자유민주주의가 아니었다. 그들은 마오쩌둥이 내세운 '신민주주의'를 신봉하였다. 마오쩌둥은 프롤레타리아 독재를 신민주주의라고 불렀다. 그때 학생운동권은 본질적으로 프롤레타리아 독재자였다.

상당수의 자유지성인들은 좌파의 '낙인찍기'가 두려워 제대로 목소리를 내지 못했다. 그들의 지성 분위기는 프랑스 68세대의 지성 분위기와 비슷했다. "(자유주의자) 아롱과 함께 옳은 것보다는 (공산주의자) 사르트르와 함께 실수하는 게 낫다"는 것이 그때 분위기였다. 우리도 당시에 자유지성인들이 주눅들어 있었다. 좌파가 우파보다 도덕적 입지나 말발이 앞서 보였기 때문이다. 그래서 자신의 신념대로 주장해야 할 때 비겁하게도 침묵했다.

제19대 대통령 선거에서 주사파 정치세력은 씩씩한 발걸음으로 대권을 장악하였다. 김대중 대통령은 자유우파의 김종필과 DJP연합을 결성하여

당선되었고, 노무현 대통령은 자유우파의 정몽준과 우여곡절을 겪고 당선되었다. 김대중과 노무현의 성공은 자유우파의 이회창 후보가 JP나 MJ를 품지 못한 실수 때문이었다고 볼 수 있다. 그러나 문재인 대통령은 자유우파의 실수에 힘입지 않고, 독자적으로 성공했다. 진지전으로 쌓아 올린 시민사회의 좌파 헤게모니와 박근혜 탄핵을 이끌어냈던 주사파 운동권의 기민한 정치력으로 대권을 움켜쥐었다.

주사파 86세대의 성공과 실패

이제 주사파 용공 정권이 진정 목적했던 바가 무엇이었는지, 성패 여부는 어떤지, 그리고 왜 그럴 수밖에 없었는지를 물을 때가 되었다. 그들이 목적한 바는, 정권의 출범 초에 뜨거웠던 헌법 개정 논의를 살펴보면 그 대강이 나타난다. 성패 여부는 사태 전개를 따져보면 가늠할 수 있고, 왜 그럴 수밖에 없었는지는 시대 흐름을 짚어보면 될 듯싶다.

헌법 개정의 논의는 공식적으로 2018년 2월에 국민헌법자문특별위원회가 출범되면서 본격적으로 시작되었고, 5월에 국회에 상정되어 의결정족수 미달로 폐기될 때 끝났다. 문재인 대통령의 공약사항이었던 헌법 개정이 취임 초에 청와대 주도로 추진된 것을 보면, 헌법 개정의 논의 속에 주사파 정권의 실질적인 정치목표가 담긴 것이 분명하다.

핵심 쟁점은 헌법 전문과 제4조의 '자유민주적 기본질서'라는 표현에서 '자유'를 빼느냐 그대로 두느냐는 문제와 헌법 제1조 3항에 지방분권 국가 조항을 신설하느냐 마느냐는 문제였다. 그리고 개헌안 제9장에서 선언되었고 나중에 주민자치기본법안으로 구체화된 풀뿌리 민주주의의 문제였다. 최종 헌법 개정안에는 '자유'가 살아남았고, 지방분권국가 조항이 신설되었다.

헌법 개정안에 '자유'가 삭제되지 않았다고 해서, 주사파 정권의 정치목표가 바뀌었다고 볼 수 없다. 왜냐하면 뒤에 발표된 중고교 역사 교과서의 집필 기준 시안에 '자유민주주의'를 삭제하고 '민주주의'를 삽입했기 때문이다. 헌법 개정 초안을 발표할 때 '자유'를 삭제했다가 부랴부랴 삽입한 것은, 2보 전진을 위한 1보 후퇴였다. 헌법 1조에 지방분권국가 조항을 신설하면, 체제변혁에 큰 문제가 없다고 보았을 것이기 때문이다.

좌파 지성계는 늘 민주주의가 상위개념이기 때문에, 자유를 빼도 상관없다고 변명하곤 했다. 그러나 민주주의는 '자유'민주주의의 상위개념이 아니다. 동유럽의 공산권이 무너지고 소련이 해체되자, 민주주의는 곧바로 자유민주주의를 의미하게 되었다. 민주주의가 자유민주주의를 의미하므로 자유를 빼자고 하면 일리 있는 주장이 된다. 그렇지만 민주주의를 프롤레타리아 독재인 '신민주주의'로 이해해온 주사파 정치세력이 '자유'를 빼자고 하면, 그것은 인민민주주의를 하자는 얘기밖에 안 된다.

헌법 제1조에 왜 굳이 지방분권국가 조항을 신설하려 했을까? 얼핏 보면, 권위주의 시대에 폐지했다가 민주화 시대에 부활시킨 지방자치를 본격화하자는 듯싶다. 그러나 이미 살펴보았듯, 용공적이고 반 대한민국적인 주사파 정권이 그렇게 순진할 리가 없다. 문재인 대통령은 이미 "연방제에 버금가는 지방분권을 이루겠다"고 선언한 바가 있다. 그걸 보면 '지방분권'이란 곧 '연방제'라는 종착역에 가기 위한 중간 기착지라는 것을 알 수 있다.

이제 분명해졌다. 주사파 정권의 정치 목표는 곧바로 용공적인 정치체제로 변혁하는 것이 아니었다. 목표는 '연방제 통일'을 준비하는 것이었다. 그러니 체제변혁을 앞세워서 미리부터 반발을 불러올 필요가 없다. 자유를 다시 삽입한 까닭을 이 대목에서 이해할 수 있다. 또한 연방제 통일을 준비해 놓으려면, 결정적인 기회에 폭력적인 기동전을 펼칠 수 있어야 한다. 그러려면, 밑으로부터 혁명의 열기가 치솟을 수 있어야 한다. 풀뿌리 민주주의가 강조된 이유가 여기에 있다.

헌법 개정안이 폐기된 뒤에 풀뿌리 민주주의를 명분으로 지방자치기본 법안이 발의되었다. 이 법안은 시군구를 넘어 읍면동까지 주민자치회를 두게 했다. 주민자치회는 정부에 예산을 요구할 수 있는 권한, 공무원의 출석을 요구할 수 있는 권한, 주민의 신상정보를 수집할 수 있는 권한, 기부금을 모집할 수 있는 권한, 수익사업을 할 수 있는 권한을 가지고 있다. 겉보기에는 민주주의의 풀뿌리 조직처럼 보이지만, 실질적으로는 그렇지 않다. 막강한 권한의 주민자치회는 결정적인 계기에 쉽사리 정치화될 수 있도록 설계된 것이다.

헌법 개정안은 폐기되었고, 주민자치법도 폐기된 거나 다름없다. 그렇다고 주사파 정권의 정치목표가 바뀐 것은 아니다. 여기에서 두 가지 질문을 할 수 있다. 하나는 국가를 장악하고도 왜 연방제 통일을 준비하는 목표밖에 세우지 못했는가 하는 것이다. 다른 하나는 헌법 개정에 실패한 뒤에는 어떻게 정치 목표를 달성하려고 했는가 하는 것이다.

그람시가 살아 있었다면 땅을 치고 한탄했을지도 모른다. 시민사회를 그만큼 장악하고 국가권력까지 움켜쥐었으면, 본격적으로 폭력적인 기동전을 펼쳐서 혁명을 완수해야 하지 않았겠느냐고 말이다. 사실 박근혜 대통령 탄핵의 촛불시위 때, 횃불까지 등장하는 것을 보고 오싹했었다. 이제 폭력혁명의 골짜기로 빠져드는 것은 아닌가 하고 말이다. 그러나 주사파 정치세력은 생래적으로 그렇게 할 수 없었다.

주사파 정치세력은 독자적인 정치 상상력을 가진 혁명 세력이 아니다. 그들은 처음부터 국가전복의 폭력을 북한에 기대하고 있었다. 그들은 기껏해야 북한 주체세력의 아류에 지나지 않았다. 그들의 야망과 정치력은 프랑스의 68세대보다는 좀 나았지만, 베네수엘라의 차베스에는 한참 못

미쳤다. 그들은 처음부터 혁명의 풀코스를 달리려고 하지 않았다. 하프코스 주자들이었기 때문이다.

헌법 개정의 실패로 혁명의 중간 기착지까지 가기도 버거워지자, 그들은 대한민국의 시스템을 망가뜨리기 시작했다. 20년의 장기집권을 꿈꾸면서, 혁명의 길을 열어놓기 위해서다. 좌파들의 주특기는 전통적으로 만들기가 아니라 망가뜨리기다. 문제는 국가 파괴의 목표와 장기집권의 목표가 서로 어긋나는 데 있다. 장기집권을 하려면 국가 파괴만 일삼아서는 안 된다. 국민에게 희망을 주어야 한다. 그들은 상충되는 목표의 갭을 기만과 선동으로 메우려 했다.

국가 파괴 과정을 간단히 살펴보자. 집권 초기부터 소득주도성장이라는 듣보잡의 경제정책을 밀어붙였다. 맨 먼저 자영업자들부터 무너지기 시작했다. 최저임금을 갑자기 크게 올렸기 때문인데, 그 여파가 점차 중소기업과 대기업에까지 미쳤다. 전반적으로 임금수준이 높아지게 된 탓이다. 그런 와중에 COVID-19의 팬데믹으로 경기가 나빠지자, 현금 박치기로 재난지원금을 마구 뿌렸다. 건국 이래 70년 동안 누적된 국가부채가 600조 원이었는데, 주사파 정권 단 5년 만에 늘어난 국가부채는 무려 400조 원이나 되었다.

국가 경제만이 아니다. 국가 시스템도 망가뜨렸다. 무엇보다도 사법 시스템이 망가졌다. 선거소송은 신속한 재판이 요구되는데, 20대 총선의 선거소송은 대부분 정권 말까지 종료되지 않았다. 공화정치의 최후 보루인 사법이 정치화되있기 때문이다. KBS 및 MBC를 무리하게 장악하여 공영방송 시스템이 망가졌다. 편파방송에 예산남용으로 국민의 신뢰를 잃어버렸다. 고위 공무원 범죄수사처가 신설되어 운영하기에 따라 대통령이 삼권을 장악할 수 있게 되었다. 검수완박으로 검찰수사의 범위가 좁아지고, 전문성이 약한 경찰의 부담만 커졌다.

탈원전으로 원전의 생태계가 깨졌으며, 원전의 세계시장 주도권을 중국에 빼앗겼다. 친환경 에너지를 육성한다고, 중국산 패널의 태양광 발전시설을 마구 허가해 주었다. 그러더니 산림파괴와 패널 오염으로, 오히려 환경이 앓아누울 지경이다. 4대강 수질을 높인다고 수중보를 해체하더니, 치수관리에 큰 구멍이 생겼다. 올해 지구온난화에 따른 이상고온과 기록적인 강우량으로 걷잡을 수 없는 산사태와 강둑이 터지는 사고가 났다. 자연재해이지만, 예정된 인재이기도 하다.

국가 시스템이 전반적으로 망가졌다. 그래도 주사파 정치세력은 망가진 것이 아니라 개선된 것이라고 우겼고, 팬덤들은 강력한 지지를 보냈다. 주사파 정권은 통계청장을 갈아치우고 통계를 마사지했으며, 각종 지표를 조작하면서 국가파괴작업을 밀어붙였다. 원전 가동을 중단하거나 4대강 보를 해체할 때, 경제성 지표나 수질지표를 조작한 것이 요즘 드러나고 있다.

객관적 진리를 무시하고 기만과 선동을 일삼는 것은 마르크시즘의 오랜 전통이며, 프랑스 68세대의 혁명전략이기도 했다. 그람시주의와 포스트모더니즘, 생태주의와 여성주의, 다문화주의와 PC(정치적 올바름)주의는 그들의 부정주의 깃발이다. 근대문명을 부정하고 사회 주류의 가치를 파괴하려는 전략들이다. 프랑스 68세대의 부정주의 혁명전략은 주사파 86세대에게 그대로 전해졌다. 정치권력까지 움켜쥐게 되자 국가 시스템까지 파괴하는 지경에 이르렀다.

프랑스 68세대의 부정주의 철학은 진리를 억압자의 권력 유지 도구로 보고, 진실은 피해자의 주관적 경험에 있다고 주장한다. 부정주의 철학은 그대로 우리 86세대의 신념이 되었다. 교통사고에 지나지 않는 효순·미선 사건이나 세월호 침몰 사건, 과학적 근거를 무시한 미국산 쇠고기의 광우병 사건이나 천안함 폭침 사건은 바로 피해자의 주관적 경험에서 진실을 찾아야 하는 혁명전략의 텃밭이었다.

그렇기에 당연하지만, 세월호 사건은 주사파 정권 내내 파헤쳤는데도 아직도 진상규명이 안 끝났다. 진실이 객관적인 사실에 있지 않고, 피해자의 주관적인 경험에 숨어 있기 때문이다. 주관적 경험은 피해자마다 다르니, 진상규명을 어떻게 하겠는가? 주사파 정치세력은 최근 후쿠시마 원전의 처리수 문제도 똑같이 공략하고 있다. 선진국에서 모두 존중하는 IAEA 사무총장의 과학적 견해를 괴담으로 몰아붙이고, 자신들의 근거 없는 괴담이 진실이라고 선동하고 있다

그동안 주사파 정치세력의 저강도 혁명전략은 기만과 선동 전술로 가득 찼었다. 권력의 정점에 올라서서도 전술은 바뀌지 않았다. 기만과 선동 전술이 아무리 많은 정치적 승리를 가져왔더라도 영원히 먹힐 수는 없다. 1989년에 공산권이 무너지자, 객관적 진리를 외면했던 유럽의 68세대는 질시의 대상으로 전락했다. 유럽의 68세대는 공산권의 몰락을 경험한 89세대에게 사회 주도권을 빼앗겼다. 사르트르가 창간한 일간지 리베라시옹은 "아! 슬프다. 아롱이 옳았다"며 그동안 저지른 과오를 사과했다.

우리 사회의 주도권이 주사파 86세대에서 밀레니엄의 MZ세대로 옮겨가고 있다. 주사파 86세대의 일그러진 모습이 너무나 안타깝다. 빈약한 정치 상상력으로 비전 없이 고군분투하다가, 권력과 금력에 중독되어 추한 모습을 연출하고 있다. 더욱이 제대로 된 정치 후계자도 찾지 못한 채 조폭과 다름없는 토건 부패 세력에게 운전대를 넘겨주었다. 그리고는 권력과 금력의 끝자락에 매달려 허둥대고 있다. 애처로운 일이다.

문 디스토피아(Moon dystopia)의 파노라마
- 문재인의 오도된 이념과 역사의식 -

조 성 환 / 경기대 교수

'한 번도 경험하지 않은 세상', 디스토피아(dystopia)일 뿐!

"기회는 평등하고, 과정은 공정할 것이며, 결과는 정의로울 것이다."[1]라는 문재인의 대통령 취임식 약속은 대한민국을 '한 번도 경험하지 못한' 거짓과 기만의 세상을 만들었다. 문재인 정부 시기의 운동권 집권 권력층은 이권 카르텔을 조직하여 국민을 약탈하는 무도한 작폐(作弊)를 자행했으며, 북한에 굴종하고 중국에 부역하는 친(親)전체주의·반(反)문명의 나라로 이끌었다.

헌법에 충성하여 자유대한민국을 회복하겠다고 약속한 윤석열 정부가 들어선 것은 하나의 기적이었다. 한 번도 경험하지 않았던 문재인 정권의 시대착오적이고 파괴적인 작폐로 자유대한민국은 사멸의 위기에 처했으나, 위대한 자유 국민의 결집으로 대한민국의 심장은 다시 뛰기 시작했다. 그러나 새 대통령이 집권했지만, 헌법 위에 군림하는 오만하고 타락한 헌법기관의 헌법 유린이 여전히 지속되고 있다. 대한민국은 헌법 회복을 통한 번영이냐, 아니면 헌법 유린에 의한 혼란과 쇠락이냐를 선택해야 하는 역사의 분기점을 지나고 있다.

1) 문재인, '제19대 대통령 취임사', 『문재인 대통령 연설문집 제1권』 52쪽, 대통령비서실, 2018.

1948년 8월 15일 자유민주공화국이 건국된 이후로 우리 국민은 목전에 닥친 수많은 위기를 극복하고 기적 같은 번영을 이룰 수 있었다. 위대한 우리 국민은 나라의 주인으로서 국토 산하에 붉은 피를 쏟아 소중한 자유를 지켰고, 세계 어떤 나라 국민보다 많은 땀을 흘려 큰 강물을 만들어 지금은 번영의 바다에 도달했다. 그러나 이 자랑스러운 현대사에서 최근 우리는 '이데올로기를 현실로 착각한 문제인(問題人)' 세력의 혁명(파괴)적, 전복적 도발로 인하여 체제의 정당성과 국가의 정체성이 동시에 훼손되는 위기를 겪었다.[2]

대한민국 75년의 역사에서 문재인 정권만큼 무능하고 모험적이었으며 파괴적인 정부는 없었다. 지금 우리는 문재인의 집권기를 지나면서 '기회는 불평등했고, 과정은 불공정했으며, 결과는 부정의했음'을 절감하고 있다. 역사는 공과가 형량되고 포폄(褒貶)되어 기록되어야 한다. 그러나 문재인 정권은 대한민국의 체제 정당성과 국가 정체성을 치명적으로 훼손했음이 만천하에 드러나고 있다. 경제와 사회, 외교와 동맹, 문화와 교육의 본령과 구조를 의도적으로 해체했고 공동체의 선한 습속, 고결한 양심과 정신마저 타락시켰다. 문재인 정권은 운동권 세력의 주도로 '촛불혁명' 유토피아를 약속했으나 그들은 광기와 망상, 오만과 무능에 빠져 거짓과 기만의 사회 혼란과 국가적 재앙을 초래했다.

우리는 이를 '한 번도 경험하지 않았던', 문 디스토피아(Moon dystopia)로 명명한다. 그것은 무능한 자들이 만든 우연한 결과가 아니다. 이데올로기적 광기와 역사의 우상숭배 의식으로 무장된 음모와 기만적 선동으로

---

2) 조성환, "'우리는 고발한다': 헌법기관의 반(反)헌법 법죄와 국가파괴의 작폐에 대한 고발장," 사회정의를바라는전국교수모임, 『헌법유린, 이제 그만!』 14쪽, 제75주년 제헌절 기념세미나, 2023.07.12.

자행되었다. 문 디스토피아는 운동권 카르텔이 기획하고 실행한 자유대한
민국의 파괴와 해체의 결과였다.

'촛불의 우상'과 전체주의로의 행진, 유사 전체주의

19대 대선에 승리한 문재인 대통령은 '촛불혁명정부'를 선언했다. 문재
인 정권은 '촛불'로 상징된 분노와 전복의 광장정치에 편승하여 대한민국
의 대통령이 된 것이다. 문재인 대통령과 한국의 좌파 세력은 촛불을 우상
의 수준으로 받들어 절대선의 전체주의적 의식을 강화하고 새 정부를 '촛
불혁명정부'로 규정했다. 촛불이라는 혁명적 명령의 우상(偶像)을 신봉하
는 문재인 정권은 '나 스스로 나를 대표한다'는 '주권자 민주주의'를 내걸
고 자유대한민국의 체제적 근간을 뒤엎었다.

문재인 정권은 촛불시위를 결산한 〈촛불권리선언〉을 거의 복제한 〈문
재인 정부 국정운영 5개년 계획〉을 발표하며 '주권자 민주주의'를 선언했
다. "선거나 대표자 위임에 국한하지 않고 '나로부터 행사되고, 어디에나
행사되고, 늘 행사되는' 국민주권이 실질적으로 보장되는 것을 '주권자 민
주주의'"로 규정했다.[3]

이와 함께 문재인 정권은 '내 삶을 책임지는 국가'를 5대 국정지표에 삽
입했다. '주권자 민주주의'는 언뜻 보아서는 민주주의에 대한 수사학적 확
장같이 보인다. 그러나 이를 엄밀히 관찰하면 자유민주주의의 헌법 가치인
대의제 민주주의와 법치주의를 넘어선 혁명주의의 선언이었다.

'주권자 민주주의'는 "근대적 국민이 아닌 주권적 국민을, 국가 구성원
으로서의 국민이 아니라 국가를 형성하는 국민을, 위임된 권력이 아니라
생성적 권력을, 제도화된 국민 참여가 아니라 일상적인 국민주권의 행사

---

3) 국정기획자문위원회, 『문재인 정부 국정운영 5개년 계획』 8쪽, 2017.

를, 참정권과 투표권이 아니라 국민제안, 국민숙의, 국민결정을 통한 국민주권의 실현을, 제도 민주주의가 아니라 일상 민주주의"를 주장한다.[4]

기왕의 정치학적 개념으로 존재하지 않았던 이 주권자 민주주의 개념과 내용은 촛불혁명 세력의 기묘한 신조어로 국민의 지위와 주권, 권력과 국가의 위상을 혁명적으로 바꾸겠다는 것이었다.

문재인 정권의 '주권자 민주주의'는 근대적 국민이 아니라 상징적, 총체적 차원의 '주권자 국민'을 전제하는 '주권자 절대주의'에 속한다. "촛불은 국민의 명령이다"라는 구호를 개념화하면 바로 주권자 절대주의가 되는 것이다. 이와 함께 '주권자 민주주의'는 "위임된 권력이 아니라 생성적 권력"을 주장하고 "내 삶을 책임지는 국가"를 선언함으로써 사실상 '국가 지상주의'를 내세우고 있다. 이러한 측면에서 '주권자 민주주의'는 자유주의, 다원주의, 개인주의를 가치로 삼는 자유민주주의가 아니라 '근로인민'을 주권자로 보는 인민주권론적 전체주의 독재의 개념을 내포한 것이다. 결국, '주권자 민주주의'는 '촛불혁명정권'을 선언한 문재인 정권의 혁명적 체제 전환의 사상적 깃발을 의미하는 것이다.

문재인 세력은 '위임된 권력'이 아니라 '생성적 권력'을 내세웠다. 문재인 정권 선거에 의해 '위임된 권력'이 아닌 레닌의 '민주집중제', 히틀러의 '영도자론', 북한의 '수령론'에서 유래한 전체주의 권력 개념, '생성적 권력'을 차용했다. 문재인 대통령은 대의제 헌법에 의해 국민의 투표로 탄생했다. 그러나 그는 대통령으로 취임하자마자 주권자인 국민의 권한을 위임받아 국가의 최고규범인 대한민국의 헌법을 수호하는 본연의 책무를 외면했다. 그는 '생성적 권력'의 영수를 자처하고 자유대한민국의 체제를 근본적으로 변혁하기 위한 폭정을 휘둘렀다.

---

4) 국정기획자문회의(2017) 8쪽.

적폐 청산과 헌법 농단의 폭정

문재인은 국민에 의해 선출된 대통령으로서 '헌법수호책무'를 엄숙하게 선서하고 임기를 시작하였다. 그러나 문재인은 '혁명정부의 영수'로서 '생성적 권력'을 휘둘렀다. 대한민국이 혁명의 대상(앙시앙 레짐)으로 설정되었고 문재인은 '적폐 청산'을 전격적으로 추진했다. 이것은 헌법과 법률에 의한 정의로운 개혁이 아니라 혁명적 패권을 확보하기 위한 정치적 숙청이었다. 문재인이 호기롭게 선언한 '적폐청산'은 '반대자(경쟁자)'를 '반역자'로 만드는 것이었다. 재판은 합법성의 위장에 불과했고, '촛불의 우상'을 경배하는 '여론의 폭정'이 한국 사회를 휘몰아갔다. 홍위병식 여론재판이 휘몰아쳐 자유는 위축되고 진실이 억압받게 되었다. 사법부는 이른바 '특정 연구회' 패거리 정치 판사들이 혁명 영수와 그 하수인들의 명령에 따라 여론(인민의 의지)으로 포장된 재판, 정확하게는 유사 전체주의적 숙청이 이어졌다. 혁명정부가 맞았다. 공포정치가 전격적으로 집행된 것이다.

문재인 대한민국에서는 언론의 독립적 시행과 재판(정의)의 독립적 구현은 사라지고 '촛불의 우상'에 순치되었다. 이미 국제적으로 '완전한 민주주의'(full democracy)로 평가받는 대한민국의 민주주의는 질식하게 되었다. 전체주의적 지배는 악마적 대중 선전을 동원하는 바, 이는 "인간 정신을 현실로부터 허구로, 우연의 일치로부터 일관성(필연성)으로 도피시켜 집단적 광기를 증폭시키는 도구이다. 권력을 잡은 후에는 도그마에 따라 '총체적 지배'를 펼치기 위해서는 바로 일관된 거짓말의 체계적인 반복에 의해 '허구를 사실로, 거짓을 진실'로 둔갑시키는 '악마적 정치술'을 펼치는 것"을 의미한다.[5]

---

5) 한나 아렌트, 이진우·박미애 옮김, 『전체주의의 기원 2』 (서울: 한길사, 2017), 134~143쪽 참조.

'적폐청산'의 폭정에 이어 문재인 정권은 곧바로 체제 변경적 헌법 개정을 시도했다. 대한민국 헌법에서 '자유'를 소거하고 '지방분권형 국가'라는 정치학과 법학의 기본 이론에도 없는 국가 형태를 제시했고, 주민주권을 국민주권과 동등한 권능을 부여하는 세계 헌정사에서 유례를 찾아볼 수 없는 개정안을 밀어붙이려 했다. '자유'가 소거된 민주공화국은 실재하는 것이 아니다. 연방제도 아니고 단일제 중앙집권 국가도 아닌 '지방분권형 국가'는 개념일 뿐 실재하지 않는다. 국민주권과 주민주권을 병치하면 대한민국의 국가성(statehood)이 사라진다. 문재인 정권이 시도했던 헌법 개정은 자유민주공화국의 헌정체제를 변경하려는 것이었다. 다행히 문재인 식 헌법 개정 시도는 혁명적 노도(怒濤)에도 불구하고 국회의결 정족수의 부족, 국민투표 통과의 불확실성으로 포기됐다.

대한민국의 최고 규범인 헌법 체제를 변경하기가 난망해지자 문재인 세력은 위헌적 법률의 제정과 시행령 개정으로 헌법과 헌법 가치를 마비시키는 우회 전술을 구사했다. '개정전략'이 실행할 수 없게 되자 그들은 '마비 전술'로 헌법을 유린하면서 국가 및 사회 체제의 전복과 변혁을 추진했다. 다수 여당은 국회에서 패스트트랙의 폭거를 저질러가며, 반헌법적 〈공수처법〉, 〈연동형비례대표제법〉 등을 통과시켰다. 아울러 행정부령을 동원하여 외고, 자사고의 폐지를 결정하는 등 법령 독재를 펼쳐나갔다. 헌법과 헌법 가치가 마비됨으로써 대통령은 헌법에 구속되지 않고 무소불위의 전권을 휘두르고, 살아있는 권력의 범죄마저 능히 은폐할 수 있게 했다. 문재인 대한민국에서는 정상적 헌정 정치가 혁명적 편의주의에 의해 비정상적이고 기형적으로 변했다.

언론과 재판관(판사)의 독립이 자유민주공화국의 활력과 질식을 가름하는 두 개의 허파이다. 리쾨르는 "판관(判官)의 독립성은 권력의 직권 남용에 맞서는 영구적이고 최종적인 장치이다. 재판의 독립이 깨지면 국가 스스로의 적법성 판정을 내리는 것이 소멸되며, 이 상황에서의 개인은 국가 권력의 전횡에 대해 보호받지 못한 채, 권력 그 자체에 의해 좌우된다. 스탈린의 전체주의가 가능했던 이유는 언제나 그(스탈린)의 법령에 따라 재판하는 '판사'만이 존재했기 때문"이라고 지적했다.[6)]

문재인 정권은 대한민국 헌정 정치의 기본을 파괴했으며, 동시에 관제언론과 사법(부) 순치로 국가의 활력을 제공하는 두 허파를 찢어 버렸다.

역사의 우상숭배와 종족주의 신화

문재인 정부의 출범은 단순한 여야 간의 정권 교체가 아닌 대한민국의 국가 정통성, 체체의 혁명적 변화를 내세운 정치교체였다. 좌익 급진주의는 '피(폭정)의 신화'와 '역사의 우상숭배'로 추동된다.[7)]

문재인은 집권 초기에 대한민국이 탄생한 생일을 바꾸어 버린다. 1948년 8월 15일 민주공화국의 탄생을 1919년 4월 11일 임시정부수립을 건국일로 선언했다.[8)]

2017년 문재인의 8월 15일 광복절 경축사는 한국 현대사와 체제에 대한 변혁적 의도가 잘 드러났다. 이 경축사는 대한민국의 역사적 정당성과 체제적 정통성을 훼손하고, 남북관계의 기본 구조를 변형시키는 위험한 발언들로 채워졌다. 대한민국 건국일을 1919년 상해임시정부 수립일로 삼겠다는 선언, 무조건적 전쟁 방지를 천명한 것, 흡수통일을 포기한 내용을

6) 폴 리쾨르 지음, 박건택 옮김, 『역사와 진리』 343쪽, 솔로몬, 2006.
7) Raymond Aron, L'Opium des Intellectuels (Paris: Calmann Levy, 1955) 참조.
8) 문재인, '제72주년 광복절 축사' 264쪽, 2018.

주목해야 한다. 이 발언들은 한국 현대사의 사실이 아니라 좌익의 신화를 반영한 역사 뒤집기를 통한 우상숭배의 명령이었다.

1948년 5.10선거를 거친 후 8월 15일 민주공화국 선포한 것은 대한민국 국민의 의지와 행동으로 국민, 주권, 영토를 갖춘 현대적 민주공화국을 수립한 것이다. 제헌헌법부터 현행 헌법까지 1919년 상해에서 수립된 임시정부는 1948년 민주공화국의 법통, 즉 1948년 건국의 시원이자 정통성의 근거로 인정되어 왔다. 일제시대 상해에서 결성된 임시정부가 국가의 객관적 요소를 갖춘 것은 아니었으며, 국제사회로부터의 국가승인을 받은 것도 아니었다. 임시정부는 독립을 추구하는 주체로서의 정부였지 온전한 국가는 아니었다. 1941년 임시정부의 강령에도 '복국(復國)' 뒤 '건국(建國)'을 명시했다. 이는 1919년의 임시정부 수립이 건국이 아니라 독립과 복국의 주체가 결성된 것을 의미하고, 1948년 8월 15일 민주공화국의 수립이 바로 건국이라는 점을 나타내준다. 산이 산이듯, 임시정부는 정부이고 민주공화국은 국가이다.[9]

김대중·노무현 대통령을 포함하는 대한민국의 역대 대통령들은 제헌헌법 발효일인 1948년 8월 15일을 대한민국 건국의 기점으로 삼아왔다. 물론, 문재인 대통령도 제헌헌법을 기점으로 한 대한민국의 제19대 대통령으로 취임하였다. 이러한 측면에서 문재인 대통령이 1948년 건국을 부정하고 1919년 임시정부를 건국이라 천명한 것은 권력에 의한 역사의 오만한 왜곡이자 대한민국의 정체성과 대통령의 존재성에 대한 자기부정이다. 문재인은 1919년 임시정부의 수립을 건국으로 2019년에 그 100주년을 기념하겠다고 천명했다. 이것은 독립운동의 역사성을 부정하는 일이

---

9) 조성환, '촛불세력과 우상숭배의 정치의식 비판', 『한국 자유민주주의와 그 적들』 81쪽, 북앤피플, 2018.

며 1948년 8월 15일 이후 성립된 대한민국의 역사를 지워버리는 일이다. 1919년 임시정부 건국론은 역사의 우상숭배일 뿐이다. 문재인은 임시정부 건국론을 선언하기에 앞서 자신이 대한민국의 19대 대통령인지, 임시정부로부터의 '집정관 총재'(대통령)인지를 선택했어야 했다.[10]

이어서 문재인은 "모든 것을 동원해서 전쟁만은 막겠다", "누구도 대한민국의 동의 없이는 군사행동을 못 하도록 하겠다"고 선언했다. 북핵과 미사일의 위협이 우리가 감내하고 국제사회가 용인할 수 있는 수준을 넘은 상황이다. 이것은 대한민국 국군통수권자의 선언이라기보다는 북한 김정은 대변인의 발언에 해당한다. 문재인은 김대중 대통령의 햇볕정책, 이를 이은 노무현 정부의 평화번영정책 이후 북한에 의한 전쟁 도발이 없을 것이라는 환상주의적 평화론을 이었다. 문재인은 국민에게 '대화가 곧 평화'라는 망상을 유포했다.

아울러 문재인은 흡수통일을 포기하고 북한의 체제를 인정할 것이라 선언했다. 이 선언은 통일에 대한 대통령의 헌법적 책무를 포기한 것이었다. 문재인 대통령의 '무조건적 전쟁 방지', '북한의 체제인정'은 반통일, 분단 고착의 선언이며, 대화로 포장된 평화 구걸이었다. 평화는 힘의 우위에 의해 달성되며, 통일은 북한의 체제인정이 아니라 북한 전체주의 노예 국가에 대한 우리의 자유주의적 해방을 의미한다. 문재인의 평화 관념은 패배주의일 뿐이었다.

문재인식 대북 포용(유화)과 패배주의적 평화 관념은 민족지상주의라는 신화에서 연유한다. 해방 직후 우리는 미국과 소련의 분할점령, 정파 간의 이데올로기적 투쟁과정을 거쳐 남북한은 이질·대립적 국가를 성립시켰다. 한국 현대사는 남북한의 평화적, 협력적 공존 상태로 보아서는 안 된다.

---

10) 조성환, 같은 책 81쪽, 2018.

한국에서는 해방 직후 내전적 게릴라전, 6.25의 전면적 통상전쟁, 정전 이후에는 북한에 의한 대남 전복 전쟁이 지속되었다. 정전이 곧 평화라는 것은 착각이다. 문재인은 북한이 선전해 온 '하나의 조선' 원칙에 뿌리를 둔 민족지상주의를 맹종했다.

문재인은 민족 동질성이라는 신화의 숭배가 체제(국가) 이질성이라는 현실 인식을 왜곡했다. 남북한의 관계는 1991년 남북기본합의서에서 보듯, 체제에 근거한 국가관계가 아니라 민족에 근거한 '특수관계'로 설정되었다. 이로써 남북한 간의 각종 합의가 정식 국호의 책임자가 아니라 남측과 북측의 대표자로 서명되는 괴이한 일이 연속되었다. 문재인은 우리 국민에게 민족이라는 단어를 만병통치적인 주술적 단어(magic word)로 제시하고 체제의 이질성과 국가적 대립성은 드러내지 말아야 할 금기어(tabooed word)로 낙인찍었다. 문재인은 대한민국이 경험한 역사적 사실과 존재적 현실을 오도하여 '신화와 우상'의 정치의식을 강제한 것이다. 문재인의 오만한 건국일 변경, 맹목적 평화주의는 남북한의 적대적 대치의 현실, 자유 대한민국의 국가적 존재성을 왜곡하는 관념이다. 문재인의 대한민국 인식은 우상숭배이며, 남북한 관계론은은 종족민족주의의 신화를 맹종했다.

'종중의 늪', 반문명 역진(逆進)

문재인은 국제질서대 변혁기의 엄중한 현실을 직시하지 않고 환상과 망상으로 신(新)사대주의적 종중(從中) 정책에 몰두했다. 문재인 대통령은 취임부터 퇴임한 이후에도 주권국가의 대통령으로서는 결코 용납될 수 없는 친중 사대주의 발언을 했다. 2017년 12월 방중 시에 북경대학교에서 대한민국의 주권의 최고 수호자인 대통령으로서는 결코 허용될 수 없는 내용의 강연을 했다. 문재인은 "중국은 높은 산봉우리 같은 나라이고 한국은 작은 나라지만 중국몽에 함께 하겠다.” (…) “마오쩌둥 주석이 이끈 대장정에도 조선 청년이 함께 했습니다.” (…) “중국과 한국은 근대사의 고난을 함께 겪고 극복한 동지입니다. (…) 저는 중국과 한국이 ‘식민제국주의’를 함께 이겨낸 것처럼 지금의 동북아에 닥친 위기를 함께 극복해 나가길 바랍니다”라고 천명했다.[11]

이 연설은 소련공산당 괴뢰인 김일성 집단에 맞서 수립한 자유대한민국의 정체성, 중공과의 전쟁을 통해 현대국가를 만들어 간 대한민국 현대사의 역정을 부정하는 내용이 주조(主調)였다. 문재인 대통령은 한국과 중국이 최소한 법적으로도 정전 상태임을 망각하고 전통적 모화(慕華)의 수사로 한중관계를 규정해 버렸다. 문재인 대통령은 1992년 수교 이후 연속된 전임 대통령들의 ‘정경분리’ 원칙, 경제협력 관계, 사회문화적 문화교류 협력 관계를 포괄하는 ‘전략적 협력 동반자 관계’의 틀도 깼다. 문재인의 연설은 전통적 조공체제(tributary system)가 재현되는 것이 아닌가 하는 국민적 의구심을 불러일으켰다. 주권국가의 대통령이 대한민국의 국가적 정체성과 자유민주주의의 체제적 정당성을 망각했다는 비판을 받았다.

이에 더하여 문재인 대통령은 2018년 2월 15일 정초에, 뜬금없이 시진핑 중국에 ‘새해 문안인사’까지 올린 바 있다. 이것은 자주독립 국가의 국가수반이라기보다는 중국의 조공국 왕이나 할 법한 행태이다. 이러한 문재인 대통령의 새해 문안 인사는 중국에 정치 경제적으로 종속된 후진국 지도자들도 하지 않는 작태였다. 개인이 아닌 국가를 대표하는 대통령이 대한민국의 주권을 포기하고 중국의 일개 성(省)으로 편입시키는 매국 행위로 비판받았다. 이러한 문재인 대통령의 모화 발언은 2019년 APEC 회의 참석 자리에서 시진핑 주석에게 “저는 한중 양국이 ‘운명공동체’의 관

---

11) 문재인, ‘북경대학 연설문’ 119~129쪽 참조, 2018.

계라고 믿습니다"라는 발언으로 이어지기도 했다.

　문재인 대통령의 사대·종중의 발언은 단순한 외교적 수사(修辭)가 아니었다. 문재인 정권은 중국에 대한 '3불 1한 합의'(사드 추가 배치 금지, 미국 미사일 방어체계 편입 금지, 한미일 군사동맹 추진 금지), 한국의 탈원전 정책, 중국 주도의 동북아 슈퍼 그리드에의 한국 연계, 일대일로의 중국몽 정책에 대한 협력 등 대한민국의 안보 체제의 주권적 근간을 스스로 허무는 조치였다. 또한 문재인은 2020년 중국 우한발 폐렴 사태에 직면해 '보건과 방역의 문제'를 정치적으로 해석하고 이용하는 행태를 보였다. 문재인 대통령은 전염병의 문제를 주권국가의 보건과 방역의 문제로 처리하지 않고, '중국의 어려움이 우리의 어려움'이라는 무책임한 언사를 남발했다. 대통령의 비과학적이고, 굴종적인 사고의 단면을 보여줌으로써 많은 국민의 공분을 불러일으켰다.

　문재인 대통령은 전염병을 나누어 갖는 게 어려움을 나누는 친구의 자세라는 식으로 말했다. 국민과 전문 의료인의 거듭되는 요청에도 문재인 대통령은 친중 사대 외교로 '중국인 입국 금지' 요구를 거절하고, 전염병 명칭까지도 친중 사대하는 행태를 보였다. 아울러 국내에서 중국 우한발 신종 코로나 폐렴에 대한 다양한 논의를 제한하기도 하였다. 일각에서는 문 정권의 코로나 초기 방역 태도는 중국공산당의 행태를 그대로 답습했다는 비판이 비등했다.

　미국을 중심으로 전개되는 새로운 국제 정치경제 환경의 혁명적 변화에 직면한 한국은 문재인 586 집단의 시대착오적 종중 정책으로 한국의 국가 주권을 훼손했다. 중국몽에 합류하여 종중정책에 몰입된 문재인 정권의 한국은 미국과 서방세계 주도로 추진 중인 인도-태평양 전략을 비껴나고 반일감정을 자극하여, '한일정보협력협정(지소미아협정)' 폐기를 집요하게 추진했다. 미국의 개입으로 이 협정이 폐기되지 않았지만, 문재인 대통령은 징용배상판결, 위안부보상합의를 둘러싼 한일간 역사문제를 정치화시켰다. 문재인은 '반일감정'이라는 '기억의 정치'를 동원하여 근본주의적 반일정책을 추진하여 양국의 신뢰 관계와 대한민국의 국가이익을 의도적으로 파괴했다. 문재인의 '죽창반일', '토착왜구'의 노재팬 정책은, 지소미아협정 파기 논란과 미국의 개입에서 보듯이 감정적 휘발성이 강한 반일을 지렛대로 이용하여 더 근본적인 반미감정의 격한 분출을 야기했다.

종전선언 드라이브, 전체주의 합류의 진군나팔

문재인의 종북·종중 정책은 북한의 핵·미사일 위협, 시진핑 중국의 중화 팽창주의의 주권 도발, 한국의 사드 배치에 대한 간섭과 한한령의 발동 등 세계질서 교란과 대한민국에 대한 국익 침해에 무방비를 넘어 친전체주의 합류의 반동적 책동이었다. 북한의 사교(邪敎) 전체주의에 대한 끊임없는 두둔과 국제적인 변호, 시진핑 중공의 디지털 전체주의 반동에 대한 사대와 굴종은 문재인의 친전체주의 블록의 합류에 대한 반역적 열망이었다. 규범과 규칙, 평등하고 호혜적인 주권 원칙이 제도화된 문명적 국제질서를 이탈하여 억압과 도발의 반문명적 전체주의 블록에 접속하려는 몸부림이었다. 이미 자유·민주·공화의 선진 문명국가의 반열에 오른 대한민국을 해체하는 '파괴의 혁명'을 집요하게 전개했고, 종북·종중 정책으로 문명의 연대를 박차고 반문명에 합류하려는 반동과 굴종의 비루한 몸짓을 지속했다.

문재인의 이러한 기이한 행동은 임기 후반을 들면서 새로운 행태를 띠었다. 문재인은 '종전선언' 선전과 공작에 나섰다. 문재인은 2019년 유엔총회 기조연설에서 한반도 종전선언을 역설한 후, 임기말 2021년에는 보다 본격적으로 '한반도 종전선언'의 필요성을 장황하게 늘어놓았다. 문재인은 "나는 두 해 전, 이 자리에서 전쟁 불용과 상호 안전보장, 공동 번영을 한반도 문제 해결의 세 가지 원칙으로 천명했습니다. 지난해에는 한반도 '종전선언'을 제안했습니다. '종전선언'이야말로 한반도에서 '화해와 협력'의 새로운 질서를 만드는 중요한 출발점이 될 것입니다. 나는 오늘 한반도 '종전선언'을 위해 국제사회가 힘을 모아주실 것을 다시 한 번 촉구하며, 남북미 3자 또는 남북미중 4자가 모여 한반도에서의 전쟁이 종료되었음을 함께 선언하길 제안합니다. 한국전쟁 당사국들이 모여 '종전선언'을 이뤄낼 때, 비핵화의 불가역적 진전과 함께 완전한 평화가 시작될 수 있다고 믿습니다"라고 연설했다.[12]

문재인 대통령이 2019년 유엔총회에서 '한반도 종전선언'을 주창한 후 2021년 9월 기조연설 이전인 동년 7월에는 미국 의회에서는 '한반도평화법'(HR3446)이 발의되었다. 이것은 서로 별개의 사안이 아니다. 문재인과 국내외 종북·종중세력의 기획된 공조였다. 오랫동안 미국을 비롯한 자유문명국가는 '북한 비핵화의 완전하고 불가역적인 변화, 인권의 개선'이 종전선언의 선결 조건임을 확인해왔다. 그러나 문재인은 '평화'라는 이상적 구호로 '조건과 결과를 전도(顚倒)'시켜 한국과 미국, 문명국가에 위장 평화 공세를 펼쳤다. 미국 의회 일각에서 제안된 'HR3446'과 문재인의 유엔총회 연설은 미국의 수도, 세계 정치의 심장부에서 일어난 '정치적 데칼코마니'였다.

북핵 협상이 파국으로 끝났고, 미국과 중국 관계가 협조에서 충돌로 변함으로써 한반도와 동북아 정치가 불안정과 충돌의 격랑에 휩쓸린 상황에서, '한반도 평화법'은 지금까지 한국 국내에서 제기된 평화공세와는 다르다. 문재인이 기획하고 종북·종중 코메리칸이 동원된 미 의회의 '한반

---

12) 문재인, '제76차 유엔총회 기조연설', YTN(2021.09.22.).

도 평화법' 제정 공세는 한반도와 세계 정치의 치명적 위협으로 등장한 시진핑 중국이 동북아의 지정학적 패권을 투사하는 데 장애가 되는 '유엔군사령부(UNC)'를 해체시키려는 '악마적 도박'과 직결되어 있다.[13]

중국과 그 부역자 문재인은 6.25 종전 이후 한반도와 동북아의 평화와 안전을 보장했고, 향후 도래할 수 있는 북한 급변 상태에서 초래될 파국을 막을 수 있는 자유문명국가들이 만들고 관리한 '기적의 레버리지'를 평화 공세로 녹여버리는 책동이다. 문재인이 유엔총회에서 3년 연속으로 종전선언 공세를 펼친 것은 대한민국이 유엔사령부의 빅텐트 안에 집결된 민주주의 문명국가와 연대하고 있는 것을, 그리고 미국과의 혈맹을 맺고 있는 것을 허무는, 가짜 평화를 내세운 반역의 책동이다. 문재인의 종전선언은 대한민국을 서방 민주 진영으로부터 이탈하여 반문명의 전체주의 블록으로 합류하려는 악마의 진군나팔이었다.

문 디스토피아는 끝났는가?

20대 대통령선거에서 윤석열 후보가 24만 표 차이의 박빙 승리는 기적과도 같은 값진 승리였다. 이로써 대한민국은 문 디스토피아의 암흑과 혼란을 극복하고 '지성과 자유에 바탕을 둔 지속가능한 평화와 번영'을 새로이 추구할 수 있게 되었다. 이 승리는 문재인 정권의 거짓과 기만의 국민약탈 정치를 끝내고 진실과 공정의 사회를 부활하고 문명에로의 합류를 희구한 자유·공화 국민의 위대한 결집의 결과였다. 그러나 이 승리는 문 디스토피아의 최종적 종식을 의미하지 않는다. 윤석열 정부는 안팎의 결코 만만치 않은 장애물을 아주 신중하고 지능적으로 제거해야 한다.

---

13) 조성환, '종전선언과 한반도 리스크: 서울-워싱턴 대화', 한국보수주의연합(KCPAC), 『종전선언과 한반도 리스크: '한반도평화법안'(HR3446)의 후폭풍』 8쪽, 미래한국미디어, 2022.

윤석열 정부는 첫째, 절대 다수 야당의 '정당독재', 방탄국회, 악법양산, 가짜뉴스 망동을 제압하고 순치해야 한다. 둘째, 여전히 사법부 고위직을 독점한 패거리 판사들의 사법 전횡, '선택적 판결', '지체된 판결'에 의한 정의의 왜곡을 광정(匡正)해야 한다. 셋째, 자유 민주사회 언론이 아닌 막가파 야당과 급진 이익단체의 전복활동과 연계된 기만적, 파괴적 언론 카르텔의 발호를 순치해야 한다. 넷째, 문86 세력의 거짓과 기만의 정치, 도둑정치(Kleptocracy)의 발호 교육과 교육체제, 문화와 습속의 파괴를 일소해야 한다. 다섯째, 우크라이나 사태, 북한의 핵도발 위협, 홍색 황제의 등극으로 야기된 신냉전 세계체제의 국제 정치 경제적 리스크를 최소화하고 새로운 경제산업전략을 구축하고 불가항력으로 진행되는 디지털·AI 문명을 선도해야만 하는 과제를 안고 있다. 역사적, 사회정치적, 국가전략적 난제이다. 그렇지만 윤석열 정부는 이 과제들을 풀어나가야 한다.

　취임 이후 윤석열 정부의 국정철학과 정책기조는 상식과 공정, 자유와 문명을 회복하는 방향을 잡았다. 민주정부가 지켜야 할 개혁의 절차와 수준, 단계와 강도를 지키면서 시대가 부여한 과제를 차례대로 해결해 나가고 있다. 개혁이 혁명보다 어려운 것은 설득과 절차 과정을 거쳐야 하고 국민 동의와 입법으로 완결해야 하기 때문이다. 아울러 문재인 정권이 작폐의 뿌리가 깊고, 야당 독재, 기형적 사법부, 정치화된 언론, 피폐해진 풍속과 타락한 정신의 저항이 전면적이고 집요하다.

　문재인 정권은 '이권 카르텔을 만들어 국민약탈'을 자행하여 대한민국에 디스토피아의 재앙을 안긴 문86 세력을 교체하고 대한민국의 대통령과 위대한 국민은 '자유의 나침반'을 수리하고 문명의 항행을 재개했다. 문 디스토피아의 거짓과 기만, 약탈과 파괴가 재현하지 못하게 해야 한다. 대한민국은 문 디스토피아의 잔흔(殘痕)을 치우면서, 자유세계의 핵심 국가로 발돋움해야 한다. 자유·진실·정의의 가치로 나라를 반듯하게 세우고

'글로벌 중추 국가'(Global Pivot State)로 세계 문명에 기여해야 한다. 이러한 밝은 미래를 위해서는 자유와 문명을 향한 '가치와 정신의 전쟁'이 필요하다. 우리 자유 지식인이 그 향도가 되어야 한다.

대한민국을 범죄도시로 만드는 검수완박

이호선/국민대학교 교수, 변호사

'검수완박', 우리 기억에는 뭐가 남을까

학교에서 비법학 전공 학생들만을 상대로 '시민사회의 법과 소통'이라는 3학점짜리 교양과목을 몇 학기째 가르치고 있다. 대학 차원에서 정년트랙 전임교수가 가르칠 것을 요건으로 각 전공마다 개설토록 한 뒤 비전공자들만 수강토록 하는 이른바 '핵심 교양과목'이다. 이 과목에서 필자가 학생들에게 내주는 과제 중 하나가 교수에게 질문 리스트를 내도록 하는 것인데, 교수가 당혹해할 만한 질문일수록 높은 점수를 준다. 당장 답변이 어려우면 같이 해답을 찾으면서 교수도 학생처럼 배우자는 것이다.

그런데 지난 학기인 2023년 1학기 학생 질문 중에 이런 질문이 올라왔다. "중국에서는 경찰이 법을 집행하는데, 왜 한국에서는 검찰이 법을 집행하는가?" 말투나 '검찰이 법을 집행'한다는 내용이 어색하고 현실과는 동떨어진 것이어서 이름을 보니 왕씨(氏)로 시작하는 이름이다. 중국 학생이었던 것이다.

아마도 그 중국 학생 입장에서는 공안(公安)이라 불리는 무소불위의 경찰이 민생은 물론 정치체계의 중추를 장악하고 있는 본국과 비교할 때 한국의 수사·사법체계가 잘 이해되지 않고, 그것이 비정상적으로 보일 수도 있었을 것이다. 그러나 조만간 우리도 이 상태로 십 년, 이십 년 지나면 일반 국민에게 경찰국가가 아주 익숙해지지 않을까? 그리고 우리 젊은이들이 다른 자유 선진국가에 가서 저 왕(王)이라는 학생처럼 경찰국가가 아닌 사회를 이상하게 여기지 않을까 하는 답답함과 두려움이 느껴졌다.

『동서의 피안』이라는 책의 저자로 잘 알려진 대만의 우징슝(吳經熊, 1899~1986) 박사는 자신이 어렸을 때 어렸을 때부터 여성들의 발이 자라지 못하게 묶어두는 전족의 풍습이 일반화되어 있던 환경에서 자라면서 가끔 시골에서 온 여자들의 발이 원래의 발 모양 그대로 있는 것을 보고 부자연스럽고, 이상하게 생각되었던 적이 있노라고 회고한 적이 있다.[14]

비정상이 일상화되어 있으면 정상이 비정상처럼 보이는 현실을 예리하게 짚었던 것이다. 적응한다고 해서 항상 그것이 정상이며, 최선은 물론, 보통의 선(善)도 아니라는 것, 오히려 악인 줄도 모르고, 노예인 줄도 모르고 그냥 살아가는 것이 인간일 수도 있음을 반증하는 것이다.

구소련의 전체주의 공산국가의 탄압정치를 폭로했던 알렉산드르 솔제니친(1918-2008)의 소설 『이반 데니소비치의 하루』의 마지막은 이렇게 끝을 맺는다.

(주인공) 슈호프는 지극히 흡족한 기분으로 잠을 청했다. 오늘 하루 동안 그에게는 좋은 일이 많이 있었다. 재수가 썩 좋은 하루였다. 영창에도 들어가지 않았고, '사회주의 단지'로 추방되지도 않았다. 점심 때는 죽그릇 수를 속여 두 그릇이나 얻어먹었다. 작업량 사정도 반장이 적당히 해결한 모양이다. (…) 이렇게 하루가, 우울하고 불쾌한 일이라고는 하나도 없는, 거의 행복하기까지 한 하루가 지나갔다.[15]

---

14) C.H. Wu. Fountain of Justice. London: Sheed and Ward(1959), p.220.
15) 솔제니친, 『이반 데니소비치의 하루』 224쪽, 안영신 역, 청목사, 2004, 224쪽.

이것이 정상이 아님은 분명하다. 슈호프가 느낀 것은 깊은 좌절과 절망, 포기 속에서 얻은 순간의 안도이지, 행복은 아니다. 참다운 행복은 인간 다움에 대한 이해를 전제로 하지만, 전체주의 권력은 이러한 이해를 기억 으로부터 지우려 안간힘을 쓴다. 그러한 세뇌가 성공하게 되면 인간은 노예로의 굴종적 삶을 당연한 것으로 받아들이는 조지 오웰(1903~1950)의 소설『동물농장』속의 동물들처럼 되어 갈 것이다.

갑자기 마당에서 경악에 찬 말의 울음소리가 들려왔다. 놀란 동물들은 걸음을 멈추었다. 그것은 뒷다리로 서서 걷고 있는 돼지였다. 그랬다. 그건 스퀄러였다. 개들에 대한 공포가 아무리 커도, 그래서 무슨 일이 일어나도 결코 불평을 토로한 적도 없고, 비판한 적도 없이 그날 그날을 살아가는 것이 습관이 된 동물들이었음에도 불구하고, 동물들의 머릿속에는 뭐라고 항의를 해야겠다는 생각이 스쳐 지나갔다. 그러나 바로 그때 마치 신호를 받기라도 한 듯, 모든 양들이 엄청난 목소리로 매애매애 소리를 지르며 악다구니를 쓰기 시작했다.

"네 다리는 좋고, 두 다리는 더 좋당! 네 다리는 좋고, 두 다리는 더 좋당! 네 다리는 좋고, 두 다리는 더 좋당!"

그녀는 벤자민의 갈기를 부드럽게 끌어 그를 일곱 계명이 씌어 있는 큰 헛간 끝 쪽으로 데려갔다. "저 벽이 예전과 달라 보여. 벤자민, 일곱 계명이 원래 있었던 그대로와 똑같은 게 맞는거야?"

그곳에는 단 하나의 계명만이 있었다. 이렇게 쓰여 있는 것이었다.

〈모든 동물은 평등하다. 그러나 어떤 동물은 다른 동물보다 더 평등하다〉

그 후로는 다음날 돼지들이 농장 작업을 감시하러 나오면서 앞 발에 모두 채찍을 들고 있었어도 이상하게 보이지 않았다.[16]

---

16) https://blog.naver.com/hslee1427/221682660587

'검수완박'으로 구한말의 무능과 부패를 예약하다!

'검수완박'에 따른 경찰의 수사 개시와 종결처분의 독점, 검찰 수사권의 사실상 무력화가 지금처럼 계속 진행된다면 우리 사회는 어떻게 될까. '그래도 경찰이 수사를 잘못해서 결론이 이상하게 나면 검찰에서 한 번 더 기회를 구할 수 있었던 옛날', '사회적 공분을 사는 부패 행위에 대한 의로운 고발을 경찰에서 깔아뭉개도 검찰에서 다시 수사해달라고 요구할 수 있었던 옛날'이 그야말로 희미한 '옛날', '전설'로 사라지고 말 것이다. 이렇게 되면 대한민국은 범죄자들은 검사보다 한결 더 조직적·개인적으로 결탁과 부패가 쉬운 경찰을 등에 업고 유력자들만 살판날 것이고 범죄 피해자는 거리의 판사가 된 경찰의 선처만 기다리면서 변호사라도 선임해야 그나마 수사기관에 호소라도 하고, 증거라도 제출할 수 있는 '헬조선'이 될 것임은 불문가지이다.

한동훈 법무장관이 시행령을 통해 검찰의 수사 범위를 확대했다고는 하지만, 공동체에 거악을 행사하고 한 가정을 풍비박산 내는 범죄를 효과적으로 적발·수사해서, 응보적 정의를 실현하는 것은 원천적으로 불가능하다. 고발 사건은 아예 이의 제기도 못 하게 되어 있어 경찰에서 불송치하면 끝이다. 대장동 같은 사건도 이제는 제보와 고발로 이어질 수 없다. 문재인과 민주당이 남긴 기막힌 사회악 암매장이다.

고소 사건도 실무수사관 한 명이 사실상 사건의 결론을 좌지우지하도록 만들어 놓았다. 경찰 개인의 양심과 사명과는 별개로 이미 제도적으로 신속한 수사는 물 건너갔다. 사기·횡령·배임과 같은 경제범죄 수사에 경험과 능력이 없는 경찰은 강제수사에 소극적일 수밖에 없다. 그 사이 모든 수사 기밀은 새 나가고, 범죄자들은 증거를 인멸한다.

무능은 그나마 낫다. 이제 사건 종결의 전권을 가진 경찰은 복지부동이

꿩 먹고 알 먹는 길이라는 사실을 깨닫기 시작했다. 사건을 아무리 깔아뭉개도 누가 뭐랄 수 없는 구조, 누구의 지휘도 간섭도 없이 경찰에서 사건은 썩어 문드러진다. 그 혜택을 받는 자들과의 사이에 보은의 거래가 없다고도 할 수 없다.

다산 정약용의 『목민심서』에 '혼권'(闇權)이라는 말이 나온다. 조선시대 관청 문지기로 있는 자들이 고소장을 들고 오는 백성들을 가로막고 이런 저런 핑계로 들여보내지 않고, 뭐라도 쥐어 줘야 사건접수라도 할 수 있게 했다. 이런 패악질을 혼권이라 했다. 사실상 수사독점권을 주어 사법의 문 앞에 세워 두었으니, 경찰이 혼권을 행사하지 않는다면 그게 오히려 이상할 것이다. '맞은 자는 편하게 자도, 때린 자는 편하게 잘 수 없다'는 극히 당연한 사회적 합의, '법망을 피하는 범죄자는 없어야 한다'는 사회적 합의와 신뢰가 깨진 야만의 사회를 초래한 자들이 누구인지, 어떻게 이런 지경에 이르렀는지 기록하여 책임을 묻지 않으면 안 된다.

'검수완박'은 단순한 검경수사권 조정이 아니었다

본론에 들어가기 전에 한 가지 분명히 해 두어야 할 것은 경찰은 경찰 본연의 역할이 있고, 검수완박 전까지 경찰은 이러한 역할을 나름대로 충실하게 잘해왔다는 것이다. 치안은 안보와 함께 국가 존립의 1차적 목적이자 핵심 기능으로, 교통, 방범 등의 경찰 권한은 커질수록 국민의 편익에 기여하는 바가 크다고 할 수 있다. 여기서 필자가 말하고자 하는 것은 국가의 수사 기능이다.

2023년 3월 8일자 뉴스에는 16년 전 인천에서 40대 택시 기사를 살해한 뒤 6만 원을 빼앗아 달아났던 40대 남성 2명이 인천경찰청 중요 미제사건 전담수사팀에 의해 검거되었다는 기사가 등장한다.[17]

---

17) 서울신문(2023.03.08.), '불쏘시개 속 쪽지문, 16년 전 인천 택시 강도살인범 잡았다',
　　https://n.news.naver.com/article/081/0003344434

범인들이 택시에 불을 지를 때 사용한 종이 불쏘시개에서 '쪽지문'(작은 지문)을 채취해 수천 명의 용의자 중 한 명을 범인으로 특정할 수 있었다는 것이다. 이러한 저인망식 수사는 경찰이 아니면 할 수 없다.

2023년 3월 6일에는 경찰이 강제추행한 혐의로 고소당한 남성들에 대하여 단순히 불송치를 결정한 사안에 대하여 검찰이 잇달아 신고한 여성들의 무고 혐의를 밝혀내 기소하였다는 보도가 있었다.[18]

같은 시기에 나온 이 두 가지 기사는 범죄의 적발과 수사에서 경찰과 검찰은 분명히 각자의 장단점이 있음을 보여준다. 한마디로 말해 우리가 강력 범죄라고 하는 살인, 강도, 폭력 등 이른바 '피 흘리는 범죄'에는 촘촘한 조직을 갖추고 저인망식 수사도 가능한 경찰이 적격이고, 무고와 같은 지능 범죄, 사기·횡령과 같은 재산·경제범죄, 즉 '피 말리는 범죄'에는 형사법뿐만 아니라 민·상사법, 각종 사회적 거래 관행에 대한 폭넓은 지식을 갖고 있는 검사가 경찰보다 낫다.

그런데 왜 문재인 정권과 민주당은 한사코 '피 말리는 범죄'를 수사하는 검찰의 권한을 빼앗아 경찰에 넘겨주었는가. 검찰 수사권을 완전히 박탈하는 이른바 '검수완박' 법안(검찰청법·형사소송법 개정안) 강행 처리 과정에서 민주당 소속이었던 양향자 의원은 언론 인터뷰를 통해 "검수완박을 처리하지 않으면 문재인 청와대 사람 20명이 감옥갈 수 있다는 말도 들었다"고 폭로했는데, 이 양심고백은 '검수완박' 강행의 의도가 무엇이었는지 단적으로 보여준다.

양 의원에게 검수완박 강행 처리를 압박한 주도세력은 검찰개혁을 내세

---

18) 법률신문(2023.03.06.), '성폭행 허위 신고 안 통한다', https://www.lawtimes.co.kr/news/185807?serial=185807. 해당 기사에 따르면 서울중앙지검 여성아동범죄조사1부(부장검사 김은미) 소속 정정욱(42·사법연수원 39기) 여 검사가 최근 3개월간 폭넓은 참고인 조사와 대화 내역 등 객관적 증거 확보 절차를 거쳐 무고 혐의로 5명을 기소해 검찰 안팎에서 화제가 되고 있다고 한다.

우며 2020년 6월 만든 민주당의 초선의원 모임인 '처럼회'로, 김남국·김승원·김용민·민형배·유정주·윤영덕·이수진·이탄희·장경태·최강욱·최혜영·한준호·홍정민·황운하 의원이 속해 있었다.[19]

이 중 당시 황운하는 2018년 울산시장 선거 개입 및 청와대 하명 수사 의혹의 핵심 인물로 2020년 1월 기소되었고, 최강욱은 '채널A 검언유착' 의혹 사건 관련 허위사실 유포 혐의와 조국 전 법무부 장관의 아들 인턴활동확인서를 허위작성한 혐의 등으로 재판 중이며, 김남국은 대선 과정에서 이재명 대표 장남의 불법 도박 의혹과 관련해 "야당이 기획했다"고 말해 선거법 위반 혐의를 받고 있었다. 이들에게 검찰은 자신을 수사하여 기소했거나 수사 중인 존재로 이들이 검찰개혁에 핏대를 올린 것은 도둑이 매를 든 격에 다름 아니었다.

그러나 검수완박의 강행은 단순히 퇴임 이후 자신을 향한 수사를 걱정했던 문재인 전 대통령을 비롯한 청와대 20인(?), 여의도 피고인, 피의자들의 개인적 호신과 방탄을 넘어 86좌파 운동권 세력이 체계적으로 대한민국에 저질렀던 패륜적 반역 행위의 일환으로 치밀하고 집요하게 수행되었다는 사실을 간과해서는 안 된다.

스스로 촛불혁명에 기반하고 있다고 평가했던 문재인 정권과 86 구태좌파 운동권 세력은 '생성적 권력'을 운운하며 멀쩡한 대한민국을 해체하고, 족쇄 채우며, 편을 가르고, 수탈하기에 바빴다. 검수완박은 국가 수사 기능을 해체하고, 제대로 작동하는 검찰 기능에 족쇄를 채우며, 검찰과 경찰, 검찰과 국민을 갈라놓은 대표적 사례이다.

5년간 마약이 겨우 5배 늘어난 것에 불과하여 전쟁을 선포할 수준은 아

---

19) 월간중앙(2022.04.21.), "'검수완박 안 하면 죽는다' … 양향자가 폭로한 '처럼회'의 정체는?", https://jmagazine.joins.com/monthly/view/335908

니라는 황운하의 발언이나[20], 증권경제범죄를 적발하는 데 최고로 특화되어 있던 서울남부지검 금융·증권범죄합동수사단을 없앤 추미애 전 법무장관의 행태, 그 이후 이른바 '라임펀드 사건'에 연루된 문재인 정권 인사들에 대한 불입건 또는 무혐의 처분은[21], 검수완박을 통해 어떤 세력이, 어떤 이득을 노렸는지 명확하게 보여준다.

그런데 하나씩 떼어놓고 볼 때는 안 보이던 것들이 한 발짝 떨어져 응시할 때 큰 윤곽 속에서 보이는 법이다. 이들이 벌인 다른 행태들과 종합해 볼 때 문재인과 86운동권 좌파는 단지 국가 수사기능을 분리, 재편한 것이 아니라, 작게는 자신들의 범죄 혐의에 대한 수사를 방해하고, 크게는 범죄 세력을 묵인·배양하여 같이 기생하며, 보다 궁극적으로는 대한민국의 자유민주체제를 붕괴시키는 과정으로서 검수완박을 활용했다고 보아야 한다.

검수완박과 함께 맞물린 검찰로부터의 대공수사권 박탈은 물론 국정원의 대공수사권까지 박탈하여 경찰에 몰아주는 입법까지 강행하고, 고위공직자 범죄에 대하여 사실상 수사 능력이 없으면서도 입맛에 맞게 선택적 수사는 가능하도록 공수처 설치를 밀어붙인 것은 서로 무관한 일이 아니다. 이것은 검수완박이 문재인, 민주당 86좌파 운동권의 대한민국 와해의 큰 그림 속의 하나로 이뤄졌음을 웅변한다. 영화 〈기생충〉에 나오는 유명한 대사처럼 문재인과 운동권은 '계획이 다 있었던' 것이다.

물론 많은 사람들, 심지어 그 입법과정에 참여했던 자들 중에서도 그 '계획'을 모르고 주어진 역할만 단역으로 소화해 냈을 수도 있지만, 그렇

20) 조선일보(2022.11.09.), "황운하 '5년간 마약 불과 5배 늘어 … 전쟁 선포할 수준 아냐'", https://www.chosun.com/national/court_law/2022/11/09/6CUIOFFIOND6PIF4OGJHV52EAQ/

21) 매일경제(2022.05.19.), '증권범죄합수단 2년 만에 부활, 검찰조직 정상화의 첫걸음', https://www.mk.co.kr/news/editorial/10324266

다고 해서 이들의 책임이 면제되지는 않는다. 왜냐하면 검수완박은 그 법안 내용이나 그 처리 절차의 위헌·위법성이 명백하고, 법률로 시행될 경우 사회에 끼치는 해악과 부작용은 보통 사람들의 상식에 비춰봐도 어렵지 않게 짐작할 수 있었기 때문이다.

'검수완박'을 주도한 사람들: 박광온 [22]

국회법 제59조에 따르면 일부 개정법률안의 경우 의안이 위원회에 회부된 날로부터 15일이 지나지 않으면 그 의안을 상정할 수 없도록 되어 있고, 다만, 단서에 긴급하고 불가피한 사유로 위원회의 의결이 있는 경우에는 그러지 아니하다고 되어 있는데, 박광온은 이 단서에 해당하는 사유가 없음에도 불구하고 자기 소속당의 위원 수가 다수임을 기화로 단서 조항을 임의로 악용하였다. 또 국회법 제82조의 2에 의하면 위원장은 회부된 법률안에 대하여 입법예고를 거쳐야 하고, 다만 긴급히 입법해야 하는 경우 위원장이 간사와 협의하여 이를 생략할 수 있도록 되어 있으나, 긴급성 요건이 충족되지 않음은 물론 박광온은 간사와 협의 절차도 거치지 않은 채 입법예고를 생략하였다. 그뿐 아니라 위원회 심사의 경우 국회법 제58조에 따라 안건 심사시에는 전문위원의 검토 보고를 듣고 대체 토론, 축조 심사, 찬반 토론을 하도록 되어 있으나 박광온 법사위원장은 이 절차도 건너뛰었다.

검수완박 법안의 처리 과정에서의 박광온 법사위원장의 상식을 넘어서는 위헌, 불법적 행태는 민주당을 위장 탈당한 민형배를 야당 몫으로 인정

---

22) 국회법 위반 관련 박광온, 민형배, 박병석의 행태에 관하여는 그간의 관련 기사, 특히 한국 법학교수회의 2022년 5월 3일자 성명서를 모아놓은 자료를 참조. https://youtu.be/pZ2_TWzRDpQ

하여 국회법 제57조의 2 소정의 안건조정위원으로 선임한 것에서 정점에 달했다. 위 국회법 소정의 안건조정위원회는 다수당의 독주를 막고 대의 기관인 국회에서의 숙려를 통한 신중한 입법, 대화와 타협을 위하여 도입된 제도임에도 불구하고 박광온과 민형배는 오히려 이를 다수당의 억지와 불법을 포장하는 도구로 전락시키고 말았던 것이다.

위 조문을 보면 안건조정위원회가 구성되면 그 활동 기한을 구성일로부터 90일로 하도록 되어 있고, 조정위원은 제1당 교섭단체와 그 밖의 교섭단체 위원을 3+3 동수로 하여 일단 조정위가 구성되면 다수당이라도 독주하지 못하도록, 최대 90일의 숙려기간을 갖도록 하는 것이 국회법의 분명한 입법 목적임에도, 박광온은 민주당을 탈당한 민형배를 야당인 국민의 힘이 반대함에도 불구하고 비민주당 몫의 조정위원으로 선임하여 기존 민주당 의원 3명에 민형배까지 4명을 민주당 측에 포진시켜 놓고, 나머지 2명의 비민주당 위원들은 아무런 역할도 하지 못하게 하였다. 이로써 최대 90일 이상의 숙려기간을 가져야 하는 안건조정위가 불과 몇 분 만에 구성되고 민주당 측 4명이 낸 법안이 안건조정위 안으로 의결됐다며 보고 받은 박광온은 소위원회 심사를 거친 것으로 간주하여(제57조의 2 제7항) 바로 그 자리에서 법사위 통과를 시켜 버렸다. [23]

이 모든 것이 검수완박 법안 처리 과정에서는 박광온의 주도 아래 기립표결로 회의 시작 10분 만에 끝나고 말았던 것이다. 이로써 다수당의 일방적 독주를 막기 위해 제1당과 그 외의 당을 동수로 만들어 놓고 최대한 90일의 숙려기간을 갖도록 하고, 이를 통해 나온 안건에 대하여는 소위 심사를 거친 것으로 간주하도록 하는 안건조정위 제도가 다수당의 독주

---

23) 조정위원회에서 조정안이 의결된 안건에 대해서는 소위원회의 심사를 거친 것으로 보며, 위원회는 조정위원회의 조정안이 의결된 날부터 30일 이내에 그 안건을 표결한다(국회법 제57조의 2 제7항).

수단으로, 그것도 법안 소위 심사도 생략하는 불법적 도구로 더럽혀지고 말았다. 도저히 정상적 언어적 표현이 불가능한, 그냥 전대미문의 '저질 양아치 집단의 행패'가 대한민국 국회에서 벌어진 것이다.

'검수완박'을 주도한 사람들: 민형배

국회의원이라는 민형배는 민주당 몫의 법사위원으로 있다가 탈당이라는 형식을 통해 박광온이 선임하는 대로 비민주당 몫의 안건조정위원으로 선임되었다. 그의 이런 행태는 탈당 전부터 그러한 의도로 탈당하겠노라 공언한 상태에서 이뤄졌다. 그 후에는 민주당 몫의 안건조정위원 세 명에, 본인이 비민주당 몫의 조정위원이 되어 안건조정위가 만들어지자마자 네 명이 같이 검수완박 법안을 안건조정위에서 의결한 것처럼 하여 법사위 안으로 확정시켰다. 최소한의 형식조차도 무시한 노골적인 국회법 위반이자, 국민 우롱 행위이고, 국회의 정상적 업무를 방해한 범죄행위에 다름 아니다. 이 자는 국회 법무부 장관 청문회 자리에서 자신의 위장 탈당에 대하여 위장 탈당이 아니라고 강변하다가 슬그머니 민주당으로 원대복귀하였다.

'검수완박'을 주도한 사람들: 박병석

국회법 제93조의 2는 "본회의는 위원회가 법률안에 대한 심사를 마치고 의장에게 그 보고서를 제출한 후 1일이 지나지 아니하였을 때에는 그 법률안을 의사일정으로 상정할 수 없다. 다만, 의장이 특별한 사유로 각 교섭단체 대표의원과의 협의를 거쳐 이를 정한 경우에는 그러하지 아니하다"고 규정하고 있다. 그런데 국회의장 박병석은 2022년 4월 26일 검수완박 법률안들이 통과되고, 그 다음날인 27일 바로 본회의를 소집하여 이를 상정함으로써 국회법을 위반하였다. 위 조문의 단서에 해당하는 교섭단체 대표의원과의 협의도 거친 바 없음은 물론이다. 무엇보다 박병석 자신이 민주당 출신으로 박광온, 민형배 등의 범죄적 행위를 인지하고 상호 교감하면서 사실상 지휘·조율하였기에 위와 같은 행태가 새삼스럽지는 않으나 본회의 상정이라는 공권력 행사에 위헌·위법을 노골적으로 자행한 것은 한 국가의 국회의장으로서 무자격자임을 스스로 보여준 셈이다.

검수완박의 최대 수혜자: 문재인 대통령

문재인 대통령은 2022년 5월 3일 오후 2시 퇴임 전의 마지막 국무회의를 주재하여 이 자리에서 검수완박 법률들에 대한 공포안을 심의·의결토록 하고, 이를 공포하였다. 통상적으로 국무회의는 오전에 열어왔는데, 퇴임을 일주일 남긴 마지막 국무회의는 이례적으로 오전 일정을 뒤로 미루어 오후로 잡았던 것이다. 이는 국회 본회의에서 그날 오전 법안이 강행 통과되어 이송되는 것을 기다리기 위함이었다. 자당의 입법 광란이 법안으로 매듭지어져 바톤이 넘어오면 바로 받아서 처리할 수 있도록 국무회의를 '대기'시켜 놓았던 것이다. 바톤을 이어받은 문재인 대통령 겸 국무회의 의장은 법제처 등 관련 기관의 의견 청취, 심지어 국무회의 내에서의 토론도 없이 일사천리로 의결하고, 그 이후 공포하였다. 그 과정에서 법조계, 언론, 학계 등에서 법안의 내용은 물론 그 입법 절차상의 문제를 들어 대통령의 재의권을 행사토록 하는 여론이 봇물같이 쏟아졌지만, 문재인 대통령 본인에게 가장 수혜가 돌아갈 방탄 입법들은 그대로 공포하고 말았던 것이다. 헌법상 대통령의 법률안 재의권은 고유한 재량행위일 수도 있으나 국무회의 일정까지 자당이 폭주하고 있는 여의도 일정에 맞춤으로써 헌법상의 독립적인 국무회의를 국회 하청 기관으로 전락시켜 놓은 행태는 대통령의 정상적인 법률안 공포권의 범위를 넘어선 것으로 그것만으로도 충분히 위헌적이라 해야 할 것이다. 무엇보다 문재인 대통령은 아래에서 보는 바와 같이 검찰의 수사를 묶어 두고, 경찰에 제3자가 고발하더라도 경찰 단계에서 사건을 뭉개도록 제도화함으로써 임기 후의 안전판을 만들어 최대의 수혜자가 되었다.

'검수완박'에 면죄부를 준 헌재 오적(五賊)

그런데 법률 내용의 위헌성 여부에 대한 판단은 젖혀두고, 그 절차만 따져보더라도 온갖 불법, 탈법, 편법으로 국회법과 헌법 원리를 짓밟아 나온 귀태(鬼胎) '검수완박'에 대하여 2023년 3월 23일 헌법재판소가 입법과정에서의 절차적 문제를 인정하면서도 국회의장의 법안 가결 선포행위는 적법하여, 결국 법률 자체에는 문제가 없다고 함으로써 헌재 스스로 흑역사를 쓰고 말았다. 법사위를 거쳐 본회의까지 이르는 일련의 순차적 과정에서 선행 하자가 후속 행위의 효력에 당연히 영향을 끼치게 됨은 두말할 나위가 없다. 헌재는 정치적 사안에 대해 사법적 심판을 하는 곳이다.

선출된 권력은 국민주권의 표현이기도 하지만, 법의 이름을 빈 다수의 횡포, 그리고 이에 따른 기본권 침해 등이 문제 될 수 있기에 헌법 재판을 통해 이를 견제하고 바로 잡자는 것이다. 흔히 대의 민주정치에서 그 대의의 실현 기관이 의회인 까닭에 의회의 입법권은 무소불위로 인식되기 쉽지만, 무소불위의 권력이란 민주공화정 내에서 생각할 수 없다. 미국의 건국의 아버지들은 삼권 중에서도 가장 위험한 권력을 입법권으로 보았다. 미국의 제4대 대통령이었고 미국 헌법의 아버지라 불리는 제임스 매디슨(James Madison)은 공화주의 정부에서 입법부가 갖는 우월성은 필연적이라고 하면서도, 그 필연적 성격으로 인해 입법부를 다시 선출과 행동원칙이 다른 두 개로 분리하여 변덕스럽고 자의적으로 변할 수 있는 입법부 내에서의 견제를 제도화하지 않으면 안 된다고 보았다. 이렇게 해서 나온 것이 미국의 상·하원 양원제도였다.[24]

정당이 곧 입법부의 기둥인 현대 정당 국가는 입법권 오남용을 이미 그 생래적 특성으로 내포하고 있다. 정당은 영어로 'party'이다. 부분(part)이라는 말과 같은 뿌리에서 나왔다. 처음부터 전체(whole)와는 양립할 수 없는 것이 정당이다. 따라서 정당은 겉으로는 공동선(common good) 내지 공익(public good)을 내세우지만, 사실은 부분적인 당파적 이익(partisan good)을 좇게 된다. 정당 내부에서의 민주적 견제와 자체 윤리가 실종된 정파일수록 더욱 그러하다.

의회에 대하여 입법재량이 광범하게 인정되어야 한다는 것이 입법 절차상의 재량이 광범하게 인정되어야 한다는 뜻은 아니다. 형사 사법의 원리 중 '독수독과(毒樹毒果)의 원리'라는 것이 있다. 절차적으로 위법하게 수집된 증거는 그것이 아무리 실체적 진실 규명에 유용하더라도 증거로 써서는 안 된다는 원칙으로, 우리 형사소송법의 대원칙이기도 하다. 개별 사건에 있어서의 적법절차 준수가 이 정도로 요구되는데, 하물며 법률이 만들어지는 과정 자체가 위법이라면 이는 온 숲이 통째로 독나무로 채워진 것과 같아서 나무 하나씩 들여다볼 필요도 없이 그 숲 자체를 없애야 한다.

그런 까닭에 법률의 내용에 관하여는 백 번을 양보하여 사법 자제를 한다손 치더라도, 입법과정에서의 적법절차 준수는 헌법수호기관으로서의 헌법재판소가 절대 양보해서는 안 될 일이었다. 심지어 27개 국가가 모인 연합체인 유럽연합(EU)의 경우에도 공동외교 및 안보정책·공동방위와 같

---

24) 알렉산더 해밀턴 외, 『페더럴리스트』 472~482쪽, 박찬표 역, 후마니타스, 2019.

이 고도의 정치적 판단과 결단이 필요한 분야에는 사법적 개입을 허용하지 않지만, 예외적으로 어떤 결론에 이르게 된 과정, 즉 절차적 적법성 준수 여부에 관하여는 유럽연합 최고법원이 관할권을 갖는다고 명문화하고 있다. 사법심사에서 제외되는 절차란 있을 수 없다는 것이다.[25]

입법 절차에 대한 사법심사는 정당이 입법부는 물론 행정부까지, 경우에 따라서는 사법부에까지 그 영향을 미치는 현대 정치에서는 더욱 필요하다. 독일의 사회학자 하버마스(Jürgen Habermas)는 국민의 정치적 의지 형성의 수단인 정당이 이제는 모든 국가권력을 망라하는 독자적인 권력 카르텔이 되어 정치체계의 핵심을 장악하면서 헌법적 틀 속에서 제어하기 어려운 존재로 되어 가고 있다고 지적한다.[26]

헌재, 보다 정확히 말하자면 문재인 대통령과 민주당 몫으로 들어간 유남석·이석태·김기영·문형배·이미선 헌법재판관이 "정치적 헌법기관인 국회가 가지는 자율권과 정치적 형성권을 최대한 존중하여야 한다"면서 위장탈당·쪼개기 국회 의사일정 등으로 탄생한 '검수완박' 법률이라는 독과(毒果)에 문제없다는 결론을 내린 것은 자신들을 배출한 정파의 이익을 중심으로 한 헌재 재판관 다섯 명의 정치적 단일대오의 산물이다. 헌재의 결론은 파르티잔(partisan)적 입법폭주의 무도함에 파르티잔 재판관들이 면죄부를 준 것에 다름 아닌 것이다.

---

25) 예컨대, 유럽연합기능조약 제269조는 회원국의 조약위반 판정, 이에 따른 권한 정지 등과 관련하여 그 절차를 준수하였는가에 대한 심판권을 유럽연합최고법원에 부여하고 있다. 이호선, 『완역 유럽연합창설조약』 312쪽, 국민대출판부.
26) 위르겐 하버마스, 『사실성과 타당성』 519쪽, 한상진·박영도 공역, 나남출판, 2000.

더 이상의 대한민국의 범죄도시화는 막아야 한다

그래서 지금 국민들은 어떤 피해를 입고 있을까. 우선 상식적으로 생각해 보자. 사건을 수사하는 기관이 하나가 아니라 두 개이고, 그 중 하나는 다른 수사기관보다 수사 역량, 특히 위에서 필자가 말한 '피 말려 죽이는 범죄'인 화이트칼라 범죄에 대한 역량과 경험이 뛰어나다면 이런 시스템 하에서 사는 국민이 든든하게 여길까, 아니면 수사 역량이 뛰어난 검찰의 손발을 다 잘라버리고 무조건 경찰에 가서 경찰 처분만 기다려야 하는 지금이 국민에게 든든하게 느껴질까. 범죄자들에게는 유능한 수사기관 하나가 없어진 것처럼 좋은 일은 없을 것이지만, 선량한 국민 또는 범죄 피해자에게는 지연되거나 왜곡된 정의에 질식할 정도의 답답함과 불안이 엄습할 것이다. 멀쩡한 한 국가의 범죄 적발, 수사 역량을 형해화시킴으로써 빚어지는 손실은 이루 헤아릴 수 없을 것이다. 그로 인하여 생기는 사회적 불신, 옳고 그름, 선악이 아니라 '경찰'을 동원할 수 있는 '빽'이 결론을 좌우하는 현실 앞에 국가는 제 기능과 책무를 사실상 포기한 것이라 해도 과언이 아니다. 외침(外侵), 즉 전쟁으로부터 국민을 보호하고, 내치(內治)의 핵심인 범죄로부터 국민을 보호하지 못하는 국가는 존재할 이유가 없다. 사실 범죄를 당한 피해자 입장에서는 전쟁으로 인한 피해나, 범죄로 인한 그것이나 다를 바 없다. 검찰이 수사를 못 한다는 것은 단지 유능한 수사기관이 하나 없어졌다는 의미 이상이다.

검사가 수사할 경우에는 검사동일체의 원칙이 작동하고, 상명하복의 관계가 있긴 하지만, 기본적으로 각 검사가 국가기관으로서의 독립성을 갖고 있고, 법률전문가로서의 역량과 명예가 있기 때문에 자기 사건에 대하여 책임감 있게 신속한 의사결정을 할 수 있으나, 경위부터 시작하는 사법경찰관은 경찰 공무원이어서 그러한 사건 처리를 기대할 수도 없고, 현실적으로 그런 역량도 없다. 민·상법 등에 관한 지식을 필수적으로 요구하지 않는 현행 경찰 임용제도 하에서는 화이트칼라 범죄를 보는 시각이 제한적이고, 법리에도 한계가 있을 수밖에 없다. 심지어 필자가 경험한 바로는 '유치권'의 요건인 '점유'의 개념도 몰라 헤매는 수사관도 있었다. 그러니 엉뚱한 결론을 내리기도 하고, 자신이 없으니 사안이 중대한 범죄임에도 불구하고 독자적으로 구속영장을 신청하거나 할 자신이 없어 시간을 끌게 된다. 종전에 검찰의 지휘를 받을 때는 법리 적용에서도 도움을 받을 수 있었기에 강제수사에 들어가는 데 부담이 적었지만, 이제는 영장을 받아 놓고 그 유효기간 내에 수사를 종결할 자신이 없기에 구속영장은 물론 압수수색영장 신청에도 머뭇거리게 된다. 이렇게 시간을 끄는 동안 피의사실은 가해자에게 다 흘러가고, 심지어는 정보공개 청구를 통해 고소, 고발 사실을 받아들고, 증거를 인멸하고 변호사를 선임해 방어를 철저하게 한다. 종전의 수사 주체인 검사는 변호사 이상의 법률전문가였지만, 피의자를 신문하고 참고인 진술조서를 받는 수사관이 기껏해야 경위, 현실적으로 그 밑의 경장, 경사여서 법률 지식이나 경험이 피의자의 변호인에 비해 열등한 현실을 감안하면 이미 대한민국은 범죄자가 우세한 나라가 되어 버린 것이다.

이런 답답함과 불안을 해소하기 위해서는 피해자가 고소 사실이라도 경찰이 제대로 파악하도록 하기 위해 변호사를 선임해야 한다. 검찰이 수사권을 갖고 있었을 때는 적어도 피해자가 변호사를 선임해서 수사기관에 같이 나가는 일은 드물었다. 육하원칙(六何原則)에 따라 피해 사실을 정리하여 제출하면 경찰에서는 무혐의가 되더라도 검찰에서 검사가 자기 사건으로 받아 적극적으로 수사를 해 주었기 때문이다. 필자도 검수완박 이전에 누가 피해자로서 상담을 하면 굳이 비싼 돈 들일 이유가 있느냐면서 고소장만 대서(代書)해 주고 피해자 고소인 대리인은 한 적이 없으나, 검수완박 이후에는 흑백이 어떻게 뒤바뀔지 모르니 처음부터 피해자 변호인으로 사건을 맡아 달라는 요청을 받기도 한다. 실제로 일선 경찰에서는 증거 수집과 법리적용까지 아예 피해자에게 다 맡기고, 그게 안 되면 이유도 제대로 적시하지 않은 불송치 결정서 한 장 달랑 보내놓는다. 그런데 더 황당한 것은 증거자료를 성실히 제출해도 마지막에는 '피의자 ○○○은 증거 불충분하여 혐의없다'는 한 문장만 온다는 것이다.[27]

문제는 검수완박으로 검찰도 경찰에 동조화되어 '검찰공무원화'되고 있다는 것이다. 경찰의 불송치 결정 중에는 '무혐의가 현저하여 각하'한다는 것도 있다. 각하는 사건의 실체에 들어가지도 않고 그 자체로서 수사 대상이 아닌 경우에 내려지는 결정이다. 그런데 '무혐의가 현저'하다는 것은 사건의 내용을 들여다봤다는 것이기에, 이때는 '혐의없음' 결정을 내려야 하는 것이다. 그리고 '현저하다'고 할 때 '현저'는 어느 정도를 말하며, 누가 판단하는가. 처음부터 자의적일 수밖에 없다. 그런데 이런 경찰의 불송치 결정에 대하여 이의를 해도 검찰 역시 그냥 넘어간다는 것이다. 한마디로 범죄 피해자 입장에서는 종전 검찰이 최종 사건종결자일 때는 최소한 불기소처분 이유라도 받아볼 수 있었지만, 지금은 경찰이 내린 달랑 '증거 불충분하여 혐의 없음'이나 '무혐의가 현저하여 각하' 달랑 이 문장을 불송치 결정이라고 받고, 이를 검찰에 이의하면 불송치 결정이 타당하다는 취지의 역시 간단한 한 문장 앞에 피를 토하는 억울함을 삼켜야 하는 것이다. 그나마 고소 사건에 대한 경찰의 불송치 결정에 대하여는 검찰에 이의라도 할 수 있지, 고발 사건에 대하여는 경찰이 불송치하면 그걸로 끝이다. 그간 우리 사회의 거악, 피해자가 특정되지는 않지만, 어찌 보

---

27) 법률신문(2022.05.02.), '변호사들, 경찰 불송치 결정서에 황당', https://www.lawtimes.co.kr/news/178348

면 그래서 사회적으로는 더 큰 악을 적발하고 단죄하여 국가기강을 바로 세우는 것에 고발은 지대한 공헌을 하였다. 물론 고소 고발의 남용 우려도 있지만 대장동 사건, 문재인 전 대통령의 울산시장 선거 개입 사건 등은 모두 고발로 인한 문제 제기가 있었고, 검찰에서 수사를 하면서 수면으로 드러나고 관련자들에 대한 기소도 이뤄졌다.

그런데 이젠 이런 사건들을 경찰에 고발해도 위에서 말한 것처럼 한 줄짜리 불송치 결정으로 묻어버리면 그걸로 끝이다. 그야말로 사회악의 암장(暗葬)이 제도화된 것이다. 이 대목에서 아마도 문재인 전 대통령, 그리고 양향자 의원이 들었다는 '감옥 갈 20여 명의 청와대 사람'들이 가장 고대하고 갈망하였던 안전장치가 있었다면 바로 이 고발 사건을 경찰이 깔아뭉개도록 제도화하는 것이었다는 생각을 하지 않을 수 없다.

대국민 사기극 '검수완박', 국민이 원상복구시켜야 한다

사실 '검수완박'은 그 태생부터가 대국민 사기극이었다. 검찰개혁을 한다면 그 핵심은 검찰이 갖고 있는 기소독점권의 남용에 있지, 수사권의 남용에 있지 않았다. 검찰 수사가 불편한 것은 고위정치인, 부패한 고위관료이지 서민이 검찰에 가서 억울한 일을 당할 이유는 없다. 오히려 경찰이 무혐의로 대충 수사하고 넘어간 것을 검찰이 제대로 수사하여 기소함으로써 피해자의 한을 풀어주거나, 거꾸로 억울하게 경찰이 범죄자로 몰아간 사건을 검찰이 철저하게 수사하여 무혐의로 밝혀내게 되면 피해자나 무고한 시민의 인권보장에 더 철저하게 되는 것이다. 뭐든지 한 번 더 검증할수록 더 나은 결론이 나온다는 것은 상식이다. 그러므로 검찰이 수사권을 갖는 것은 국민의 삶과 하등 무관할 뿐 아니라 더 바람직한 것이다. 검사의 기소권 남용은 두 가지로 생각할 수 있다. 하나는 기소하지 않을 사건을 함부로 기소하는 것, 다른 하나는 기소해야 할 사건을 기소하지 않는 것. 전자의 경우에는 사법부에 의한 3심 재판제도가 기다리고 있다. 기소했다가 무죄를 받게 되면 검찰에서도 부담이 되므로 기소를 남발하는 남용이란 생각하기 어렵다. 반대로 기소할 사건을 기소하지 않으면 피해자 입장에서는 하소연할 데가 없다. 이것이 전형적인 공소권 남용이다. 검찰개혁은 이걸 했어야 하는 것이다. 범죄가 명백한데도 검사가 사건을 뭉개면서 기소하지 않고 버티는 것! 이런 경우에 대비한 조치만 취해 놓았다면 그것으로 검찰개혁은 끝난 것이고, 그것이 국민을 위한 길이었다. 그런데 검수완박은 거꾸로 경찰이 수사를 담당하고 종결하도록 함으로써 일반 국민이 피해자인 사건에서는 아예 기소할 기회를 봉쇄해 버린 것이다. 개악도 이런 개악이 없다.

자기들이 살기 위해 대한민국을 '범죄도시'로 만든 문재인과 민주당 86 좌파 무리는 이것만으로도 대한민국에 충분히 반역죄를 저지른 것이다. 이들이 저질러 놓은 적폐를 청산하지 않으면 대한민국의 미래는 없다. 어떤 짓을 하더라도 그 결론은 옳고 그름에 따라 정해지는 것이 아니라는 인식이 팽배해지는 나라, 정의가 실종되었다는 생각이 편만(遍滿)한 나라에서 누군들 발 뻗고 편히 자고, 누가 마음놓고 비즈니스를 하며, 어떤 부부가 아이를 낳고 싶어하겠는가. 어느 피해자의 분노에 찬 절규를 잊을 수 없다.

"총이 있으면 다 쏴 죽이고 싶다!"

이건 국가가 아니다. 총선을 통해 야만적 입법 독재를 청산하고 정상적인 국가 수사 기능이 복원되도록 국민이 나서야 한다.

경제 파탄

좌파 이념 편향 경제 실정과 한국경제의 총체적 붕괴

오정근/자유시장연구원장,

바른언론시민행동 공동대표

소득주도성장정책과 급격한 최저임금 인상의 참사

문재인 정부의 좌파이념에 치우친 경제 실정은 이루 헤아리기 힘들 정도로 대부분이지만 그 중 단연 으뜸이 소득주도성장(소주성) 정책이다. 문 정부 들어 소득주도성장정책이라는 이름 하에 최저임금의 급격한 인상, 근로시간 주 52시간으로의 단축, 비정규직 정규직화, 임금피크제 없는 정년 연장, 통상임금 포괄범위 확대, 성과급 폐지와 연공급 재도입, 전 정부가 추진해 오던 노동시장 유연화 정책의 폐지 등 여러 친노동 정책들이 동시다발적으로 추진되었다. 결과적으로 많은 근로자들의 일자리를 앗아가고 대신 취업 근로자들의 이익을 증대시켰다는 의미에서 친노동이라기보다는 친노조 정책으로 평가되기도 한다. 이 가운데 핵심적인 정책이 기업의 지급능력을 무시한 최저임금의 급격한 인상 정책이다. 글로벌 금융위기 이후 2011-17년 중 연평균 5.3% 상승해 오던 최저임금이 문재인 정부가 출범한 후 2018년에는 16.4% 급등한 후 2019년 다시 10.9% 상승해 2년 연속 두 자릿수의 상승을 기록했었다.

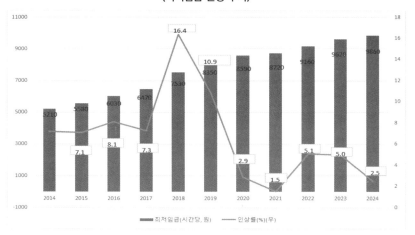

〈최저임금 인상 추이〉

자료: 고용노동부 최저임금위원회

한국의 최저임금은 이미 다른 나라에 비해 낮은 수준이 아니다. 특히 한국의 최저임금에는 경제협력개발기구(OECD) 회원국 대부분이 포함하고 있는 상여금, 복리후생비, 숙식비 등이 포함되어 있지 않다. 이 때문에 연봉 4,000만 원의 직장인도 최저임금에 미달하는 사태가 벌어지고 있다. 이 때문에 기업이 지급하는 임금 부담과 근로자가 받는 소위 최저임금 간의 괴리가 너무 커 갈등의 불씨가 되고 있다.

이에 따라 최저임금 산업 범위를 놓고 격론을 벌인 끝에 매월 정기상여금 중 최저임금의 25% 초과분, 복리후생비(숙식비 교통비 등) 중 최저임금의 7% 초과분만 포함하도록 하는 어정쩡한 결론을 내렸다. 한국에서 상여금은 대개 분기별로 지급하고 있어 해당되지 않는다.

더욱이 경제협력개발기구(OECD) 회원국 중 한국과 터키만 도입하고 있는 주휴수당은 포함하지 않고 있다. 주휴수당은 주 5일을 일하면 하루치 임금을 더 주는 제도다. 주휴수당은 문재인 대통령의 공약이었다. 주휴수당을 포함한 2018년 최저임금 시급 9,045원은 일본의 8,497원 미국의 8,051원보다도 많다. 물론 일본과 미국의 최저임금에는 한국은 포함하고 있지 않은 숙식비가 포함되어 있다. 미국의 1인당 국민소득은 6만 달러 수준으로 한국의 두 배 정도인 점을 감안하면 한국의 최저임금이 얼마나 높은 수준인지 알 수 있다. 이런 가운데 2년 새 29%나 오른 최저임금은 한국의 일자리 재앙을 초래했다.

〈주휴수당 포함 최저임금 시급 비교: 2018년〉

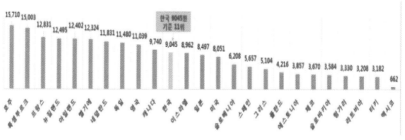

자료: 한국경제연구원

이러한 최저임금의 급등으로 2017년 31만 6,000명 등 보통 30~40만 명씩 증가하던 취업자 수가 2018년 9만 7,000명으로 급감하는 고용 참사가 초래되고 분배구조는 2008년 글로벌 금융위기 수준으로 악화되었다.

〈실업률 17년 만에 최고치〉

단위 : %, 만명

〈2018년 취업자 증가 1/3 토막〉

단위: 만명

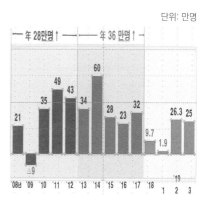

자료: 통계청

최저임금이 인상되기 시작한 후 산업별로도 이상징후를 보이고 있다. 도소매·음식숙박업이 크게 감소해 급격한 최저임금 인상이 자영업에 직격탄이 되고 있음을 보여주었다. 경제의 중요한 허리인 제조업에서도 수만 명 감소한 반면 농림어업에서는 증가해 2016년까지 감소해 오던 농림어업 부문에서 일자리가 증가하는 '농업화'의 기현상마저 보이고 있다. 농림어업 부문에서 각종 지원이 증가하고 불완전 취업자의 수가 증가하고 있는데 따른 것이라는 분석이 나오고 있다.

서민들의 일자리가 날아가면서 하위 20% 가구의 무직가구 비율이 57%까지 급등했다. 하위 20% 가구의 57%가 일자리가 없다는 것은 충격이 아닐 수 없다. 이에 따라 하위 20% 가구는 2018년 1분기 중 월 수입이 47만 3,000원으로 2017년 4분기의 68만 1,000원에 비해 크게 감소하면서 정부지원금 등 외부 보조금 59만 7,000원을 보태 근근이 생활하고 있는 것으로 조사되고 있어 충격을 주었다. 보조금이 임금 수입보다 많아지면서 배급사회가 도래했다는 비난도 등장했다. 이처럼 하위 20% 가구의 평균소득이 급감하면서 소득분배구조가 글로벌 금융위기가 발생했던 2009년 수준으로 악화되고 있다.

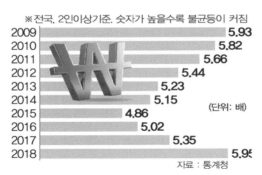

〈균등화 처분가능소득 5분위 배율〉

※전국, 2인이상기준. 숫자가 높을수록 불균등이 커짐

연도	배율
2009	5.93
2010	5.82
2011	5.66
2012	5.44
2013	5.23
2014	5.15
2015	4.86
2016	5.02
2017	5.35
2018	5.95

(단위: 배)

자료 : 통계청

주: 5분위 배율은 5분위계층(최상위 20%)의 평균소득을 1분위계층(최하위 20%)의 평균소득으로 나눈 값

임금이란 생산성에 맞게 증가하면 가장 이상적이라고 할 수 있다. 그러나 현실은 다르다. 특히 노조활동이 활발한 국가에서는 노사 간의 팽팽한 줄다리기 끝에 결정되기 마련이다. 한국에서는 27명으로 구성된 최저임금위원회에서 결정한다. 27명의 최저임금위원회는 사용자위원 9명(경총 3명, 중소기업중앙회 4명, 소상공인연합회 2명) 근로자위원 9명(한국노총 5명, 민주노총 4명) 공익위원 9명으로 구성되어 있다. 결국 캐스팅보트는 공익위원들이 쥐고 있는 셈이다. 공익위원들은 고용노동부장관의 제청으로 대통령이 임명한다. 따라서 사실상 정부가 공익위원들을 친노동성향, 친기업성향, 중립성향의 인사들 중 어느 비중으로 임명하느냐가 중요하다.

특히 근로자위원 9명은 2,000만여 근로자 중 약 10% 안팎을 차지하고 있는 양대 노총의 결정에 따른 대표성 논란도 제기되고 있다. 이들은 이미 취업되어 있는 그룹이고 대부분 상위 고연봉자들이기 때문에 취약 근로자들을 대변하지 못하고 있다는 지적이다. 중요한 점은 기업의 지급 부담 능력을 넘어선 최저임금 인상은 결국 일자리 참사로 이어진다는 점이다.

획일적인 근로시간 단축과 일자리 참사

문재인 정부는 출범 후 2017년 7월 발표한 '국정운영 5개년 계획'에서 '주 52시간 근로' 도입을 통해 "2022년까지 근로시간을 1,800시간대로 낮추겠다고 밝혔다. 한국 임금노동자의 연간 근로시간은 2016년 기준 2,052시간으로 경제협력개발기구(OECD) 평균(1,707시간)보다 300여 시간 이상 더 일하는 장시간 근로국이었다. 이러한 장시간 근로를 줄이기 위해 '주 52시간 근로' 제도를 도입한다는 것이었다.

종전 한국의 근로기준법은 하루에 8시간씩 일주일에 40시간을 일하도록 규정하고 있었다. 연장근로도 일주일에 12시간을 허용했다. 여기에 토요일과 일요일에 각각 8시간씩 총 16시간의 초과근무가 가능했다. 이렇게 되면 총근로시간이 68시간(40+12+16)이나 된다. 개정 근로기준법은 토요일과 일요일에 최대 16시간 할 수 있었던 초과근무가 불가능하도록 했다.

정부는 이와 같은 '주 52시간 근로'제도를 기업 규모에 따라 순차적으로 도입하기로 했다. 300인 이상 기업은 2018년 7월 1일부터 도입하고 50~299인 고용기업은 2020년 1월 1일부터 도입하고 5~49인 기업은 2021년 7월 1일부터 도입하기로 했다.

근로시간 단축으로 2020년까지 최대 33만 6,000여 개 일자리가 감소할 수 있다는 우려를 제기했다. 근로시간 단축으로 인한 기업의 임금 지급 부담이 제품가격 인상으로 이어져 판매와 생산이 줄어들고 고용마저 감소한다는 주장이다. 강성노조가 버티고 있어 노동시장의 경직성이 유지되면 근로시간이 줄어도 기업이 고용을 늘리거나 임금을 줄여 생산성을 높이기 어렵다는 분석이다. 한국은 OECD 회원국 중 노동시장 경직성이 높은 나라이다.

한국경제연구원은 근로시간 단축으로 추가 비용 부담이 12조 원을 넘는 가운데 근로자가 많은 제조업과 영세 사업장 위주로 비용 부담이 클 수밖에 없으며 업종별로는 비용 부담의 60%가 제조업에 집중되고 있어 제조업 경쟁력이 약화될 것으로 우려했다. 결국 시간당 임금과 판매 수입을 유지하기 위해 기업이 제품 가격을 올리고, 이로 인해 판매량이 줄어들고 생산과 고용의 감소로 이어진다는 분석이다. 한국경제연구원은 근로시간 단축에도 불구하고 생산성 향상이 수반되지 않으면 2019년 10만 3,000개, 2020년 23만 3,000개의 일자리가 사라질 것이라고 추산했다.

근로시간이 단축된 만큼 생산성을 높일 수 있을 것인가 하는 문제이다. 한국은 긴 근로시간에도 불구하고 노동생산성이 낮은 나라로 유명하다. 노동생산성은 흔히 노동자 1명이 1시간에 창출하는 부가가치로 나타내고 있다. OECD는 2017년 기준 조사대상 22개국 중 한국은 17위로 낮은 나라로 보고하고 있다. 노동생산성은 자동차산업의 경우에는 차량 1대당 평균 생산시간(HPV)으로 나타내기도 한다. 자동차산업협회에 따르면 2015년 기준 현대차가 26.8시간으로 도요타 24.1시간, 포드 21.3시간, GM 23.4시간보다 많은 시간이 소요되는 것으로 조사되고 있다. 이처럼 낮은 노동생산성을 근로시간이 단축되는 데 부응해 높일 수 있느냐 하는 점이 문제이다.

탄력근로제 도입 여부도 문제다. 탄력적 근로시간제는 특정 단위 기간에 평균 근로시간을 준수하는 것을 전제로 필요시 추가 근무를 허용하는 제도다. 쉽게 말해 일이 몰릴 때 집중적으로 일하고 일이 없을 때는 쉬게 해주는 제도다. 2018년 7월 1일 '주 52시간 제도'를 시행하면서 노사가 '탄력적 근로시간제 허용 기간 확대' 여부를 놓고 협상을 거듭해 왔지만 첨예한 대립으로 아직 합의를 도출해 내지 못하고 있는 실정이다. 현행 근로기준법은 노사합의를 전제로 탄력적 근로시간제의 적용기간을 최대 3개월까지 허용하고 있지만 기업들은 연중 일감이 고르지 않고 특정 시기에 일이 몰리는 산업에선 탄력적 근로시간제의 적용기간이 확대되어야 한다고 주장하고 있다. 이러한 현실을 반영하여 근로시간 단축 제외 특례 업종제도가 있으나 문재인 정부는 오히려 이를 대폭 축소했다. 국회 환경노동위원회는 새 개정안에서 특례업종을 기존 26종에서 육상운송업·수상운송업·항공운송업·기타운송서비스업·보건업 5종으로 제한하고 있다. 휴가철이나 공휴일에 손님이 몰리는 숙박업과 같은 서비스업이나 24시간 근무 환경이 필수적이거나 대체인력이 부족한 업종은 특례업종에 다시 포함되어야 한다는 주장이 설득력을 얻고 있다.

대부분의 선진국은 근로시간을 단축하면서 탄력근로 적용 기간을 길게 잡고 있다. 독일이나 영국은 평균 근로시간이 일정 수준을 초과하지 않는 이상 노사가 자율적으로 근로시간을 배분할 수 있도록 허용하고 있고 프랑스 일본 미국은 탄력적 근로시간제를 1년 단위로도 설계하는 것이 가능하도록 허용하고 있다.

　근로자 입장에서는 임금 감소 우려가 크다. 주 52시간 제도 도입이 장시간 근로 감소로 근로자의 '워라밸(Work&Life Balance)'에 기여하고 있는지에 대한 논란도 적지 않다. 일부 대기업에서는 워라밸에 기여하고 있는 것으로 나타나고 있다. 그러나 중소기업이나 임시·일용직에서는 소득이 줄어들어 투잡, 쓰리잡을 뛰는 직장인이 늘어나고 있다. 다른 일용직을 통해 임금을 보전하다 보면 '저녁 있는 삶'이 아닌 '저녁 먹을 시간도 없는 삶'이 될 수 있다"는 우려마저 제기되고 있는 실정이다.

　정부는 이 문제를 해결하기 위한 대책으로 재정 지원 대책을 발표했다. 정부가 2018년 5월 17일 내놓은 근로시간 단축 대책의 핵심은 기업 인건비와 근로자 임금 지원이다. 기업이 근로자를 신규 채용해 근로시간 단축에 대비하도록 1인당 월 100만 원(300인 미만 사업장)까지 지원하고, 초과근로가 사라진 만큼 줄어들 근로자의 임금도 1인당 월 40만 원까지 보전해 주겠다는 것이 지원대책의 핵심적인 내용이다.

　정책의 실패가 발생하면 재정을 풀어 지원하겠다는 정부의 대책이 일자리 창출에 효과가 있을지도 불확실한데다 재원은 더 큰 문제로 대두되고 있다. 5년간 4,700억 원이 들어가는 대책의 예산은 고용보험기금에서 조달한다. 고용보험기금은 고용창출이 아니라 고용안정을 위해 근로자와 사용자가 내는 고용보험료로 조성되는 기금이다. 고용보험기금 중 청년고용장려금 등 일자리 사업으로 2017년 한 해에만 3조 1,700억 원을 지출했다.

　고용보험기금의 총지출과 수입 추이를 보면 2016년 수입 10조 2,442억 원 지출 8조 8,672억 원 적립금 9조 5,850억 원이었으나 2018년 수입 10

조 7,696억 원 지출 11조 5,778억 원, 2019년 수입 11조 8,683억 원 지출 13조 9,515억 원, 2020년 수입 14조 3,048억 원 지출 21조 4,628억 원 등 수입은 일정 수준을 유지한 데 비해 지출은 기하급수적으로 증가했다. 이처럼 방만한 지출로 고용보험기금 적립금은 2021년부터 적자로 전환되어 2022년에는 적자 규모가 3조 9,670억 원까지 확대되었다.

여기에 현 정부는 실업급여도 대폭 늘리고 있다. 하루 8시간 기준 실업급여 하한액이 2016년 4만 3,416원이었으나 2018년 5만 4,216원, 2019년 6만 120원으로 올렸다. 2023년에는 6만 1,568원이다. 고용보험기금 적립금의 고갈이 심화되면서 1.3%였던 고용보험료율(사용자 근로자 각 50%씩 부담)을 2019년 10월부터 1.6%로 인상한 후 다시 2022년 7월부터는 1.8%로 인상했다. 사용자의 고용보험료율 인상은 법인세 인상과 더불어 고용 저하 요인으로 작용한다. 결국 '땜질식 처방'에 대한 부담이 고스란히 국민 몫으로 돌아오는 셈이다.

왜곡된 일자리 통계를 이용한 문재인 정부 좌파들의 자화자찬

좌파들의 거짓말이 어제오늘 일은 아니지만, 특히 통계에 접근하기 어려운 일반인들은 잘 알기 어려운 경제 분야에서 통계를 조작하고 왜곡된 통계를 이용해 국민의 눈을 속이고 정책을 잘한 것으로 자화자찬하고 있는 점이 문제다. 진단을 잘 못 하면 처방도 잘 못 되기 때문에 간단한 문제가 아니다. 문재인 정부 청와대는 2021년 8월 '문재인 정부에서 근로자의 삶의 질은 개선됐고, 코로나19 전까지 역대 최고 수준의 고용률을 달성했다'고 자화자찬했다. 대통령 직속 일자리위원회가 일자리 정책 성과와 관련해 국회에 내놓은 '2020년까지의 문재인 정부 일자리 창출 성과 보고서' 답변이다.

일자리위원회는 문재인 대통령 취임 직후 "일자리 창출을 정책의 최우선 순위에 두겠다"며 야심 차게 청와대에 일자리 상황판까지 설치했다. 그러나 급격한 최저임금 인상, 주 52시간제 비탄력적 강행, 무리한 비정규직 정규직화 등 터무니없는 소득주도성장이론에 근거한 정책을 추진해 일자리를 파괴시켰다. 지난 정부에서 매년 평균 30~40만 명 증가해 오던 전년 동기비 취업자 증가 폭이 2018년에는 최저임금 급격한 인상 등 무리한 소득주도성장의 파장으로 9만 7,000명으로 대폭 줄었다.

고용 사정이 심각해지자 문재인 정부는 2019년 하반기부터는 세금 주도 단기일자리를 양산하기 시작했다. 단기일자리는 주로 청년 계층과 노인 계층에 집중되었다. 노인 단기일자리는 2018년에 51만 명, 2019년에는 61만 명, 2020년에는 74만 명으로 지속 늘어났다. 2021년에는 80여만 명을 넘어섰다. 현금 지급성 복지라고 부를 수는 있어도 위원회의 말처럼 '삶의 질'을 개선한 일자리라고 보기는 어렵다.

정년퇴직한 노장년들에게 최저임금만 탄력적으로 적용해도 주유소의 주유원, 마트의 판매원, 아파트 경비원, 중소기업의 경영자문 등 적정한 수준이 임금으로 할 일이 적지 않다. 그러나 모두 최저임금을 일률적으로 적용하니 노장년들에게 최저임금을 다 주면서 채용할 수 있는 곳은 많지 않다. 지키지 않으면 무조건 형사입건하니 고용주들은 채용은 엄두도 내지 못하고 있는 실정이다. 그 결과 월 200~300만원 정도는 벌어서 가계를 영위할 수 있던 노장년들도 이제 월 20~30여만 원에 불과한 세금주도 허드레 일자리에 나가는 수밖에 없다. 세금은 세금대로 축내면서 노장년들의 빈곤은 빈곤대로 심화시키고 있는 실정이다.

청년 단기일자리는 정부가 8,000억 원을 들여 민간에서 단기일자리 11만 개를 만든다고 추진하는 일자리 정책이 예다. 기업이 청년을 채용하면 최대 6개월까지 인건비를 지원하는 방식이다. 대개 단기 알바 허드레 일자리뿐이었다. 청년들은 오히려 정규직은 감소하고 비정규직만 늘어나는 결과를 초래하고 있다. 청년의 정규직 비율이 16.4%로 급감하고 있다. 청년들의 일자리 상황은 심각한 수준이 넘어 절망적이다. 주당 1시간만 일해도 취업자로 간주되는 고용통계로 인해 취업자 수만 부풀려지고 있다. '문재인 정부에서 근로자의 삶의 질은 개선'됐다는 내용과는 한참 거리가 멀다.

부동산 정책 실패와 통계 왜곡

부동산 분야에서도 황당한 주장들이 이어졌다. 2021년 8월 27일 국회에 출석한 청와대 정책실장은 "OECD 평균 집값 상승률이 7.7%인데 한국은 5.4%에 불과하다"고 했다. 도무지 현실과 동떨어진 주장들이 아닐 수 없다. 월간 KB주택가격시계열 자료에 의하면 문재인 정부가 출범한 2017년 5월부터 2018년 7월까지만 전국 아파트 매매 가격지수는 27.2% 올랐다. 서울은 52.0% 오르고 특히 세종시는 62.2%나 오른 것으로 조사되었다. 다시 2021년에는 20% 이상 상승했다. 집값 상승은 이처럼 문재인 정부 들어 가파르게 지속되면서 대통령도 실패를 인정하기도 했다. 2021년 4월 재보선 참패 후 5월 취임 4주년 특별연설에서 "부동산 부분만큼은 정부가 할 말이 없게 됐다"며 "(재·보선에서) 죽비를 맞고 정신이 번쩍들 만한 심판을 받았다"고 했을 정도다.

그런데도 2021년 청와대 신임 정책실장은 마치 다른 나라에 비하면 안정된 것처럼 설명하고 있으니 어이가 없을 정도였다. 아마도 그동안 터무니없게 상승률이 낮게 조사되어 온 부동산원 통계에 근거한 것이 아닌가 한다. 이러한 분석을 근거로 문재인 대통령은 2021년 10월 25일 국회 시정연설에서는 예년보다 부동산 문제 언급의 비중이 눈에 띄게 줄어들어 5개월 전 '부동산 죽비' 발언과는 대조를 보였다. 그러나 7월부터 부동산원이 조사 표본을 기존 2만 8,360가구에서부터 4만 6,170가구로 대폭 확대하자 집값 상승률은 높게 나타났다.

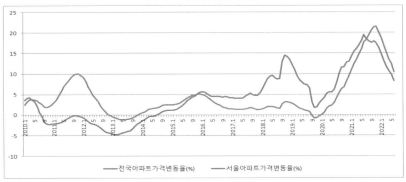

〈아파트 가격 상승률 추이〉

자료: KB국민은행

이를 두고 국토교통부 장관은 "5년, 10년 전에 공급을 줄였기 때문"이라고 설명했다. 마치 공급부족으로 인한 주택난이 전 정부의 탓인 것처럼 보이는 설명이었다. 주택건설산업연구원 자료에 의하면 주택 인허가 물량이 2016년에 72만 6,000 채이던 것이 문재인 정부가 출범한 2017년에 65만 3,000 채로 감소한 이후 2018년 55만 4,000 채, 2019년 48만 8,000 채, 2020년 45만 8,000 채로 지속적으로 하락해 왔다. 서울은 더욱 심각했다. 장관마저 통계를 왜곡한 주장을 국회에서 하고 있으니 장관이나 정책실장이나 어이가 없기는 마찬가지였다.

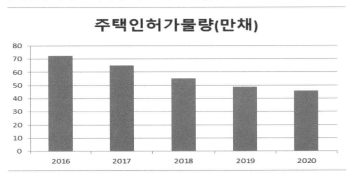

자료: 주택건설산업연구원

부동산 가격이 급등하자 공급은 늘리지 않고 강도 높은 억제대책들이 이어졌다. 투기과열지구 지정, 재건축 안전진단 강화, DSR LTV DTI 강화, 공시지가 인상과 재산세 중과 분양가상한제 등 부동산 억제를 위해 가능한 정책들은 총망라하다시피 했다.

2020년에는 임대차 3법도 도입되었다. 2020년 7월 국회를 통과한 '임대차 3법'은 전월세 상한제, 계약갱신 청구권, 전월세 신고제로 구성되어 있다. 전월세 상한제는 계약갱신 시 인상률을 5% 상한으로 한다는 것이며, 계약갱신 청구권은 1회에 한해 임차인이 계약갱신을 청구할 수 있다는 것이다. 전월세 신고제는 보증금이 6,000만 원을 넘거나 월세가 30만 원을 초과하는 경우 계약일로부터 30일 이내에 임대인과 임차인이 의무적으로 계약 내용을 지방자치단체에 신고하도록 한 제도이다. 신고 의무를 어기면 최대 100만 원의 과태료가 부과된다. 다른 2개 제도는 법 통과 다음날 바로 시행됐지만, 전월세 신고제는 1년 유예 기간을 거쳐 2021년 6월부터 시행됐다. 신고 의무만 부여하고 과태료 부과는 유예하는 계도 기간을 2년간 뒀다.

문재인 정부는 부동산 가격 급등이 기본적으로 공급부족에 기인한다는 지적이 잇달자 2021년 공급 확대를 위한 25번째 대책을 발표했다. 그러나 공공 공급과 공공임대 중심으로 인한 민간참여 외면으로 효과가 없었다.

통계 조작과 혹세무민

대놓고 통계를 조작하는 일도 벌어졌다. 경기가 문재인 정부가 출범한 2017년 5월을 정점으로 하락을 지속했다. 경기가 하락하는 데도 전통적으로 경제학에서 주장하고 있는 경기안정화대책보다는 최저임금 인상, 근로시간 단축 부동산 억제대책 등 이념편향 정책에 치우친 나머지 경기를 추락시키는 정책을 연이어 남발하니 경기는 더욱 추락할 수밖에 없었다. 금리도 인상되었다.

〈경기 하락에도 밀어붙인 문 정부의 이념편향 반 경기 안정화 정책〉

경기가 지속적으로 추락하자 2018년 통계청장을 돌연 경질했다. 새로 부임한 통계청장은 경기를 나타내는 경기종합지수 편제 방법을 개편했다. 경기는 추세요인, 계절요인, 불규칙요인, 순환요인에 의해 변동해 가는데 앞의 세 요인을 제거하고 순수한 순환 요인만을 추출한 경기종합지수 순환변동치를 통해 경기변동을 분석한다. 그런데 개편과정에서 추세변화의 갱신주기를 종전 연간(연 1회)에서 반기(연 2회) 주기로 단축했다. 결과적으로 추세가 짧아지면서 경기변동폭이 적어지도록 한 것이다. 이런 부분은 웬만한 전문가가 아니면 알기 어렵다. 개편 결과 추락하던 경기가 돌연 정체되더니 코로나가 오기 전까지 상승하기까지 했다. 이를 토대로 문재인 대통령은 수차례나 곧 경기가 좋아질 것이라고 언급하기도 했다.

〈경기동행지수 순환변동치 개편 전후 비교〉

2017.5=101.2
2017.9=101.3
2017.5=101.0
2017.9=101.0

동행지수순환변동치(개편후) 2015=100   동행지수순환변동치(개편전) 2015=100

자료: 통계청

설상가상 문재인 정부의 소득주도성장정책으로 일자리가 파괴되면서 분배구조가 악화되자 이번에는 통계표본까지 변경하면서까지 분배 악화를 감추려는 시도마저 자행했다. 가계동향조사 표본을 변경해 저소득층 비중을 크게 줄였다. 그 결과 소득분배지표인 소득 5분위 배율이 대폭 축소된 것으로 나타났다. 심지어 2019년 가계동향조사 2차 개편 후에는 연간 데이터 제공을 온라인, 오프라인 어디에서도 제공하지 않고 있는 실정이다.

이러한 경기통계 편제방식 개편, 분배구조를 볼 수 있는 가계동향조사 표본 변경을 문재인 정부는 서슴없이 자행했다. 일반인들은 물론 경제학자들도 웬만한 전문가가 아니고서는 알 수 없는 세밀한 곳에서 이런 일이 자행되고 그 결과 정책결과가 잘못 해석되고 더 나아가 경제정책이 잘 못 결정되는 것이다. 그 결과는 고스란히 국민들, 특히 서민들이 피해로 돌아가게 된다.

소주성 이은 재주성, 한국경제 붕괴 재촉

　문재인 대통령은 코로나19가 덮치기 전인 2019년 5월 국가채무와 관련해 충격적인 발언을 했다. 문재인 대통령은 "기획재정부는 국가채무비율을 국내총생산(GDP) 대비 40%대 초반에서 관리하겠다는데 국제기구는 60% 정도를 권고하고 있다. 우리는 적극 재정을 펼 여력이 있다"고 말했다. 선진국에서는 국제통화기금(IMF)이 권고하고 있는 재정통계 매뉴얼상의 넓은 의미의 국가부채 개념을 사용하고 있는 데 반해 한국은 한국만의 국가재정법에 의한 좁은 의미의 국가채무 개념을 사용하고 있는 차이를 모르는 데서 나온 발언으로 보인다. 한국의 국가채무는 정부가 직접적으로 상환의무를 지는 국채 발행 등 채무만 포함하고 있는 반면 선진국들은 공무원·군인연금 충당금, 정부 기능 수행으로 지게 된 공기업의 채무 등을 포함하는 넓은 의미의 국가부채라는 차이점을 알고나 하는 얘기인지 궁금하다.

　2021년 5월 국가재정전략회의에서는 재정지출 확대의 중요성을 역설하면서 일종의 '재정확대 선순환' 이론을 제시했다. 재정지출 확대→경기회복→세수 증대→재정지출 추가 확대→경기회복 가속'으로 재정 확대의 선순환이 이루어지므로 적극적으로 재정 확대를 검토하라는 지시를 내놓은 것이다. 일종의 재정주도성장 이론이다. 이런 대통령의 발언이 나온 직후 여당은 추가경정예산 추진을 공식화했다.

　정부가 세금을 거두거나 국채를 발행해 재정지출을 하면 소득이 얼마나 증가하느냐를 보는 지표로 흔히 재정승수가 이용되고 있다. 한국은행에 의하면 정부투자지출은 0.9, 정부소비지출은 0.8, 이전지출은 0.3으로 분석되고 있다. 재난지원금 같은 현금 살포식 이전지출을 1조 원 하면 소득은 3,000억 원밖에 증가하지 않는다는 것이다. 즉 정부가 세금을 거두면 소비가 줄고 국채를 발행하면 금리가 올라서 투자자가 위축되는 등 민간부문의 투자소비 활동이 위축되는 밀어내기 효과, 즉 구축효과가 발생해 재정지출의 소득증대효과는 1보다 적게 나온다는 것이 재정학의 정설이다.

이런 재정학의 정설을 무시하고 '재정확대 선순환'이라는 재정주도성장 이론을 제시하고 그런 대통령의 언급이 나오면 곧바로 정부 여당은 부랴부랴 추경을 편성했다. 문재인 정부 5년 동안 재정지출을 확대한 나머지 2022년 말 국가채무는 1,000조 원을 넘어섰다. 한 마디로 한국의 국가부채는 날로 증가해 재정위기 가능성이 커지고 있고 미래세대에 부담을 가중시키고 있는데도 이런 상황은 안중에도 없는 듯이 보였다. 재정이 위기 상황으로 치달으면 국가신뢰도가 하락해 외국인 투자자금의 유출이 일어나면서 외환위기도 발생할 수 있다. 위기가 오면 공적자금으로 금융회사들과 기업들도 구제해야 하므로 재정은 위기의 마지막 방파제이다. 그런데 재정을 마구 헐어 쓰면 위기가 오는 경우 경제는 속절없이 붕괴되어 실업자는 천정부지로 늘어나게 된다.

이미 문재인 정부는 임금을 올려주면 소비가 늘어나 소득이 증가한다는 이른바 소득주도성장 정책의 실험으로 한국경제를 붕괴시킨 데 이어 다시 재주성, 즉 재정주도성장 정책이라는 정통재정학에서는 있지도 않은 정책의 실험으로 한국경제를 완전히 나락으로 내몰았다. 그 결과는 온전히 2030 젊은 세대들에게 감당할 수 없는 무거운 짐으로 돌아갈 것이다.

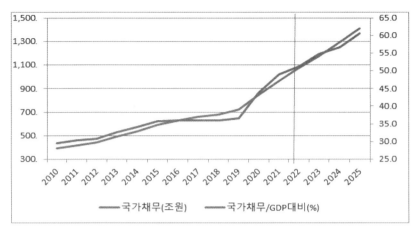

〈국가채무와 국가채무/GDP 비율〉

자료: 기획재정부

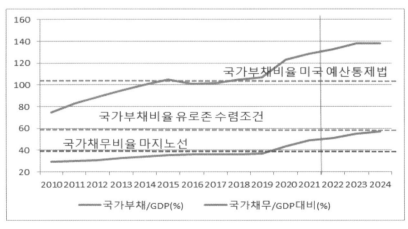

〈국가부채/GDP 비율〉

자료: 오정근 추청

일파만파 안팎으로 거세진 문재인 정부의 탈원전 정책 후폭풍

한국전력은 2022년 32조 원 영업 손실을 냈다. 2022년 한전의 전력 구입 금액은 약 88조 8,633억 원, 전력 판매 수입은 약 66조 301억 원으로 전력 판매에서만 총 22조 8,332억 원 손실을 기록했다. 한전의 부채는 2022년 193조 원에 이르고 2023년에는 206조 원으로 전망된다. 자기자본 대비 부채비율은 2022년 459%, 2023년에는 617% 전망되고 있다. 2018년 161%에서 급증한 것이다. 문재인 정부 당시 잘못된 에너지 정책의 직격탄을 맞은 탓이다. 공기업이 아니면 벌써 문을 닫았을 수준이다.

문재인 정부의 탈원전 탓으로 한국전력이 5년 동안 26조 원 가까운 추가 비용이 발생한 것으로 나타났다. 2023년 4월 20일 국회 입법조사처의 '탈원전 정책에 따른 전력 구매비 상승 분석' 보고서에 따르면 탈원전 정책 영향으로 한전이 2022년 추가로 지급한 전기 구매비용은 12조 6,834억 원에 이르는 것으로 나타났다. 문재인 정부 5년(2018~2022년) 동안 한전의 손실액은 25조 8,088억 원에 달한다.

탈원전으로 인한 타격은 2022년 2월 러시아-우크라이나 전쟁이 발발로 인한 LNG 가격이 급등하면서 더 심해졌다. 2022년 기준 발전원별 원전 구입 단가는 kWh당 원전 52.58원, 유연탄 157.97원, 무연탄 202.71원, LNG 240.49원, 수력 210.73원, 대체에너지 199.86원 등으로 나타나고 있다. 에너지는 경제와 안보도 고려해야 하는데 문재인 정부에서는 환경과 안전만 강조하면서 가장 저렴한 에너지원인 원전을 외면하는 탈원전 정책을 원전의 경제성을 조작하면서까지 무리하게 추진한 결과 초래한 비용이다.

문재인 집권 기간 이뤄진 탈원전 정책으로 인한 비용이 2017년부터 2030년까지 47조 원을 넘어설 것이라는 연구 결과도 나왔다. 2023년 5월 22일 서울대 원자력정책센터가 발표한 '탈원전 비용 추정 결과' 보고서에 따르면 2017년부터 2022년까지 탈원전 비용으로 22조 9,000억 원이 발생했다. 또한 2023년부터 2030년까지 예상되는 발생 비용은 24조 5,000억 원에 달할 것으로 추정된다는 것이다. 탈원전으로 인해 발생했거나 발생할 것으로 예상되는 총비용이 47조 4,000억 원에 이를 것으로 추산된 것이다.

탈원전으로 전기요금을 정상화하지 않으면 한전의 생존 자체가 풍전등화이다. 하지만 최근 전기요금 인상은 그렇지 않아도 고용불안 물가 급등으로 사경을 헤매고 있는 민생과 기업을 감안하면 쉽게 결정할 수 있는 사안이 아니다. 문재인 정부의 실정이 고스란히 윤석열 정부의 고민으로 이전된 것이다.

한전 부실 문제는 대내적으로는 전력 산업 생태계 붕괴와 금융시장 불안, 대외적으로는 글로벌 통상문제 등 대내외적으로 일파만파를 일으키고 있다. 우선 한전 부실은 한전과 발전 공기업, 민간 발전사 부실로 이어져 우리나라 전력 산업 생태계 전체를 뒤흔들고 있다. 송·배전 등 전력망에 대한 투자 부실은 블랙아웃(대정전) 위험을 키우고, 반도체·철강·정유 등 제조업 기반의 전력 다소비국인 우리나라의 산업경쟁력을 떨어뜨린다. 경기 용인에 새로 짓는 반도체 클러스터에 전력을 공급하려면 원전 4기에 해당하는 4GW 규모 생산 설비와 송배전망이 필요하지만 투자는 엄두조차 못 내고 있다.

한전은 빚조차 내기 어려운 상황에 맞닥뜨릴 것으로 전망되고 있다. 2023년 들어 한전이 19일까지 발행한 회사채 규모는 9조 원가량으로 남은 기간 작년처럼 발행이 이어진다면 2022년 말에 이어 또 한 번 회사채 한도 확대가 필요하게 된다. 이렇게 되면 가뜩이나 어려운 채권시장에 공기업의 우량채가 자금을 몰아가면서 기업들은 회사채를 발행해 자금 조달하기도 어려워진다.

다른 전략산업발전에 미치는 악영향도 우려되고 있다. SK그룹이 배터리 설비투자 자금 조달을 위해 한국산업은행에 대출을 요청했으나, 한전 지분 33%를 보유한 최대 주주인 산은 사실상 거절한 것으로 알려졌다. 배터리 사업의 특성상 초기에는 대규모 설비투자가 필요한데 정책금융기관인 산은마저 국가 첨단전략산업에 대한 대출을 외면해 설비를 제때 확충하지 못할 경우 중국 등 경쟁국에 선점당할 수 있다는 우려가 제기된다.

대외적으로는 생산단가 대비 값싼 전기요금이 국제통상분쟁으로까지 비화하고 있다. 생산단가보다 낮은 전기료는 기업에 보조금을 주는 것으로 받아들여져 상계관세 같은 통상문제가 일어날 수 있다는 움직임이 미국 쪽에서 감지되고 있다는 지적이다. 이미 2023년 들어 미 상무부가 한국의 값싼 전기료를 문제 삼아 현대제철 후판에 무역 보복 조치인 0.5%의 상계관세를 매긴 바 있다. 실정이 이런데도 아직도 거대 야당은 재생에너지 강화를 위한 특별법을 상정하고 있는 실정이다. 에너지 정책도 이제는 이념보다는 경제 안보 등을 종합적으로 고려해야 할 때다.

2021년 5일 정부의 탄소중립위원회가 공개한 '2050탄소중립 시나리오'는 여러 가지 면에서 어안이 벙벙하게 했다. 탄소중립위원회는 2050년에 탄소중립으로 가기 위해 에너지원별 발전 비율을 2018년에 23.4%인 원전은 2050년에는 6.1%로 대폭 축소하고 2018년에 6.2%인 재생에너지 비중을 2050년에 70.8%로 가져가는 것으로 되어 있다. 2018년에 각각 41.9%와 26.8%인 석탄발전과 LNG발전은 2050년에는 모두 제로가 되도록 되어 있다. 부족한 나머지 중 21.4%는 아직 기술이 검증되지 않은 암모니아나 수소를 이용한 발전인 신전원 21.4%, 연료전지 1.4% 등으로 채운다는 계획이다. 이를 실천하기 위해 현재의 석탄발전과 LNG발전은 완전 폐기하고 현재 24기(23.3 GW)인 원자력발전은 2050년에 9기(11.4GW)만 가동하는 것으로 되어 있다. 태양광 풍력 설비는 각각 480.1 GW, 41.6 GW로 끌어 올리는 것으로 되어 있다. 이는 2020년 한 해 태양광 풍력 설비의 121배에 달하는 규모로 서울 면적의 10배 이상을 태양광으로 덮어야 하는 어마어마한 규모다.

이처럼 막대하게 늘어난 규모에도 현재 20% 수준인 태양광 효율이 2050년에는 34%까지 올라가고 현재 25%에도 미치지 못하는 풍력 이용률은 40%가 될 것으로 가정하고 있다고 한다. 전문가들은 이 정도의 효율과 이용률이 높아질 수 있을 것인지 의문을 제시하며 너무 극단적인 가정에 의존하고 있다고 비판하고 있다. 그뿐 아니라 암모니아나 수소를 이용한 발전인 신전원도 아직 연구단계에 불과한 수준인데 21.4%나 계상하고 있다는 점도 지적되고 있다. 탈원전하면서 재생에너지 비중을 높이려고 무리한 가정을 연이어 전제하고 있다는 것이다.

에너지저장장치(ESS) 기술과 비용도 지적되고 있다. 일몰 시점부터 태양광발전의 발전량이 급속히 줄어들므로 해당 시점에 태양광발전의 공백을 메워줄 보조 전원이 필요한데 전력 당국은 그간 출력 조절이 비교적 쉬운 LNG발전을 활용해왔다. 그러나 위원회는 LNG발전 역시 탄소를 배출한다는 이유로 제외하고 있다. 탈원전에 재생에너지를 보조할 전원마저 없애는 터여서 수급 문제는 더욱 심화할 것으로 보인다. 특정 시간에 넘치는 전력을 에너지저장장치(ESS)에 담아 활용하는 안을 대안으로 내세우지만, ESS를 실제 현장에서 활용하기에는 아직 기술적 한계가 여전하다는 지적도 많고 비용도 막대하다는 비판이 나오고 있다. 보조 전원이 뒷받침되지 않아 전력 수요·공급 간 균형이 깨지면 최악의 경우 블랙아웃이 발생할 우려가 커진다. 전문가들은 수시 정전이 상시화할 것을 우려하고 있다.

전문가들은 최소 발전 단가가 두 배 정도 높아질 것으로 전망하고 있다. 원자력학회는 국민부담이 연간 41조~96조 원까지 증가할 것으로 추산하고 있다. 임금도 오르는 추세 속에서 전력 요금마저 오르면 기업 입장에서는 글로벌 경쟁력 하락요인이 될 것은 자명하다. 전기요금 인상뿐만 아니라 제조업이 중심인 한국경제에서는 기업이 감당하기 힘든 부담이 될 전망이다. 제철, 석유화학, 자동차 등 한국의 주력산업이 모두 엄청난 타격을 입을 전망이고 이는 바로 일자리 붕괴로 이어질 전망이다.

전력공급이 부족할 수도 있고 블랙아웃 같은 불안정적인 전기공급에 대응해 러시아·중국 등에서 전력을 북한을 경유해서 수입해오는 이른바 '동북아 그리드(전력망)'도 추진한다고 하니 동북아나 남북상황을 고려해 볼 때 도무지 제정신이 있는 사람들이 내놓는 아이디어인가 어안이 벙벙해 질 정도이다. 해외에도 수출해 오던 세계 일류의 원전을 폐기하고 경제는 물론 안보하고도 직결된 전기를 북한을 경유해서 수입해오는 발상이라니 할 말을 잃을 정도이다.

〈문 정부의 8차 전력수급 기본계획〉

8차 전력 수급 기본계획

	2017	2022	2026	2030년	
유연탄	45.4	42.6	41.6	41.3%	
원자력	33.3	37.2	30.9	25.4%	
신재생	16.1	9.5	15.9	20.1%	
LNG	0	8.1	8.5	10.1%	

자료: 산업통상자원부

이처럼 중대한 국가 백년대계를 2020년 10월 문재인 대통령이 '2050 탄소중립'을 선언하자 두 달 만에 산업통상자원부와 환경부 산하 45개 국책기관 72명으로 구성된 기술작업반이 시나리오를 만들고 6, 7월 두 달에 걸쳐 민간위원 77명이 포함된 위원회에서 논의해 왔는데 민간위원 중에는 시민단체 노동계 종교계 출신이 24명인 반면 에너지 전문가는 한 명도 없었다는 전언이었다. 이처럼 무리하게 급조된 안을 15세 이상 청소년을 포함한 시민 500명으로 구성된 '탄소중립시민회의'를 열어 최종 결정했다. 국가백년대계인 중차대한 에너지 정책을 비전문가들이 모여 비현실적인 시나리오를 토대로 형식적인 승인 절차를 거쳐 결정한 것이다. 최근 '2050탄소중립'을 앞두고 중국을 비롯한 많은 나라에서 원전, 특히 소형 모듈원전(SMR)을 활용하는 나라가 많아지고 있는데 위원회는 SMR은 언급도 하지 않고 있다.

원전 운영정지와 건설중단

- 조기폐쇄: 월성1호기
  - 7천억원 들여 보수해 2022년까지 운영연장됐지만 조기 폐쇄
- 준공됐지만 운영허가지연: 신고리4호기
- 준공시점 연장:
  - 신한울 1 2호기(공정률 98.3%)
  - 신고리 5 6호기 (공정률 38.7%)
- 건설백지화 6기
  - 신한울 3 4 호기
  - 천지 1 2 호기
  - 대진 1 2 호기

진영논리에 갇힌 4대강 보 해체

'4대강 사업은 하천으로 흘러들던 오염원을 정리하는 등 하천 전반을 정리한 국책 사업이었다. 강바닥을 준설해 물그릇을 키우고, 제방을 쌓아 홍수를 막으며, 보에 가둔 물로 가뭄에 대비하는 게 목적이었다. 보는 소수력발전(1만kW 이하 수력발전)을 통해 재생에너지도 생산한다. 4대강 사업 전후 10년간 한강·낙동강·금강·영산강 본류 및 16개 보(洑) 인근에 대한 수질 변화를 비교·분석한 결과 수질이 큰 폭으로 개선됐다는 서울대와 국립환경과학원의 공동연구 결과가 나왔다. 서울대 최지용 교수는 '2023 한국환경분석학회 춘계 학술대회'에서 이 같은 공동 연구 결과를 발표했다. 연구에 따르면 4대강 보 대표 지점 16곳과 4대강 대권역 지점 17곳 등 총 33곳을 대상으로 4대강 사업 이전 10년(2000~2009)과 이후 10년

(2013~2022)의 수질을 비교한 결과, 4대강 보의 경우 '개선'이 81%, '악화'가 6%, '유의미한 변화 없음'이 13%로 각각 나타났다. 최 교수는 "수질 개선은 4대강 사업의 일환으로 추진된 하수 정화 시설 확충 등 여러 오염원 저감 대책에 따른 효과로 판단된다"고 말했다. 이어 "4대강 사업으로 하수 처리 시설이 600여 개 정도 늘어났고, 특히 비가 올 때 쓸려 내려오는 오염물질 관리와 하수관 정비를 꾸준히 해온 덕이 크다"고 했다.

그런데 문재인 정부는 2019년 1월 금강, 영산강의 5개 보 해체와 상시 개방을 의결하면서 그 근거로 수질 악화를 지목했다. 그러나 당시 환경부 4대강 조사·평가기획위원회가 수질 평가에 사용한 항목인 'COD(화학적 산소 요구량)'가 2016년 이미 법적으로 폐기된 것으로 드러났다. 감사원은 4대강 보 해체와 개방 결정이 적절한 절차를 밟아 이뤄졌는지 조사하고 있다.

2023년 7월 홍수로 인한 오송 지하차도 참사 등 홍수 피해가 크게 발생하면서 금강·영산강의 5개 보가 제 기능을 하지 못하도록 해체하거나 상시 개방한 문재인 정부의 결정도 도마 위에 오르고 있다. 감사원 감사 결과는 충격적이다. 우선 보의 처분 방안을 정한 '4대강 자연성 회복을 위한 조사·평가단'(조사평가단)의 민간위원 대다수가 4대강 반대 181개 시민단체로 구성된 '4대강 재자연화 시민위원회'(재자연위)가 추천한 인사들로 채워졌고, 이들에 의해 2019년 1월 두 달 만에 서둘러 보 해체·개방 결론을 냈다고 한다.

4대강 사업의 치수정책을 문재인 정부와 환경단체 등은 '강 파괴'로 몰아붙이며 본류에 설치된 보의 일부는 해체·상시 개방하며 지류와 지천에는 손을 대지 못하게 했다. 치수정책이 환경운동가들의 이념에 치우친 수질관리사업으로 변질되면서 주관부서도 국토부에서 환경부로 이관되고 지천에는 보 건설은 물론 준설도 되지 않으면서 홍수재해를 불러왔다는

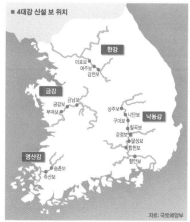

지적이다. 더욱 경악스러운 점은 환경부의 '보 해체' 결정 과정에서 적절치 않은 데이터를 사용하면서 '그냥 아무 생각 없는 국민들'의 눈만 가리면 된다는 4대강 민관합동기획·전문위원회의 회의록 발언이다. 조국 전 장관의 '가붕개론'이 떠오르는 대목이다.

이에 따라 대통령 직속 국가물관리위원회는 2023년 8월 4일 '금강·영산강 보 처리방안'을 취소하는 안건을 심의·의결했다고 밝혔다. 2021년 1월 당시 물관리위원회에서는 환경부가 제출한 자료를 토대로 '금강·영산강 보 처리방안'을 심의, 의결해 5개 보의 해체(세종보, 죽산보, 공주보) 또는 상시 개방(백제보, 승촌보) 결정을 내린 바 있으나 2023년 7월 20일 감사원의 공익감사 결과, 과거 보 처리방안 결정에 있어서 방법론과 의사결정을 위한 위원회 구성에 대한 문제점 등이 있었음을 확인하고, '금강·영산강 보 처리방안' 결정을 취소했다고 밝혔다.

한덕수 국무총리는 이날 제9회 국가물관리위원회를 주재하며 "일상화된 기후 위기로 홍수, 가뭄 등 극한 기상이 반복되는 상황에서 오늘 위원회의 보 처리방안 취소 결정으로 4대강 보의 활용 계기가 마련됐다"고 밝혔다. 감사원은 2023년 1월 이미 김은경 당시 환경부 장관과 조사평가단 공무원 2명을 직권남용 등 혐의로 수사기관에 수사 의뢰한 상태이다.

4대강 보(洑)에 대한 일반 국민의 극히 상식적인 인식과 판단이 설문조사로 또 한 번 확인됐다. 환경부가 2023년 5월 16일 발표한 '4대강 보를 활용한 기후위기 대응 국민인식 조사'를 보면 보 인근 주민의 87%, 그렇지 않은 일반 국민의 77%가 물 부족 시대를 맞아 보의 적극 활용에 찬성했다. 보 주변 농·어업 종사 주민의 찬성 비율은 93%이다. 그러나 여전히 보의 기능을 전면 부인하고 심지어 해체까지 주장하는 환경 원리주의자가 적지 않다. 정파적 이해와 좌우 관점에 모든 부문에서 진영논리가 심해지는 상황에서 강물과 하천 관리조차 진영논리에 갇혀 과학과 사실을 외면해선 안 된다. 이런 것이 바로 반지성주의다.

자원 빈국 한국에서 해외자원개발을 적폐로 매각

대한민국은 석유 한 방울 나지 않는 자원 빈국이다. 석유만 한 해 1,000억 달러 내외를 수입해 오고 있다. 그러나 국제자원시장은, 경기와 자원생산동향은 물론 석유파동 같은 자원생산국의 정책에 따라 자원가격이 큰 폭으로 등락을 보이는 매우 불안정한 시장이다. 이 때문에 자원의 안정적인 공급을 위해 한국처럼 국내 부존자원이 빈약한 국가들은 해외자원개발을 하는 등 자원개발에 전력투구하고 있다.

한국은 두 차례 석유파동을 겪으면서 1978년에 해외자원개발촉진법을 제정해 1979년에 한국석유공사를 설립하고 1981년 인도네시아 서마두라 유전, 1984년 예멘 마리브 유전개발에 뛰어들었다. 1990년대에는 베트남 광구사업을 자체 기술력으로 탐사 단계부터 주도할 정도로 자원개발기술과 노하우가 축적되었다. 그러나 외환위기가 덮치면서 자원개발 공기업과 민간기업들은 구조조정을 이유로 해외자원개발에서 대대적인 철수를 해야 했다. 서둘러 팔다 보니 헐값으로 매각되어 글로벌 자원개발 경쟁기업들의 배만 불려주었다.

그 후 글로벌 경제가 회복되면서 원유를 비롯한 국제 자원가격이 고공행진을 하자 이명박 정부 들어 다시 해외자원개발에 박차를 가하기 시작했다. 한국광물자원공사의 파나마 코브레 구리광산, 가스공사의 우즈베키스탄 수르길 가스전, 이라크 주바이르 유전, 바드라 유전, 한국석유공사의 아랍 에미레이트(UAE) 아부다비 유전 등이 대표적이다. 주바이르 유전은 매년 43만 배럴을 생산해 2017년 12월까지 투자비 24억 9,000만 달러 전액을 회수하고 2035년까지 순수익 창출만 기대되고 있다. 그러나 아직 한국의 자원 자주 개발율은 여전히 낮은 수준이다. 석유와 가스는 14.4%(2014년)로 일본 24.7%의 절반 수준이고 유연탄, 동, 철광은 32.1%로 역시 일본 60%의 절반 수준이다.

그럼에도 불구하고 문재인 정부 들어 해외자원개발을 적폐로 간주해 대거 중단시켰다. 해외자원개발혁신T/F는 투자 10년 만에 상업 생산을 시작할 파나마 코브레 구리광산, 세계 4위 니켈 매장량 마다가스카르 암바토비 니켈 광산, 호주 유연탄 광산 등 광물자원공사의 해외광구 지분 전부를 매각할 것을 권고했다. 한국석유공사도 미국 텍사스 이글포드 셰일가스 광구를 매각 추진 중이고, 한국가스공사는 호주 글래드스톤 액화천연가스(GLNG)을 매각 추진 중이다. 거의 대부분의 해외자원개발이 중단되고 있는 모습이다.

설상가상 2017년 11월 더불어민주당은 한국광물자원공사와 한국광해관리공단을 통합해 '한국광업공단' 신설하는 법안을 발의했다. 사업 범위에 한국광물자원공사가 수행하던 광물자원의 탐사 및 개발, 광산 직접경영, 해외법인 출자사업은 삭제되고 새로 남북경협에 대비한 남북 간 광물자원개발과 광물자원 산업 분야 협력사업을 추가하는 것으로 되어 있다.

해외자원개발은 고사되고 남북경협사업에 치중될 우려가 커지고 있다. 자원개발은 국가백년대계다. 초정권적인 장기적이고 큰 시각에서 추진되어야 한다.

경제와 진실 추구의 다층적 함의

이종은/세종대학교 경제학과 교수

연동되어 순환하는 경제, 궤변에 취약하다.

우주 만물이 그렇듯이 경제는 각 분야가 연동되어 순환하고 있어 늘 유동적이다. 그래서 인과관계를 설정하기에 따라 궤변을 늘어놓기 쉬운 분야가 경제이다. 국민지출 항목에서 가장 큰 비중을 차지하는 소비는 경제성장의 결과로 나타나는데, 이러한 소비 증가를 경제성장의 원인으로 파악하는 소득주도성장론은 인과관계를 거꾸로 해석한 전형적인 궤변이다.

부(Wealth)는 생산과정에서 암묵지를 배우면서 형성된다. 고전학파 경제학자 윌리엄 페티(1623~1687)도 유통과정이 아닌 생산과정에서 부가 창출된다고 했고, 애덤 스미스(1723~1790)는 경제성장이 노동수요를 증가시키면서 결과적으로 임금을 상승시킨다고 했다. 보이지는 않지만, 인간들의 배움과 창조의 과정이 부가가치를 만들어 경제를 성장시킨다는 점을 고전학파 경제학자들은 통찰했고, 이것은 "보이지 않는 것이 더 중요해"라고 말한 생텍쥐베리의 소설, 『어린 왕자』를 떠올리게 한다.

빈곤 문제를 해결하고 중산층을 두텁게 하려는 생각은 정상적인 정부라면 가지고 있다. 최저임금은 박근혜 정부에서도 6.1~8.1%로 매년 꾸준히 올리고 있었다. 그런데 2017년 문재인 정부의 급격한 최저임금 상승

(16.4%)은 중소기업, 소상공인들을 버티기 어렵게 했고, 이들의 폐업으로 일자리가 사라졌고, 노동시장에서 사라진 실업자들은 경력이 단절된 상태로 고용보험기금에서 주는 실업급여를 받아갔으며, 고갈된 적이 없었던 고용보험기금은 2018년 적자로 돌아섰다. 여기에 52시간 근로시간 제한이 더해져 산업별로 다양한 부작용이 나타났다.

기시감을 주는 비슷한 사례는 1997년 외환위기 이후에도 있었다. 수출 의존도를 줄이고 내수를 키우자는 논리로, 지하철역에서도 쉽게 신용카드를 발급해 2002년 말 신용카드 1억 장을 돌파하더니, 2003년 카드 연체율 14%가 되면서 신용불량자가 속출한 적이 있었다. 신용카드 사용으로 내수 경기를 끌어올리려 했으나, 결과는 카드빚과 신용불량자 양산이었다.

건실한 생산과정 없이 유통과정으로 무엇인가 창조된 것처럼 환상을 심어주는 것은 경제범죄의 본질이기도 하다. 2006년 '바다이야기'와 같은 사행성 게임장의 상품권이 몰래 현금으로 환전된 사례, 2023년 더불어민주당 김남국 의원으로부터 불거진 온라인 게임방의 가상재화가 블록체인 생태계에서 현금으로 환전된 사례는 창조된 가치가 없는데 가치가 있는 것처럼 유통시켜 마치 부를 만들어낸 것인 양 착각하게 만드는 것이다. 두 사건 모두 입법 로비 의혹이 있다는 점과 도박형 게임으로 얻어진 상품권 또는 가상재화를 현금으로 환전시키는 문제가 있다는 공통점이 있다. 즉, 환전 방법에만 차이가 있을 뿐, 도박으로 얻어진 것을 현금으로 환전하는 것을 금지하는 게임산업진흥에 관한 법률 32조 1항 7호의 취지에 저촉된다.

2021년이 되면 대한민국의 여론은 이미 소득계층 및 이념 성향과 상관없이 소득주도성장의 실패를 알아차리게 되지만, 취약계층은 이미 일자리를 잃고 난 후였다. 정치권의 궤변으로 사회가 흔들리면 정보력, 경제력, 정서적으로 취약한 계층이 가장 큰 고통을 받는다. 미래에도 이러한 궤변이

기술의 변화를 타고 현란한 모습으로 포장되어 정치권에서 주장될 수 있는데, 흔들리지 않는 통찰력으로 대비하자.

빈곤의 정치공학, 컬리효과

20세기 전반 미국의 정치인이었던 제임스 컬리의 이름을 붙인 컬리효과(Curley effect)로 불리는 빈곤의 정치공학이 있다. 컬리효과란 조세, 보조금 등을 이용한 편 가르기로 부자들은 떠나게 만들고, 선거구를 빈곤하게 만든 다음, 선거구민으로 하여금 경제적으로나 정신적으로 집권세력에 의존하게 해, 이들을 표로 연결시켜 당선되는 정치공학적 사기를 말한다. 컬리효과는 1913년~1951년까지 보스턴 시장을 네 번 역임한 제임스 컬리의 이름을 붙인 것으로 20세기에 디트로이트나 볼티모어 등 다른 도시들도 컬리효과를 겪은 것으로 알려져 있다.

미국은 1960년대가 되면, 린든 존슨 대통령이 위대한 사회를 표방하며 다수의석을 확보해 1965년부터 2년간 90개 이상의 복지법안을 통과시켰다. 그러나 시간이 흐르고 예산집행에 여러 세력이 개입하면서 눈덩이처럼 불어난 재정지출은 있는데, 빈곤 감소 효과는 미국의 경제성장 때문인지, 위대한 사회라는 정책 방향 때문이었는지가 분명치 않다. 분명한 것은 여러 세력들의 이해관계로 빚어지는 재정의 결과는 위대한 사회를 만들겠다는 진정성으로만 대응할 수 없는 측면이 있다는 것이다.

이 두 가지 사례는 국가 재정은 경제와 정치의 접점으로 국가의 재정이 납세자에 대한 배신, 미래세대에 대한 갈취, 이권 카르텔의 조성에 이용될 수 있어, 납세자의 지속적인 감시가 필요하다는 점을 보여준다.

우리 사회에는 '설마, 우리를 못 살게 하려고 의도했겠느냐, 몰라서 그랬겠지'라며 인간의 선의를 믿고 싶어 하는 사람들이 꽤 있다. 생각의 다름으로 간주해버리면, 사람 좋다는 소리를 들어 편하겠지만, 현실을 회피해 상황을 악화시킨다는 점에서 비겁하다. 국민을 가난하게, 의존적인 존재로 만들려는 의도를 가진 정치 세력들도 있는 것이 현실이고 이것을 판단하는 안목은 유권자가 가져야 한다.

문재인 정권 임기 동안 나라 예산과 국가채무의 증가 속도는 가팔라 국가 예산이 2022년에 607조 원, 국가채무는 1,067조 원을 넘어섰다. 추가경정예산편성(이하 추경)은 총 150조 원으로 역대 정부 최고치이며 박근혜 정부 때 추경 규모 40조 원의 4배에 육박한다. 추경은 본예산 편성 후에 긴급한 예산 소요 상황이 발생할 때 쓰는 것이지, 문재인 정권처럼 매년 습관적으로 써도 되는 것이 아니다. 국가 재정은 예산과 67개의 기금으로 이루어져 있는데, 그 중에서 10조 원 이상 쌓여 있던 고용보험기금은 소득주도성장 정책 때문에 2018년부터 적자로 돌아서고 누적 적립금은 소진됐다. 그러다가 2020년이 되면 공공자금관리기금에서 빌려오기도 하고, 두 번의 고용보험료 인상이라는 초유의 사태에 근로자와 사용자가 추가로 부담한 보험료는 5조 원을 넘었었다. 1998년 외환위기, 2008년 세계금융위기에도 고갈된 적이 없었던 고용보험기금이 고갈된 결과이다. 경제성장으로 일자리가 자연스럽게 만들어져야 하는데 재정으로 소득주도성장 정책의 실패를 메우려니 기금이 바닥난 것이다.

남북협력기금은 4,305억 원이 1,053건에 지출되었는데 인건비와 운영비가 대부분이고 기금의 취지였던 협력사업을 위한 지원이나 융자, 보험에 쓰이지 않았다. 개성공단은 2016년 폐쇄됐는데 문재인 정권 5년간 880억 원을 지원받은 사업들이 있었고, 이 중 173억 원이 들어간 남북공동연락사무소는 2018년 9월에 개소했으나, 2020년 6월에 북한에 의해 폭파되었다. 이 경우는 대북 굴종적인 방만한 재정 운용이다.

민간단체에 대한 보조금은 2000년 이후 증가해왔는데, 박근혜 정부 때

3조 원 규모였던 민간단체 보조금 규모는 문재인 정부 때 5조 원을 넘어섰다. 이 중 1,865건이 적발되어 314억 원 부정수급이 있었음이 2023년에 드러나기도 했다. 예산과 법안에 의해 만들어진 사회적 기업은 그 명분과 달리 선거 활동에 활용되기도 했고, 결과적으로 다른 중소기업들을 역차별하며 자원이 정당하게 쓰이지 못한 사례이다. 시민단체 중에 특히 정의기억연대는 2020년 5월 이용수 할머니의 인터뷰를 계기로 고령의 피해자들보다 이 단체의 투쟁 논리가 먼저였다는 것과 이 단체가 저지른 회계부정이 알려지기도 했다. 2023년 현재 국고보조금 사용에 대한 외부검증대상을 넓히고 내부신고자에 대한 포상금액을 올리는 등 이권 카르텔을 막는 방향으로 가고 있다.

건강보험의 경우 MRI 등 여러 진료행위에 대한 건강보험의 급격한 보장성 강화로 건강보험 재정의 악화를 가져왔다. 2011년부터 흑자였던 건강보험 재정이 문케어가 시작되자 2018년 1조 2,000억 원 적자를 기록했고, 문재인 정권 5년간 건강보험료율은 평균 2.7%로 올라 직장인들의 소득 크기에 따라 월급명세서에서 눈에 띄게 증가하고 있었다. 심지어, 2017년~2021년 기간 어떤 중국인이 3억 3,200만 원의 보험료를 납부하고, 한국에서 32억 9,501만 원 상당의 진료를 받아 국방과 납세의 의무를 지고 있는 한국인에 비해 과도한 혜택을 본 사례까지 있어, 자국민 우선주의를 해치기도 했다. 이 밖에도 무주로 계획됐었던 2023년 잼버리 대회가 물이 고이는 새만금에 재정을 쏟아부어 강행된 2018년부터의 준비 과정은 1,400억 원을 넘는 재원이 시설비보다는 인건비에 압도적으로 쓰였고, 잼버리 개최 경험이 없는 스위스, 이탈리아 등을 포함한 해외 출장이 99번 있었다. 1991년 한국 고성 세계 잼버리는 98억 원, 2015년 일본 야마구치 세계 잼버리는 380억 원 규모였지만 성공적으로 개최된 바 있다.

우리는 나라 안팎에 세금 도둑들이 많다는 것을 알고 있지만 납세자인 국민이 따라다니며 감시할 수는 없고, 재정에 개입하는 관료와 정치권의 수준이 높아져야 하는 과제가 있다. 그래서 인사를 만사라고 한다.

박정희 정부, 전두환 정부, 노태우 정부 등 권위주의 시대에는 청와대 보좌진이나 장관 임명에 전문성이나 임명권자의 선택이 있어야 할 뿐만 아니라, 정보기관들이 수집한 자료를 바탕으로 사상, 국가관, 병역, 도덕성, 리더십 등에 대한 검증을 통과해야 했고 그만큼 능력과 자질이 우수했다. 그런데 김영삼 정부, 김대중 정부, 노무현 정부로 오면서 정치성과 충성심의 비중이 커져 함량 미달인 인사들이 많았고, 점차 공무원 사회는 정권에 대한 친밀도가 중요해졌다. 이렇게 영혼 없는 관료사회와 법치를 무너뜨리는 국회는 실력을 키우기보다 두루두루 원만한 처세만 하려 하기 때문에, 보호받아야 할 성실한 국민과 기업을 방치하고 가엾게 만든다.

대한민국이 세금 도둑들에게 휘둘리지 않으려면 공직자 인사 검증에 있어 정보기관들의 역할과 장점을 살리고, 삼권분립 속에 의회 독재로 가지 않을 시스템, 신속 정확한 보도를 하는 언론, 인물을 간파하는 안목을 가진 유권자들을 키워낼 필요가 있다. 민간인 사찰 때문이라며 인사검증에 정보기관의 역할을 백안시하고 작위적으로 국내, 해외 업무를 가르면 간첩들은 편해지고, 소모적인 청문회와 정쟁으로 국력을 낭비하게 된다.

재정은 비상금으로 유사시에 취약계층을 다치지 않게 하고 성장을 위한 재원으로 쓰는 것이지 정부조직의 확장, 공기업의 확장, 법치주의가 무너져 어쩔 수 없이 생기는 사회적 비용을 메꾸는 데 쓰는 것이 아니다. 1997년 외환위기를 빠르게 극복할 수 있었던 것도 그 이전에 건실하게 관리된 재정 덕분에 과감하게 공적자금 160조 원을 투입할 수 있었기 때문이다(이진무 2010).[28] 재정이 무너지면 자유민주주의도 지킬 수 없다고 역사학자 알렉산더 티틀러는 경고한 바 있다.

---

28) 이진무, 『나라경제에 담긴 시간들』, 법문사, 2010.

고용시장은 정치와 경제의 접점

생산요소시장(노동, 자본, 원자재, 에너지, 토지 등)의 가격은 결국 최종재 가격으로 전가되면서, 국가경쟁력에 큰 영향을 준다. 에너지 시장에서 문성권의 탈원전 사태와 태양광 사업이 산림파괴와 이권 나누기의 폐해 외에도 심각한 이유가 여기에 있다. 생산요소시장 중에서도 고용시장은 인간의 삶 전체와 연결된다는 점에서 교육과 산업의 접점이 되고, 경제와 인구의 접점이 되며, 이익집단들의 각축장이 될 수 있다.

우리들 삶에 중요한 고용에 문제가 생기면, 저출산 외에도 이민과 기업의 해외 탈출로 이어진다. 전교조의 반대한민국 교육, 학생과 학부모가 사실상 인질이 되는 입시제도의 문제점으로 조기유학 열풍이 이미 1990년대에 시작되었고, '기러기 아빠'는 2002년 국립국어원 보고서에 신조어로 포함되기도 했다. 국민 편가르기가 한창이던 2003년에는 우리나라의 홈쇼핑 채널에 캐나다 이민상품이 등장했는데, 무려 3,000명이 신청해 화제가 되기도 했다.

대규모 노조 활동이 시작된 1987년 이후 한국의 노동시장은 대기업과 중소기업, 정규직-비정규직의 임금격차가 심화되었다. 대기업 노조의 임금상승 요구는 원하청 관계에 있는 중소기업에 전가되어 그들의 임금지불능력이 저하되었고, 2010년부터는 사회 초년생들의 고임금 노동시장으로의 쏠림현상이 가속화된 것은 잘 알려져 있다. 이렇게 대기업 노조의 생산성 이상의 임금요구(박정수 2019, 2020)[29]와 잦은 파업은 중소기업 근로자들, 비정규직의 후생을 침해하고 있다.

---

29) 박정수(2019), 한국경제의 노동생산성과 임금 그리고 노동소득분배율, 한국경제포럼, 12(2): 73~94쪽., 박정수 (2020), 자영업부문과 한국경제의 기능적 소득분배, 한국경제포럼, 12(4): 27~68쪽.

1992년 이후부터는 기업들의 해외 탈출이 본격화되고, 투자가 성장을 견인하는 선순환이 막히게 된다(오정근 2017).[30] 산업공동화가 오래 진행된 탓에 청년들의 눈높이에 맞는 일자리가 많이 생기지 못했는데, 원인으로 노사분규, 규제, 준조세, 중대재해처벌법 (2022년 1월부터 시행)으로 기업하기 싫은 나라가 되었다는 것을 들 수 있다. 기업은 위험을 부담하고 전사적으로 자원을 관리해 부와 일자리를 창조하는 조직이다. 위험부담 없이 말로만 떠들어도 각종 혜택을 누리는 직업군들이 기업을 억울하게 만들고, 기업만 사회적 책임이 있는 듯 주장하고, 아쉬울 때는 지대추구의 경연장이나 열린 것처럼 손 벌려도 되는 존재가 아닌 것이다. 기업이 해외로 나가게 되고, 청년층의 다수가 취업준비생이 되면, 이로 인해 취업, 재산 형성, 결혼이 기피되어 인구감소에 영향을 주게 된다.

이렇게 생계 해결과 자아실현의 장으로 이어지는 고용시장의 공정성 문제는 자연스럽게 첨예할 수밖에 없는데, 그렇지 않아도 2020년 4.15 총선 부정선거 문제로 조사를 받아야 하는 선거관리위원회(2018, 2022)와 다양한 기업들의 노조에서 보여준 고용세습은 취업준비생들을 좌절시켰고, 노동조합이 반국가 단체와 연계된 한국의 비정상적인 정치 지형은 대한민국이 처한 지정학적 위치의 심각성을 보여 준다.

예를 들면, 100건 이상 북한의 지령문을 받고 보고해 온 민주노총 간부 4명이 2023년 5월부터 수사를 받고 있다. 민주노총은 주한미군 철수, 사드배치 반대 등 대한민국의 적성국들이 할 만한 주장을 하며, 천안함 폭침이 북한의 공격이 아니라는 주장(2010.5), 김정일 비판 영화인 '김정일리아' 상영반대(2011.8), 국가보안법 폐지 주장(2022.8)을 하기도 했다.

노조의 원조로 볼 수 있는 영국의 로치데일 공정선구자 협동조합(1884년)은 노조의 존재 목적인 조합원의 생활수준 향상에 관심을 두었고, 영

---

30) 오정근 (2017), 한국경제의 현황 등 다수, 『어게인 살기좋은 대한민국』, 아름다운 앎.

국의 적성국들과 내통해 간첩 활동을 하지 않았다. 그들의 회의록을 보면 출자금 관리, 음주 습관에 대한 경고, 종교와 성별 불문하고 1인 1표제 운영, 보통 선거권 행사 등 영국 국민이자 로치데일 공정선구자 협동조합 소속의 조합원들이 내놓은 순수한 현실 개선 의견들이 적혀 있다. 노조도 기업처럼 사회적 책임이 있다. 노조 본연의 역할로 돌아가 법치주의를 세우는데 기여하는 것이 도리이다.

고용시장이 망가진 데 더해서 거래 금액이 압도적으로 큰 부동산시장에서의 정책까지 양극화를 부추기는 방향으로 가게 되면, 소득분배가 악화되고 중산층 비율이 하락한다. 전월세 자금 마련, 생계비 조달, 사업자금 때문에 가계부채는 증가하게 되는데, 2018년 가계부채가 1,446조원에서 2022년 1,749조원으로 가계부채가 GDP 대비 102.2%가 되었다. GDP 대비 가계부채 비율이 조사대상국들 중 1위가 된 것에는 조기유학, 이민, 취업난, 고용세습, 기업의 해외 탈출, 주택난, 저출산 고령화, 노인 빈곤 문제, 그리고 안보문제가 연동되어 있다.

그렇다면 이들 문제의 해결도 연동되어 일어날 수 있다는 희망적인 측면도 보이며, 여기에는 한 치도 양보할 수 없는 대한민국의 이념인 자유민주주의와 법치주의를 지켜낼 수 있는가라는 가치의 문제가 깊숙이 내재해 있다.

2011~2016년에 26건의 간첩 적발이 있었던 것에 비해, 문재인 정권 임기 중에 4건 만 있었다. 문재인 정권이 간첩 잡는데 소극적이었다는 것은 이들 통계 외에도 국정원법을 강행해 2024년 1월에 대공수사권을 경찰로 이관시키고, 군 방첩 기능과 검찰의 대공수사기능을 축소시켰다는 점, 2017년 인천과 포항으로의 북한산 석탄 반입 등 다수의 UN 대북제재 위반에서 자유민주주의를 지킬 의지를 보이지 않았다는 점 등에서 볼 수 있다. 현재 대한민국 행정부의 비밀자료를 요구할 수 있는 2,700여 명의 국

회 보좌관직은 신원 검증을 받지 않고 활동하고 있다. 더불어민주당 국회의원의 보좌관이 700여 건의 군사기밀을 수집하다 2023년에 발각된 사건은 시급히 국가안보를 바로 세워야 함을 보여준다.

대한민국의 경제와 안보는 이렇게 긴밀하게 연동되어 있다. 우리가 맛집, 여행 등 인생의 소소한 재미를 즐기면서도 각계각층에 어떤 반국가 행위가 일어나고 있는지 알고자 한다면 얼마든지 알 수 있다. 어떤 유튜브가 표현의 자유를 뺏기고 있고, 어떤 유튜브가 가짜뉴스를 전파하는지 확인하면서 말이다.

운명적으로 지정학적 위험을 타고나 나라 안팎으로 기이한 정치 지형을 안고 있는 대한민국에서 국가안보 문제를 폄하하고, 반공을 희화화시키고, 중요한 뉴스가 아닌 것처럼 축소하려는 의도에 휘둘리지 말자. 지금 세계는 K-팝, K-방산을 넘어 대한민국의 시련 극복 역사에 열광하고 있다. 이것이 우리가 잘난 덕분일까? 아니다. 국정을 공유한 산업화 세대의 애국심, 희생정신, 수고로움이 축적된 결과이다. 우리는 그분들의 거대한 어깨 위에서 세계를 볼 여유가, 재능을 발휘할 기회가 생긴 것이다.

그런 우리가 수십 년 되뇌어 온 법치주의 하나 제대로 실현시키지 못하고, 반국가 정치세력을 물갈이하지 못해 KOSPI를 박스권에 가둔 채 취업난, 주택난, 무너진 공교육을 불평하며, 빈곤 문제를 근본적인 경제체질 변화없이 복지예산과 동정심만으로 해결하려고 하고, 막연히 우리나라에는 있지도 않은 극우세력 운운하며, 자신은 우아한 중도인 척 기회주의자로 산다면 우리 세대는 세계의 찬사를 받을 자격이 없다.

대한민국에는 훔쳐갈 것이 많다

한국 경제는 열심히 생산하는 단계를 넘어 생산한 가치를 지켜야 하는 단계에 와 있다. 문재인 정권의 금호타이어 매각에 대한 수수방관은 전투기 타이어 등에 10년 이상의 개발 노력이 들어간 방위산업체를 중국이 쉽게 인수하게 했다. 문재인 정권의 굴욕적인 친중 행보는 잘 알려져 있다. 문재인 정권 때 고용노동부는 반올림사건과 관련, 삼성전자의 온양, 기흥, 화성, 평택 반도체 공장, 구미의 휴대폰 공장, 디스플레이 생산 시설의 작업 현황이 담긴 보고서에 대한 공개를 허용해 수많은 시행착오 끝에 어렵게 쌓아 올린 제조 노하우가 노출되도록 사실상 강요했다. OLED, 2차전지 등 한국의 기술 유출 사고가 있을 때마다 중국 기업의 매출과 세계시장 점유율은 증가했다. 삼성전자의 반도체 공장을 중국에 복제하려다가 2023년에 적발된 사건은, 다수가 포섭되지 않으면 어려운 일로 각계에 충격을 주고 있다. 2017년부터 시작된 미중전쟁이 있어 그나마 한국의 반도체 기술이 보호받고 있는데, 이제 한국 스스로도 산업 정보 유출을 차단시키는 거대한 과제에 대한 의지와 실행력이 있어야 한다. 다른 부처, 다른 기관의 일이라며 핑퐁치는 분위기는 곤란하다.

　금융권으로 가면 대한민국의 국부를 훔쳐 가는 행태는 몇 단계 유통을 거쳐 일어난다. 문재인 정권 때 사모펀드가 환매 중단 사태를 일으킨 경우가 급증했다. 그 당시에 사모펀드였던 옵티머스, 라임, 디스커버리에 대해 2023년 초부터 재수사에 들어갔는데, 각각 피해액이 5,000억, 1조 6,000억, 2,500억 이상의 규모였다. 사모펀드 블루코어 밸류업 1호는 중소기업에 투자를 했는데 그 중소기업이 가로등 점멸기 사업을 비롯해 공기업 및 지방자치단체의 수주를 싹쓸이 했었다. 2019년에 조국 민정수석이 블루코어 밸류업 1호에 가입하고, 투자처를 발굴해주고 국책사업의 보조금, 사업권 획득 기회를 제공했다는 의혹이 일었던 대목이다. 이렇게 펀드에 대한 신뢰가 떨어지자 주식시장에 동학, 서학 개미가 본격적으로 등장하고 해외 주식을 직구하기 시작한다.

대형 금융 범죄는 반도체, 미래차, 바이오, 의료, 에너지, 금융, 암호화폐, 호텔, 리조트, 광물개발 사업권, 대북사업, 관급공사 수주, 공공기관 매출채권 등 다양한 부문에 걸쳐 가치가 있는 것처럼 펀드를 만들거나, 관련 기업을 주식시장에 상장시키고, 인수 합병하고, 주가 조작을 하며 일어난다. 이 와중에 외국인이 지분을 높여 핵심 기술 유출이 일어날 수 있다는 점, 돈은 일반 투자자들로부터 펀드나 예금 형태로 끌어들인다는 점, 투자자의 돈을 돌려막는 폰지사기를 한다는 점, 가치가 없거나 없앴는데 있는 것처럼 환상을 심고 먹튀를 한다는 점, 정권 실세들이 연루된 것 같으면 적극적으로 피해를 수습하기보다는 수사 방해와 재판 지연 등이 이루어진다는 점, 조폭이 함께하기도 한다는 점 등이 관찰된다.

그럼에도 문재인 정권의 법무부는 2020년 1월 서울 남부지검의 증권범죄수사단을 폐지해 금융범죄에 대한 검찰의 수사 기능을 축소시켰다. 경제성장의 과실을 나라 안팎의 도둑들이 훔쳐가도록 두고, 국민이 피해자가 되어서는 안 되는 중차대한 시기에 말이다. 시대에 따라 조금씩 다른 테크닉을 쓰지만 본질은 같은 금융사고, 즉 바다이야기 사태, 부산저축은행 사태, 사모펀드 사태, 코인 사태 등의 대형 금융범죄는 국내외 이해 관계의 얽힘과 기술 유출 형태가 철저히 연구되고 수사에 입체적으로 활용되어야 금융사고의 재발을 막을 수 있다. 순진하게 '금융감독의 문제', '금융소비자 교육' 등을 제시하며 몸통 두고 꼬리 잡는 수준에서 벗어나, 금융범죄 수사 기능이 더 고도화되고 강화되어 범죄의 큰 줄기를 잡아야 한다.

좋은 정권을 판단하는 세 가지 기준

우리 사회는 유독 정치는 잘 모른다는 표현을 쓰는 사람들이 많다. 모른다고 하는 진짜 이유는 처세를 위한 자기방어 심리가 아닐까 싶은데, 바람직한 정권에 대한 기준은 국민의 입장에서 볼 때 크게 세 가지로 요약된다. 국민의 안위, 국민의 현명함, 국민의 재산 형성에 대한 긍정성이다.

첫째, 국민의 안위와 관련해서 마약퇴치에 진심인 정부는 국민의 건강, 국가 안보에 진정성이 있는 정부이다. 2017년 트럼프 행정부, 2022년 윤석열 정부는 집권 후 바로 마약 색출 작업에 들어갔다. 마약 단속은 별 일 아닌 것 같지만 그렇지 않다. 약점 잡힌 인생을 만들고, 한 나라를 전쟁 없이 파멸시킬 수 있는 것이 마약이고, 글로벌 스케일의 범죄와 불량 국가에 음성적으로 자금을 대는 것이 마약 산업이며, 아프가니스탄과 같은 분쟁 지역이 국가를 재건하려면, 마약 재배를 근절하고 농업을 제대로 재건하는 것이 최우선 과제이기도 하다.

우리나라는 마약 청정국이었는데 문재인 정권 5년간 마약 유통이 5배 증가하고 단속의 느슨함을 반영해 마약값이 하락했다. 마약 범죄는 날로 고도화되는데, 2018년에 마약 전담 조직을 축소했다. 경찰, 검찰, 관세청, 해경으로 분담시켜 마약 퇴치에 컨트롤 타워가 없는 2017~2022년 동안, 10~20대 마약사범이 5,527명, 10~30대 마약 사범이 9,623명 증가했다.

2019년 11월, 문재인 정권은 탈북 어민들을 강제북송시켜 세계를 경악시켰다. 대한민국의 영토는 한반도와 그 부속 도서이며, 탈북민도 대한민국 국민이다. 일부의 주장대로 그들에게 살인죄가 있었다면 대한민국에서 수사해야 옳다. 자유를 찾아 목숨 걸고 넘어온 사람들을 사지로 돌려보내는 것은 인권과 문명에 대한 도전으로, 문재인 정권이 매우 수치스러운 순간이었다. 탈북민 강제북송 사건은 불가피한 자연재해도 부주의도 무능력도 아니었다. 국민의 생명을 지킬 수 있었는데, 의도적으로 저버린 것이었다.

둘째, 좋은 정권은 국민에게 올바른 정보를 제공해 국민의 지력 증가를 도모하고, 국민을 국정의 동반자로 여기는 반면, 나쁜 정권은 국민을 향한 언론의 거짓, 편파 보도를 묵과하고, 국민을 단순하게 반응하는 존재로 만든다. 문재인 정권은 소득주도성장정책 실시 후 소득분배 지수가 기대와 달리 악화되자 2018년 8월 통계청장을 경질하고, 시계열 데이터를 분절시켜 정권 간 비교를 어렵게 만들었다. 문재인 정권 때 국토부는 집값 상승률을 축소해 가짜 통계를 내놓기도 했다. 코로나 백신의 심각한 부작용이 다양한 연령대에서 기저질환의 유무와 관계없이 나타나고, 돌파감염이라고 부르기 어려울 정도로 백신접종 후에도 코로나 감염자가 많았다. 정상적인 정보를 제공하는 정부라면 백신 접종의 장단점을 알리고, 적어도 백신 접종을 강요하지 않아야 하는 것이다. 국민의 알 권리는 신체에 대한 자기결정권이 중요한 이러한 대목에서 무게감을 가진다. 아무 정보나 공개해 간첩들이 알게 만들고, 국민의 알 권리를 운운하는 것은 궤변으로 이에 대한 우리 사회의 분별이 필요하다.

셋째, 좋은 정권은 국민의 재산 형성을 도와주려고 한다. 혈세를 필요한 곳에 짜임새 있게 쓰면서, 인기는 없지만 공무원 연금개혁으로 재정건전성을 추구해 유사시에 대비하며, 되도록 이면 증세를 하지 않으려고 한다. 작더라도 우리 국민 집집마다 자동차 한 대씩은 있었으면 좋겠다고 한 박정희 대통령의 진심이 이에 해당된다. 국민이 투자하면 빼앗아가고, 규제하고, 큰정부를 만들려는 정부는 스스로의 조직과 예산에 관심이 많다. 소위 빨대를 꽂고 패거리 이익을 챙긴다.

우리나라의 의원발의 규제입법은 2000년 이후 증가했다. 위헌 소지가 있는 이중과세 문제에 걸리는 세금들, 상속세 최고세율의 과중함으로 몇 세대가 지나면 기업을 빼앗기게 된 현실 등 개선되어야 할 문제들이 많다. 국민의 사유재산 보호와 자유의 신장은 다른 차원의 문제 같지만, 함께 가는 문제이다. 각자의 유불리를 떠나 이러한 제도가 도입되게 된 역사적 배경, 원칙과 명분이 현실과 함께 논의되어야 한다.

　문재인 정권 동안 공공기관 수는 17개 늘었고 공공부문 종사자는 23만 명이 증가했다. 공공부문이 커지면 세금 먹는 하마가 될 뿐 아니라 경영 마인드 없이 운영되어 신의 직장이 되면서, 민간부문의 활력을 떨어뜨린다. 2020년 공공부문 인건비가 89조 5,000억 원으로 500대 기업의 인건비 합인 85조 9,000억 원보다 많았다. 심지어 공공기관인 한국토지주택공사의 임직원들이 2021년에 미공개 개발정보를 이용해 3기 신도시 땅 투기 사건에 가담한 사례도 있었다.

　나쁜 정권은 국민이 건강하고, 끊임없이 공부하고, 잘 속지 않고, 건전한 생각을 하고, 용기 있게 소신을 말하고, 재산을 잘 축적하고 있으면 부담스러워한다. 국민을 통치의 대상으로, 노예로 만들 대상으로 보기 때문이다. 좋은 정권은 국민이 건강하고, 현명하고, 풍요롭게 살 수 있도록 노력하며, 국민을 성숙한 국정의 동반자로 생각한다.

　현실적으로 개인의 자유는 공권력 앞에 유약하다. 이 유약한 국민 개개인의 자유는 건강, 현명함, 사유재산이 오랜 세월에 걸쳐 견고하게 버티고 있어야 지켜질 수 있는 가치라는 점에서 좋은 정권을 판단하는 세 가지 기준을 기억하자.

진실을 추구할 의무

　산드로 보티첼리(1445~1510)의 그림 중에는 '아펠레스의 비방'이라는 알레고리가 풍부한 작품이 있다. 그림을 묘사하면, 왕의 귀에 붙어서 '무지'와 '의심'을 상징하는 두 사람이 거짓과 의혹을 불어넣는다. '원한'은 왕의 눈을 멀게 해 '진실'을 증오하게 만든다. '비방'은 왕이 '진실'을 보지 못하도록 돕고 있는데, '보통 수준의 지식'을 상징하는 횃불을 들고 있다. '비방'을 꾸며주는 자들은 '사기'와 '질투'이다. '사기'와 '질투'는 '비방'이 세상의 인정을 받도록 도와준다. 이 그림은 매우 탁월하게 인간 사회의 약점을 묘사하고 있다. 여기서 왕은 국민을 상징한다고 볼 수 있다. 국민이 인간사의 복잡다기함을 통찰하지 못하고 단순한 설명만 듣고 싶어하고, 궤변에 쉽게 설득되고 잘 속으면 조작된 분노와 원한에 휘둘려 진실을 보지 못할 수 있음을 역설한다.

횃불이 상징하는 '보통 수준의 지식'은 문제를 해결할 수 있을 정도의 지혜와 지식을 주지는 못하면서, 자신은 모든 것을 다 안다는 근거 없는 오만함으로 나대는 인간, 얄팍한 조작에도 선동되는 인간, 곡학아세하는 인간을 상징한다. 명백한 사실을 두고도 점잖은 척하느라 '논란이 있다'와 같이 애매함을 연장시키는 말투, 광우병 괴담 때 침묵한 학계, 시시비비를 덮어두고 중간이 정답이라는 부서지기 쉬운 가정을 만들어 놓고, 화합이 우선 과제인 양 말하면 리더십이 생긴다는 착각, 자신은 중도라고 주장하지만 사실은 기회주의적인 비겁함이 '보통 수준의 지식'에 속한다.

극단적 상대주의로 반인륜적 행위도 정당화하면서, 진실에 기반한 현대문명에 심각한 피해를 준 포스트모더니즘의 어두운 측면도 '보통 수준의 지식'에 해당된다. 포스트모더니즘은 사회문제를 판단함에 있어 옳고 그름보다 다른 사람의 기분에 더 신경을 쓰며, 현실에 기반한 판단을 하지 않고 남의 상상력을 바탕으로 판단함으로써 더 포용력 있는 인간처럼 보이고자 하는 평범한 허영심에 기반하는가 하면, 전체주의의 해악을 상대주의로 정당화시키고, 내재적 접근 운운하며 세계 지성계를 마비시키는 역할을 20세기에 많이 했다. 지금은 그 실체가 PC 좌파(Political Correctness Leftism) 등으로 꽤 알려졌지만, 아직 갈 길이 멀다.

'사기'와 '질투'는 이참에 무고를 해서라도 욕심을 채우고, 평소 아펠레스에게 가졌던 질투심을 만족시키겠다는 인간성의 저열함을 상징한다. 이들이 국민을 상징하는 왕을 둘러싸면 진실은 희생되고, 궤변과 속임수, 국정은 모르겠다는 노비 근성이 판을 치게 될 것이다.

결국 우리의 인격이 대한민국의 정치가 되고, 경제가 되고, 법치주의의 수준을 결정하고, 사회의 억울함과 안타까움을 얼마나 줄일 수 있는지를 결정한다.

민주노총 구성원 중에는 개인의 양심을 깨워 고귀한 인격을 보여준 분들이 있었는데, 그분들이 법원에 보낸 박근혜 대통령을 위한 탄원서에 다음의 내용이 씌여 있었다고 한다.

"판사님, 저는 비록 민주노총 소속이고 시위에 자주 나가지만, 박근혜 대통령은 죄가 없다는 것을 알고 있습니다. 선처를 바랍니다."

여론과 조직에 떠밀려 눈치를 보고 침묵할 수도 있었는데, 그러지 않았다. 나는 여기서 자유대한민국이 승리하는 것을 보았다. 언론의 축소 보도와 달리, 우리나라에는 박근혜 대통령에 대한 불법 사기 탄핵에 대해, 꾸준하게 반대한 국민이 많았다. 따뜻하지만 야합하지 않고, 바르게 살려고 하는 국민이 좋은 지도자, 좋은 정권을 만나, 꿈을 이루고 강하고 선한 나라를 만들어야 한다.

문재인 부동산 정책, 나락으로 떨어진 국민의 삶

박은숙/정교모 공동대표,
전 국무총리실산하 경제인문사회연구회 이사

흔들리는 서민과 청년, 노후의 삶

문재인 정부에서 일어난 부동산 가격의 폭등은 일하지 않고 돈을 벌 수 있다는 유혹을 부추겼다. 급기야 수백 채의 갭투자자가 양산되었고, 일순간 국민들이 집을 가진 자와 못 가진 '벼락거지'로 양분되었다. 부동산 광풍으로 서민들과 청년들은 한 번도 경험하지 못한 세상을 맞이하게 되었다. 청년들은 '영끌' 주택을 구입하고 나서 정신을 차리고 보니 빚더미에 나앉게 되었다. 내 집 없이 힘들게 살아가던 서민들은 대책 없이 치솟는 전세가 폭등과 집값 폭등으로 눈물을 머금고 정든 생활 터전에서 밀려날 수밖에 없었다.

당시 소위 '임대차 3법'이라 불리는 '계약갱신청구권', '전월세 상한제', '전월세 신고제'는 관련 법안의 개정 과정에서부터 수많은 반대에 부딪혔고, 부작용이 우려되었다. 그렇지만 민주당 국회의원들과 주관부처의 수장 김현미 국토부장관과 최고책임자인 문재인 대통령은 졸속으로 밀어붙였다. 그리고는 누구 한 사람 서민과 청년의 미래를 나락으로 떨어뜨린 데 대해서 사죄하거나 용서를 구하지 않았다.

문재인 정부 이전에는 열심히 일하면 평생 모은 돈으로 내 집을 장만할 수 있었다. 전세가가 순차적으로 상승하여 내 집 마련에 대한 장기 계획이 가능했던 것이다. 서민들은 차근차근 저축하며 내 집 마련의 꿈을 키웠고 실제로 집을 마련했다. 그렇지만 문재인 정부의 설익은 부동산 정책으로 서민들의 꿈은 허공으로 날아가 버렸다.

임대차 3법이 통과될 당시 부동산 전문가들이 참여한 용역보고서에 따르면, 주택임대차보호법 개정은 부동산 시장의 혼란을 부추겨서 가격 상승으로 이어질 수 있다고 지적하였다. 그러나 더불어민주당과 문재인 청와대는 들으려 하지 않았고, '서민들의 주거 안정을 위한다'는 명분으로 밀어붙였다. 결과는 걷잡을 수 없는 전세가 상승과 집값 폭등과 더불어, 돈 한 푼 없이 갭투자로 수백 채의 집을 사서 시세차익을 노린 한탕주의 투기꾼들을 양산하고 말았다.

'임대차보호법'의 후유증은 지금까지도 지속되고 있다. 깡통전세로 전 재산을 날리게 된 수많은 세입자가 양산되었고, 전세금을 송두리째 날리고 비관해서 극단적인 선택을 하는 사람들도 생겨나고 있다.

문재인 정부는 늘 표를 의식한 선심 공세로 국가를 빚더미에 올려놓았다. 국가부채는 급격히 증가하였고, 부동산 가격 폭등으로 가계부채까지 급증하였다. 부채 통계에 공식적으로 잡히지 않는 전세보증금까지 반영하면 2022년 가계부채는 3,000조 원에 육박하는 것으로 분석된다. 경제 규모 대비 가계부채 비율은 경제협력개발기구(OECD) 국가들 가운데 가장 높다. 그뿐 아니라 세계적으로 인플레이션 억제를 위한 이자율 급등으로 인해 빚을 내 집을 산 사람들이 이자를 감당하기 어려워지고 있다. 집을 팔려고 내놓는 사람들이 늘어나는데, 집값이 하락하고 이에 따라 전세금이 하락하자 '역전세난'이 급증하고 있다. 보증금 반환 리스크까지 커지고 있어 상황은 더욱 심각하다. 국민은 집값이 떨어지든 오르든 불안한, 참으로 어려운 상황 속에 빠져 있다. 이게 다 문재인 정권의 부동산 정책 실패에서 연유한다.

임대차 3법 입법 배경 및 국회 논의 과정

우리나라는 민법에 임대차 규정을 두면서도 주택의 임차인 보호에는 미흡하기 때문에 주거용 건물의 임대차에 대한 특별법으로 「주택임대차보호법」 등을 두고 있다. 「주택임대차보호법」 제4조 1항은 '기간을 정하지 아니하거나 2년 미만으로 정한 임대차는 그 기간을 2년으로 본다'고 규정한다. 제6조에서 묵시적 계약갱신 규정과 제7조에서 차임 등의 증감 청구권도 규정하고 있다. 이에 덧붙여 「주택임대차보호법」에 '계약갱신청구권', '전월세 상한제'와 「부동산 거래 신고에 관한 법률」에 '전월세 신고제'가 도입되었다. 이들이 소위 '임대차 3법'이라는 것이다.

입법 배경과 국회 논의 과정을 보면 다음과 같다. 제21대 국회에서 서울시장 선거에 나가려고 사퇴한 더불어민주당 김진애 전 의원, 같은 당 윤후덕·박주민·백혜련·박홍근 의원이 각각 대표발의자로 참여했다. 문재인 정부에서는 「주택임대차보호법 일부 개정법률안」을 정부안으로 제출하였다.

대표 발의한 민주당 의원은 '계약갱신청구권, 차임 등의 증액 상한 법정화'를 공통적으로 제안하였다.[31] 이 법은 통과되기 전에 제380회 법사위에서 논의되었는데, 일부 위원들이 주택시장 안정을 위한 철저한 시뮬레이션과 소위원회를 통한 심도 있는 논의가 필요하다는 의견을 제시하였다. 또한 「주택임대차보호법」이 개정되면 전세 및 월세 시장 등에 혼란을 줄 것이라고 지적되었다. 이에 대해 문재인 정부는 '초기에는 가격이 높게

---

31) 국회도서관, 「현안입법 알리기」 2020-14호(통권 제14호), 2쪽.

올라갈 수 있겠으나 점차 조정이 될 것이며, 오히려 더 큰 혼란을 막기 위해서라도 조속히 입법할 필요가 있다'고 강변하였다.

이렇게 개정된 법안은 '사적자치 원칙'을 억누르고 국가 개입을 가능하게 하는 법안이므로 문제가 심각하다. 임대인의 재산권과 임차인의 주거권 보장의 균형이 깨지지 않도록 하려면 후속 입법에 신중해야 했다.[32] 그러나 마구잡이의 후속 입법으로 윤석열 정부의 국토교통부는 임대차 3법도 후속 법안들을 크게 손보지 않을 수 없게 되었다.

임대차 3법 주요 내용

임대차 3법[33] 가운데 계약갱신청구권과 전월세 상한제는 2020년 7월 31일 개정되어 바로 시행되었다. 전월세 신고제는 1년 유예기간을 거쳐 2021년 6월부터 시행되었고, 신고 의무만 부여하고 과태료 부과는 2년간 유예하는 계도기간을 두었다.

'계약갱신청구권'은 임차인은 1회에 한하여 계약갱신청구권을 사용할 수 있게 되었으며, 보장 기간은 2년이다. 따라서 일반적이라면 총 4년, 즉 최초 2년, 갱신 요구권 2년의 거주 기간을 보장받을 수 있다. 계약갱신 청구 기간은 임대차 기간이 끝나기 6개월 전부터 2개월 전까지이다. 묵시적 갱신은 갱신 요구권의 행사로 판단하지 않는다. 따라서 묵시적 갱신 이후에 추가로 계약갱신요구권을 행사할 수 있다. 이런 경우에는 총 6년 동안 거주 기간을 보장받을 수 있다. 즉 최초 2년, 묵시적 갱신 2년, 갱신 청구권 2년을 포함하여 총 6년이 되는 것이다. 묵시적 갱신은 기존의 계약을 그대로 유지하는 경우 동일한 조건으로 임대차가 이루어진 것으로 보는

---

32) 국회도서관, 「현안입법 알리기」 2020-14호(통권 제14호), 3쪽.
33) 국회도서관, 「현안입법 알리기」 2020-14호(통권 제14호), 4쪽.

제도로서, 갱신 청구권에 해당되지 않는다. 구체적인 내용은 다음과 같다.

「주택임대차보호법」 제6조의 3 (계약갱신 요구 등) [34]

임대인은 임차인이 전단의 기간 이내에 계약갱신을 요구할 경우 정당한 사유 없이 거절하지 못한다. 다만, 다음 어느 하나에 해당하는 경우에는 그러하지 아니하다. 대표적인 사유는 다음과 같다.

◎ 임차인이 2기의 차임액에 해당하는 금액에 이르도록 차임을 연체한 사실이 있는 경우

◎ 임차인이 거짓이나 그 밖의 부정한 방법으로 임차한 경우

◎ 서로 합의하여 임대인이 임차인에게 상당한 보상을 제공한 경우

◎ 임차인이 임대인의 동의 없이 목적 주택의 전부 또는 일부를 전대(轉貸)한 경우

◎ 임대차계약 체결 당시 공사 시기 및 소요 기간 등을 포함한 철거 또는 재건축 계획을 임차인에게 구체적으로 고지하고 그 계획에 따르는 경우

◎ 임대인(임대인의 직계존속·직계비속을 포함한다)이 목적 주택에 실제 거주하려는 경우

◎ 기타 임차인의 의무 위반 또는 기타 중대한 사유

'전월세 상한제'는 계약 갱신시 임대료 상한율을 5% 범위로 제한하는 법이다. 입법 취지는 임차인들의 임대료 급등을 막아주려는 것이었다. 그런데 '임대차 3법'이 통과되면 4년 동안 임대료를 올릴 수 없기 때문에 실제로 2021년 전세가가 폭등하고 말았다. 구체적 내용은 다음과 같다.

---

34) 법제처, 국가법령정보센터.

제7조(차임 등의 증감청구권)

◎ 당사자는 약정한 차임이나 보증금이 임차 주택에 관한 조세, 공과금, 그 밖의 부담 증감이나 경제 사정의 변동으로 인하여 적절하지 아니하게 된 때에는 장래에 대하여 그 증감을 청구할 수 있다. 이 경우 증액 청구는 임대차계약 또는 약정한 차임이나 보증금의 증액이 있은 후 1년 이내에는 하지 못한다.

◎ 증액 청구는 약정한 차임이나 보증금의 20분의 1의 금액을 초과하지 못한다. 다만, 특별시·광역시·특별자치시·도 및 특별자치도는 관할 구역 내의 지역별 임대차 시장 여건 등을 고려하여 본문의 범위에서 증액 청구의 상한을 조례로 달리 정할 수 있다.

'전월세 신고제'(임대차 신고제)는 전월세 계약 시 30일 이내에 주택 소재지 관청에 임대차계약 정보를 신고하도록 한다. 전월세 신고제는 보증금이 6,000만 원을 넘거나 월세가 30만 원을 초과하는 경우, 계약일로부터 30일 이내에 임대인과 임차인이 의무적으로 계약 내용을 지방자치단체에 신고하도록 한다. 신고 의무를 어기면 최대 100만 원의 과태료가 붙는다. 1년의 유예기간을 거쳐 2021년 6월부터 시행되었고, 신고 의무만 부여하고 과태료 부과는 유예하는 계도기간을 2년간 두었다. 윤석열 정부에서는 계도기간을 1년간 추가 연장하기로 하였다. 추가 연장으로 과태료는 부과되지 않지만, 계약일로부터 30일 이내에 신고하여야 하는 의무는 계속 유지된다.[35] 이 제도로 임대인의 추가 세금 부담을 우려하는 목소리도 있었다.

---

35) 박초롱, '임대차 3법·전세제 전반 손본다. (…) 전월세 신고제 계도 1년 더 연장', 연합뉴스, 2023.05.16., https://n.news.naver.com/article/001/0013945306?cds=news_edit

부동산 정책의 실패와 후폭풍

문재인 정권의 총체적 부동산 정책 실패는 2020년 7월 31일 개정된 임대차 3법의 후폭풍으로 나타났다. 매물이 실종되고 전세가 폭등했다. 문재인 정부의 23번째 부동산 대책으로 시장 통제 혹은 개입이 과도해지자 오히려 집값만 더 오르고 전셋값이 폭등했던 것이다. 내 집 없는 서민들은 어려운 살림살이에 집 평수를 줄이거나 도심에서 외곽으로, 전세에서 월세로 옮겨야 하는 지경에 이르렀다.

집은 의·식과 함께 사람이 살아가는 데 가장 기본적인 필수 요건이다. 노태우 정부 때는 주택 200만 호를 건설하여 주거를 안정시킨 바 있다. 그러나 문재인 정부는 그렇게 많은 부동산 규제로 오히려 집값만 더 올려놓았다. 이런 정책 실패에도 불구하고 국토부장관은 그 어떤 책임도 지지 않고 현실과 동떨어진 이야기만 하였다. 집 문제로 이토록 정신적인 고통과 물질적인 피해를 주었던 정권은 아직 없었다.

내 집 없는 서민들을 위한다면서 만든 정책이 '임대차 3법'인데, 그 때문에 중저가 아파트마저 껑충 뛰었다. 강남 등 일부 지역에서는 한 번도 경험하지 못한 가격 폭등이 일어났다. 그러자 부동산을 가진 '벼락부자'와 부동산을 가지지 못한 '벼락거지'로 국민들이 나뉘게 되었다. 구체적인 사례를 살펴보면 다음과 같다.[36]

노원구 상계동의 '상계주공 6차' 전용 59.28㎡는 지난 7월 초에 3억 원에 전세 거래가 이루어졌다. 해당 평형의 지난 6월 전세 실거래 가격은 2억 원이었다. 한 달 새 1억 원이 올랐다. 서울 아파트 전셋값이 57주째 고

---

36) 양지운, '마법의 임대차법' … 노원 50% 오르고 서민 전세가 더 올렸다. 서울경제, 2020.08.05., https://www.sedaily.com/NewsView/1Z6GM48

공행진하고 있는 상황에서 전세가가 1억 원 오르는 사례가 흔치 않은 것은 아니지만, '상승률'에 주목하면 이야기가 다르다. 2억 원에서 3억 원으로 50%가 뛰었기 때문이다. '임대차 3법' 입법 논의가 본격적으로 시작된 7월 들어서는 서울 아파트 전세의 하위 40%에 속하는 전세 가격이 상위 20%에 해당하는 아파트보다 더 큰 폭으로 뛰었다. 전월세 신고제·전월세 상한제·계약갱신청구권을 도입하는 임대차 3법 시행과 맞물려 서울 공급물량까지 줄어들며 '전세난' 우려가 커지고 있는 가운데, 3억 원 이하의 중저가 전세가가 고가 전세보다 높은 상승 폭을 보였다. 5일 KB국민은행에서 발표한 7월 1~5분위별 서울 아파트 전세가 증감률을 살펴보면, 상위 20%인 5분위 아파트의 전세가 상승률보다 하위 40% 구간에 해당하는 1~2분위의 아파트 전세가 상승률이 더 높은 것으로 집계됐다.

이처럼 집값이 폭등하자 '벼락 부동산 거지'가 될까 두려워 무리한 대출로 소위 '영끌 투자'를 하였던 서민들과 젊은 청년들이 있다. 이들은 최근에 급속히 오른 금리 인상을 견디지 못하고 당초 매수가 보다 낮은 금액에 팔아야 하는 이중고에 시달리고 있다. 임대차 3법은 집 없는 서민과 청년들을 두 번 죽이고 있는 셈이다.

직격탄을 맞은 청년들

문재인 정부가 들어서자 청년들의 부채는 더욱 가파르게 증가했다. 청년기본법상 청년은 '19세 이상 34세 이하인 사람들'로 정의된다. 청년 부채 증가의 안타까움은 그들의 잘못에서 비롯된 것이 아니라는 데에 있다. 이제 막 독립하려고 전세를 얻어야 하거나 신혼살림을 위한 터전을 마련해야 하는 시점에, 전세가 폭등이나 집값 폭등이 일어났기 때문이다. 파릇한 그들의 삶을 위축시키고 혼인을 포기하게 할 수도 있기에 더욱 가슴이 아프다. 문재인 정부의 정책 실패는 사회에 첫발을 딛는 청년들의 본질적인 삶을 황폐화시키고 어둡게 만들었다. 보건사회연구원의 조사에 따른 청년 가구주 부채 현황은 〈표1〉과 같다.[37]

청년들의 주거 관련 부채 증가는 2017년까지 완만하게 증가하였으나, 문재인 정부 출범이후 차츰 증가 속도가 빨라지더니 2020년, 2021년에 급격히 늘어나는 추세를 보였다.

〈표1〉 청년 가구주 용도별 부채 보유 잔액: 전체

(단위: 만원/연, 2021년 실질가격)

구분	2012	2013	2014	2015	2016	2017	2018	2019	2020	2021
주거 마련	2016	2236	2581	2955	3277	3586	4093	4720	5175	5820
사업·투자	852	829	949	814	900	1054	1354	1288	1349	1398
부채상환	45	46	68	57	60	82	50	65	104	109
생활비	206	237	250	252	220	208	216	253	284	303
기타	286	337	333	365	312	515	654	633	781	826
총 부채 잔액	3405	3685	4180	4443	4770	5445	6367	6959	7693	8455

주: 청년가구주 가구 대상 분석.
자료: 통계청. (각 연도). 2012~2021년 가계금융복지조사 원자료.

2021년 9월 24일 금융통화위원회 정기회의에서 점검한 금융 안정화 상황(한국은행, 2021)에 따르면 가계부채 증가세와 더불어 청년층 가계부채 증가율(전년 동기 대비, 2021년 2분기 12.8%)이 다른 연령층의 증가율을 크게 앞지르고 있다. 2020년 가계금융복지조사 결과에서도 청년 세대의 부채 상황을 예측할 수 있는 지표들을 보면, 20대 가구주의 부채 상황이 유난히 두드러진 것을 알 수 있다. 29세 이하의 가구주는 2020년 가계부채가 평균 3,479만 원으로 2012년 대비 2.7배나 증가했다. 30대 가구주도 2012년 대비 2020년 가계부채가 가장 많이 증가한 것을 확인할 수 있

---

37) 곽윤경 외, 「청년 미래의 삶을 위한 자산 실태 및 대응 방안」 70쪽, 한국보건사회연구원, 보건복지포럼, 2022. 3.

다. 재무 건전성을 확인할 수 있는 자산 대비 부채 비율(부채 보유 가구)도 20세 이상 연령대는 42.4%로 매우 심각한 상황이다. 연령별 가계 신용부채 대출 목적을 보면 20대 가구주는 44.9%가 전월세 보증금 마련이 주목적으로 나타난다. 다른 연령대에 비해 주거 목적이 중심인 것이다.[38]

세금폭탄에 우는 국민들

급격한 최저임금 인상의 소득주도성장정책이 실패하자, 기업이나 소상공인들이 주저앉고, 엎친 데 덮친 격으로 코로나19 사태로 경제가 말할 수 없이 위축되었다. 그래서 세수가 걷히지 않자 문재인 정부는 부동산 세금폭탄으로 국민의 고혈을 짜냈다.

국정운영의 난맥상으로 중산층은 서서히 무너졌고, 국가부채는 400조 원이나 늘었다. 베네수엘라처럼 국가 기반이 무너져 비참한 국가로 전락하는 것이 아닌가 하는 걱정을 하게 되었다.

문재인 정부의 실패한 부동산 정책으로 서민들의 눈물이 그칠 날이 없었다. 세입자들은 집값이 상승해서 울고, 집 한 채 가진 사람들은 세금폭탄을 맞아 울고, 소득이 적은 은퇴자나 일반 서민들은 세금을 내지 못해 집을 팔 수밖에 없어서 울었다. 집을 가진 사람들의 종합부동산 세율은 이전 정부의 0.5~2%에서 0.6~6%로 거의 최고 세 배나 올랐다. 서울의 경우 집값 폭등으로 전체 아파트의 재산세는 전년대비 평균 22%나 급상승했다.

양도세는 종전 일반과세의 경우 6~42% 되던 것이 30%를 더 추가해서 최대 75%까지 중과하였다. 이러니 주택을 팔 수도 없어 편법 증여가 늘어나는 기현상도 나타났다. 세금으로 내느니 차라리 증여세를 내더라도 증

---

38) 박수민, 「청년 부채 현황 진단과 과제」 22~23쪽,, 보건복지포럼, 2022. 3.

여하겠다는 분위기가 팽배했던 것이다.

많은 사람이 집을 팔 수도 없고, 보유하기도 어려운 그야말로 진퇴양난의 상황을 맞게 되었다. 그 중에서 세금 감당이 어려운 저소득층이나 은퇴자들은 세금을 낼 수 없어서 부득이 집을 팔고 전세로 옮겨가게 되었는데, 이번에는 전세가가 뛰자 주거 불안감은 이루 말할 수 없었다. 문재인 정권은 부족한 세수를 확보하려고 부동산 세율을 멋대로 올려서 대부분 가정에서 거의 30%나 오른 재산세 고지서를 받게 되었다.

보유세를 포함한 부동산 재산세 비중은 2017년에 0.780%로 OECD 평균(1.053%)에 못 미치는 22위였으나, 문재인 정부가 집권한 2020년에는 1.042%로 OECD 평균(0.991%)을 넘으며 13위로 올라섰다. 문재인 정부 들어 보유세 세율을 높이고, 다주택자의 세 부담을 늘린 여파이다. 이는 자산세액 증가분을 살펴봐도 드러난다. 한국은 2017년에 481억 2,000만 달러의 자산세액을 징수했으나, 2020년에는 이보다 34.7% 늘어난 648억 3,400만 달러의 자산세액을 거두어들였다. OECD 국가 중 가장 높은 증가율이다.

OECD 회원국과 비교해보면, 한국은 자산세 부담만 큰 게 아니다. 2020년에 기준 양도소득세(개인 기준)의 GDP 대비 비중은 1.229%로 1위다. 2017년에는 0.824%로 3위였지만 3년 새 0.4% 포인트나 증가했다. 이어 스웨덴(1.206%), 미국(0.961%), 이스라엘(0.926%) 순이었다. 한국은 소수 대주주를 제외하고는 주식 양도세가 없어 양도세수의 대부분은 부동산 양도소득세로 볼 수 있다.[39]

문재인 정부는 세금폭탄으로 국정 실패의 세수 부족을 메웠기에, 국민

---

39) 손해용, 「韓 부동산 세금 OECD 1위…'적은 편' 정부 주장은 거짓이었다」, 중앙일보, 2022. 02.08., https://news.zum.com/articles/73622042?cm=front_nb&selectTab =total1&r=1&thumb=1

은 세금 부담으로 허리가 휘고 일상이 무너져 내렸다. 국민들 중 일부는 문재인 정부의 폭거를 견디다 못해 심지어 해외로 이주하려는 사람들이 생기기도 했다.

윤석열 정부는 2022년 후반기부터 부동산 관련 세금에 대한 전반적인 문제점을 적시하고 개선해 나가고 있다.

빨간 불의 민간부채 증가율

집값 폭등 때문에 가계부채가 빠르게 증가하고 있다. 한국은행이 공식 집계한 가계신용 잔액은 2022년 말 기준으로 1,867조 원이다. 여기에 1,058조 3,000억 원으로 추산되는 전세보증금(준전세 포함)을 합하면 가계부채는 2,925조 원으로 3,000조 원에 근접한다. 한국인 1인당 약 5,700만 원의 빚을 지고 있는 셈이다. 집값 상승과 임대차 3법 시행 등의 영향으로 2020~2021년 전세금이 급등하면서, 전세금을 포함한 가계부채 규모는 5년간 31.7%나 늘었다. 2021년 기준으로 한국의 국내총생산(GDP) 대비 가계부채 비율은 OECD 31개국 가운데 4위이지만, 전세보증금을 포함하면 1위로 올라선다.[40]

가계부채가 급격하게 증가한 까닭은 2020년에서 2021년 사이에 임대차법이 시행되면서 전세금이 급등했기 때문이다. 전세보증금은 2017년 말을 기준으로 2022년 말까지 5년 동안 287조 4,000억 원이나 증가했다. 이 수치만 보더라도 급작스러운 전세가 상승이 부채 급등과 밀접한 상

---

40) [사설] '숨은 빚' 전세금 포함 땐 韓 가계부채 비율 OECD 1위, 동아일보, 2023.03.07.,
    https://westyzone.tistory.com/16192130

관관계가 있다는 것을 알 수 있다. [그림1]에서 보면 다음과 같다.[41]

[그림1] 최근 5년간 전세보증금 증가 내역

자료 : 신채연, SBS biz, 2023. 3. 6.

이처럼 2020년 문재인 정부의 임대차 3법으로 말미암아 가계부채가 급등하였다. 국민은 평생 감당하기 어려운 빚더미에 올라앉게 된 것이다. 한국경제연구원의 '총가계부채' 분석에 따르면, 임대차 3법과 생계비 대출 증가 영향으로 문재인 정부의 5년 동안 부채가 703조 8,000억 원이 늘어났다.[42] 참으로 안타깝고 통탄스럽다. 앞으로 이 많은 빚을 어떻게 갚을 수 있을지 참으로 걱정스럽다.

맺는말

아직도 문재인 정부 시절의 부동산 정책이 국민의 삶을 흔들고 있다. 전세금을 돌려받지 못하는 세입자들의 고통과 세계적으로 인플레이션 억제를 위한 이자율이 급등하는 상황에서 '영끌'족들의 이자 부담 고통은 이

---

41) 신채연, '한경연 전세금 포함하면 가계부채 무려 3천조원', sbs biz, 2023.03.06., https://biz.sbs.co.kr/article/20000106436?division=DAUM

42) 김동호, '한국 가계빚, 전세금 포함하면 OECD 1위', fnnews, 2023.03.07., https://post.naver.com/viewer/postView.naver?memberNo=11312812&volumeNo=35581575

루 말할 수 없다. 더욱이 전세 임대인들의 불안도 보통이 아니다. 세입자들이 계약갱신청구권을 행사하면 계약 해지도 쉽게 언제든지 가능해졌기 때문이다. 계약갱신 기간 중 계약해지가 발생하면 세입자를 쉽게 구하지 못한 임대인은 목돈을 준비하기에 숨이 벅차다. 법적으로 3개월 안에 반드시 전세금을 돌려주게 되어 있기 때문이다.

사람이 사는 데 가장 중요한 것이 주거 문제이다. 정권이 바뀌어도 주거 관련 법은 계속 유지된다. 부동산 가격은 2020년의 임대차 3법 이후 엄청나게 올라 있다. 문재인 정권의 부동산 정책 실패로 발생한 개인 부채 증가는 국민 생활을 지속적으로 피폐하게 하고 국가 경쟁력마저 훼손하고 있다.

윤석열 정부는 2023년도 하반기에 현재 시행 중인 임대차 3법의 문제점을 개선하기 위해서 용역 발주 등 필요한 조치를 하고 있다고 한다. 문재인 정부의 무능과 부동산 정책 실패는 국민을 오래도록 고통 속에 허덕이게 한다.

외교·국가안보 참사

국가정보시스템이 처참히 무너지다

박진기/K-POL 정책플랫폼 연구위원,

한림국제대학원대학교 겸임교수

무너진 소리 없는 전쟁

최근 국가보안법 폐지 반대를 두고 은퇴한 노년의 국가정보원 출신들이 연이어 국회 정문 앞에서 릴레이 1인 시위를 했다. 평생을 국가 안보를 책임지는 최일선에서 '소리 없는 전쟁'을 묵묵히 수행했던 그들이 왜 얼굴을 공개하면서까지 대중 앞에 나선 것일까? 과연 이 나라 대한민국은 어떻게 만들어지고 누가 이 나라를 지켜왔으며 누구의 희생으로 국민은 평화로운 삶을 영위해 왔을까? 간혹 불미스러운 일이 있었다 치더라도 그 작은 오류의 조각 하나로 오랜 세월 수많은 정보요원이 목숨을 걸고 북한과 대적하며 대한민국의 안보를 지켜왔다는 것 자체를 모두 없던 일처럼 할 수는 없는 것이다. 그것이 그들을 스스로 대중 앞으로 나오게 만든 것이다.

지금 우리에게 필요한 것은 더욱 지능화한 좌익세력의 국가전복 계략에 대응을 위한 방안을 더욱 정교하게 발전시켜야 할 때이다. 이를 위해서는 무엇보다도 문재인 정부가 막무가내로 국정원법을 개정하면서까지 없애버린 국정원의 '국내정보업무'와 '대공수사권'을 속히 복원하는 것이다. 국가 안보의 암흑기였던 문재인 정부 5년간의 국가정보기관은 철저하게 좌익세력에게 장악되어 북한 정권을 돕는 이적단체로 전락해 있었다. 6.25 전쟁을 도발했던 북한 공산당 정권을 몰락시키는 것을 최우선 목표로 삼아야 했던 국가정보원 수장 자리에 북한 바라기 서훈과 박지원을 연이어 앉힘으로써 '멸공(滅共)'에 앞장서야 할 정보기관을 오히려 '용공(容共)' 기관으로 민들이 놓은 것이다.

문재인 정부에서의 국가정보원의 모습은 국내 정보활동 금지와 더불어 대공수사권을 경찰에 이관시키는 목적으로 추진된 국정원법 개정과 서해 공무원 피살 사건 처리, 탈북 어민 강제 북송 그리고 판문점에서 김정은을 만나자 감격의 눈물을 흘리던 '서훈의 눈물'로 대변된다. 사실 문재인 정부의 국가정보원은 일국의 안보를 책임져야 할 정보기관이라 부르기 수치스러울 정도였다. 문재인 정부가 들어서던 그날, 자유대한민국의 국가정보 시스템은 처참하게 무너져 버리게 된 것이다.

서훈의 눈물, 그것은 악어의 눈물

2017년 문재인 정부가 가장 먼저 벌인 일은 자유대한민국을 지키는 정보기관을 철저하게 와해시키는 조치였다. 그저 통상적 수준의 가상훈련(CPX)에 불과한 훈련 메시지를 입수하여 이를 마치 기무사가 친위 쿠데타를 위해 계엄령을 주도한다는 허무맹랑한 주장을 하며 국민을 선동했다. 그리고 선동된 여론에 힘입어 국군기무사령부를 체계적으로 와해시키기 위한 첫 작업으로 우파 성향의 기무요원 수백 명을 육해공군으로 원복(原復)시키는 행정조치를 단행한다.

평생을 군 정보기관에서 근무했던 요원들을 하루아침에 일반부대로 배치해 버린 것이다. 요원 개인들로서는 치욕이 아닐 수 없었으며 더욱이 정보활동에는 전문가일지언정 야전 경험이 없는 인력을 배치함으로써 현장에서는 전력(戰力) 약화로 이어질 수밖에 없는 악의적 행위였다. 그리고 철저하게 종북좌파의 수족으로 만들어 버렸으며, 그 이름조차 기무사에서 안보지원사로 바꾸어 버린다. 그런 가운데 이재수 기무사령관을, 그 치욕에 분노를 못 이기고 자살하게 만든다.

국가 최고 정보기관인 국가정보원에 대해서는 더욱 철저하게 조직을 짓밟아 버린다. 명분조차 빈약한 이유로 박근혜 정부의 국정원장 모두를 구속하는 만행을 저지른다. 그리고 검찰을 통해 핵심 정보요원 400여 명을 수사하고 이 중 40여 명을 구속하기에 이른다. 최고 정보기관인 국정원의 국내 정보 기능이 하루아침에 붕괴된 것이다. 이후 종북 좌익세력은 오랜 기간 은밀히 그들에게 부역하며 국정원 내 숨어있던 좌익 사상을 가진 직원들을 주요 보직에 포진시킨다. 반미 강성 운동권인 삼민투 출신으로 1985년 미 문화원 방화범인 용공분자 박선원을 핵심 요직(2018~2020 국정원 특별보좌관, 2020~2021 기획조정실장, 2021~2022 1차장)에 앉혔다는 사실 하나만으로도 그 의도가 명확하다.

문재인 정부는 2017년 7월 19일 정해구 성공회대 교수를 위원장으로 하는 '국정원개혁발전위원회'를 출범시켰다. 이들은 '적폐청산'과 '조직쇄신'이라는 미명으로 각각의 태스크 포스를 구성하고 국정원 무력화 작업을 시작한다. 이 위원회에는 정해구 위원장을 비롯해서 이석범 전 민변(민주사회를위한변호사모임) 부회장, 장유식 참여연대 행정감시센터 소장, 허태회 국가정보학회장, 김유은 한국국제정치학회장, 고유환 동국대 북한학과 교수, 최종건 연세대 정치외교학과 교수, 오정희 전 감사원 사무총장 등이 참여하였다.

특히 위원장을 맡은 정해구는 2008년 총선 때 민주당 공천심사위원, 2013년 민주통합당 정치혁신위원장을 맡았던 대표적 '좌익 폴리페서'이다. 이들은 '조직쇄신 TF'를 통해 국정원 문화를 쇄신하고 해외 및 북한 역량을 강화하는 방안을 마련하겠다는 명분으로 실제로는 국정원 와해를 진두지휘하기까지 한다. 서훈 국정원장은 국정원 개혁위 출범식에서 "개혁위 출범은 제2기 국정원을 여는 역사적인 과정의 출발점이 될 것이라며 이번이 마지막이라는 생각으로 국내 정치와 완전히 결별할 수 있는 개혁 방향을 제시해 달라"고 당부하기도 하였다. 국정원장이 앞장서서 국정원 무력화를 주장한 것이다.

우리 국민들은 2019년 6월 30일 판문점에서 김정은을 만나게 되자 감격의 눈물을 흘리던 서훈의 모습을 결코 잊지 못할 것이다. 그의 종북 행동은 끊임이 없었다. 2019년 11월 '탈북어민 강제북송' 사건 때 청와대 참모들이 탈북자들의 귀순 의사를 무시하고 북한에 보낸 사실이 최근 밝혀졌는데 이 과정에서 서훈은 "국가안전보장회의(NSC)에서 북송이 결정됐는데 '대공 혐의점 희박'이 뭐야?"라며 보고서에서 '귀순 요청' 문구를 삭제하도록 지시한 것이 밝혀졌다. 한마디로 그는 국가 안보를 책임져야 할 국정원 내부에서 오랜 기간 좌익세력에 충성하며 국정원을 고사시키고 있던 기생충과 같았다.

곧이어 끊임없이 여론을 선동하며 문재인 정부가 추진했던 국정원에서 국내 정보활동과 대공 방첩 업무를 없애 버리는 국정원법 개정, 그것은 사실상의 국가정보기관 무력화 작업에 불과했다. 세계 어느 나라에 국내 정보 업무와 방첩 업무가 없는 정보기관이 있단 말인가. 일반적으로 정보전은 물리적 전쟁 이전에 그 결과를 이미 결정지을 수 있는 가장 핵심적인 선행 수단이다. 정보전에서 이긴 국가는 전쟁 이전에 적국을 굴복시킬 수 있으며 혹여 전쟁이 발발하더라도 자국(自國)의 피해를 최소화하면서 승리할 수 있게 만드는 원동력이 된다. 그리하기 위해서는 고도의 공작 능력과 장기간 구축된 휴민트(Humint)에 기반으로 한 첩보 수집과 과학적인 정보 분석을 바탕으로 하는 국내외 정보활동이 유기적으로 이루어져야 하는 것이다.

게다가 4차 산업혁명과 함께 시작된 과학 기술의 발전과 경제 산업 구조의 변화와 급변하는 국제 안보, 경제 상황의 변화 속에서 국가의 실익과 국민의 권익을 보호하기 위해서는 더욱 강력한 수준의 정보활동이 뒷받침되어야 한다. 물론 그동안 현실에 안주한 나머지 국가의 미래를 대비해야 하는 국가정보시스템의 중추이자 최고 정보기관인 국가정보원의 첩보 수집 및 분석 능력, 공작의 문제는 무엇인지와 과연 무엇을 개선 발전시켜야 할지에 대해 논의 자체가 부족했던 것도 안타까운 사실이다.

결국 2017년 3월 박근혜 전 대통령의 탄핵 결정 이후 정권을 장악한 종북좌파집단이 주축이 된 문재인 정부에 강압에 의해 국가정보원, 기무사, 정보사, 경찰 정보부서 등의 첩보 수집 및 정보 분석 기능, 핵심 국가정책 지원 시스템의 원천적으로 마비시켰을 뿐만 아니라 수십 년간에 걸쳐 구축된 휴민트의 핵심 기반의 첩보 수집망을 일시에 무력화시키는 결과를 초래하고야 말았다. 당초 문재인 정부가 추진한 국정원 개혁의 목적은 정보기관의 핵심 업무인 국내 첩보 수집 및 정보 분석, 방첩 업무를 중단하고 해외정보 수집에 집중하는 해외정보기관으로 변화시키자는 것이다.

그러나 이러한 행위는 결국 북한만을 이롭게 한다는 것이 모든 정보 전문가들의 공통된 의견이었다. 이미 세상은 국내 정보, 해외 정보의 구분이 모호한 시대에 와 있다고 해도 과언은 아니다. 우리는 지금 국내 정보와 해외 정보의 물리적 구분이 아닌 시간과 공간으로 초월한 융합된 정보 통합 시대에 살고 있는 것이다. 첩보 수집 및 정보 분석 업무에 있어 국내와 해외를 구분하는 것 자체가 전근대적인 발상에 불과하고 오로지 간첩들의 활보를 용인하고자 국내정보 활동을 중단시키려는 악의적 목적에 불과했다. 더욱이 국정원법이 개정되지 않은 상태에서도 법적으로 보장된 국내 첩보 수집 및 정보 분석 활동을 중단시킨 것 자체도 위법한 행위였을 뿐이다. 이 점에 대해서도 반드시 철저한 진상규명이 필요할 것이다. 결국 문재인 정부 5년간 정보기관의 존재감은 그 어디에서도 찾아볼 수가 없는 결과를 초래하고야 말았다. 김정은을 보고 감격해 하며 흘린 서훈의 눈물 그것은 대한민국의 안보를 무너뜨리며 희열을 느끼던 악어의 눈물과 다름이 없었다.

간첩이 자유롭게 활보하는 이상한 나라

남북한 대치 상황 속에서 국내정보 활동 없이는 국가안보를 지킨다는 것 자체가 어불성설이다. 그런데도 문재인 정부는 오히려 그것을 위하여 국정원의 국내 정보 활동 및 방첩 활동을 철저하게 금지시킴으로써 우리 대한민국을 간첩들이 마음 편히 활보하는 무법천지로 만들어 놓은 것이다.

지난 2021년 7월 28일 6.15공동선언실천 광주본부, 민주노총 광주지부 등 42개 단체는 광주의 한 광장에 집결하여 2013년에 '내란 음모와 내란 선동죄'로 구속된 이석기의 8.15 특별 사면을 주장하는 집회를 개최한 적이 있다. 이들은 문재인 정부 출범의 가장 강력한 지지 기반이었던 광주 시민사회를 외면하지 말라며 "이석기는 박근혜 정부의 피해자이고 이재용은 경제사범이자 공범이다"라고 외치며 이석기는 빨리 방면하고 이재용 삼성전자 부회장은 절대 사면시켜서는 안 된다는 얼토당토 않은 주장을 하였다.

같은 해 8월 3일에도 참여연대, 민주노총 등 1,056개 시민단체가 서울

종로구에서 "국정농단, 횡령 범죄자 이재용의 가석방에 반대한다"는 집회도 개최했다. 그리고는 "국정농단의 단죄는 정경유착에 대한 엄중한 처벌이 포함되어야 한다."고 주장했다. 이들의 주장과 방법은 언제나 일사분란하고 한결같다. 마치 누군가의 '지령'에 의해 움직이는 영혼이 없는 마리오네트(Marionette, 줄 인형)와도 같다. 무엇보다도 간첩 이석기와 삼성전자 이재용 부회장에 대한 극단적인 평가를 하는 이들의 주장이 과연 정당하고 상식적인가.

국가 안보와 경제를 더욱 혼란시키는 그들의 행동 뒤에는 북한의 지령이 있었을 것으로 유추된다. 코로나 팬데믹을 악용한 선택적 방역과 공포정치 속에 1948년 건국 이래 최악의 상황을 겪고 있었던 대한민국의 한복판에서 벌어진 이석기, 이재용의 특별사면을 두고 벌이던 극단적 모습은 대한민국의 안보와 경제 위기의 단면을 여과 없이 보여 주고 있기 때문이다. '내란을 선동한 간첩을 옹호하는 나라, 그리고 대표적 글로벌 기업으로 대한민국 경제의 주축인 삼성그룹을 이끄는 총수, 그 어느 인물이 대한민국에 도움이 되겠는가?' 이것은 어려운 경제학 이론이나 수학 공식이 아닌 아주 단순한 상식일 뿐인데 말이다.

'간첩이 제일 많은 곳은 다름 아닌 그 나라의 정보기관'이라는 속설이 있다. 우리는 간첩을 잡아야 할 국정원을 용공(容共)분자들이 지배하는 어처구니없는 상황이 현실화되었다. 문재인 정권 시기 국정원의 좌경화 실태는 그 절정에 치달아 있었는데 앞서 언급한 바와 같이 직원 채용, 인사 및 조직 운영, 막대한 정보예산 관리를 총괄하며 국정원의 실세로 불리는 박선원 기조실장의 경우 전남 나주 출신으로 연세대 재학 중 삼민투(민족통일·민주쟁취·민중해방투쟁위원회) 위원장이었으며, 1985년 미 문화원 점거

사건 당시 배후 인물로 구속되어 2년 6개월의 실형을 받은 자로 말 그대로 '용공(容共) 불순분자'이다.

과연 이들에 의해 운영된 조직, 이들에 의해 채용되고 진급한 국정원 직원들이 정상적이겠느냐는 물음의 답은 삼척동자도 다 알 수 있는 것이다. 2021년 8월 2일 청주지법은 '북한 공작원'의 지령을 받고 F-35A 도입 반대 활동을 한 혐의로 청주 지역 시민단체 소속 3명을 국가보안법 위반으로 8월 2일 구속했다. 또한 같은 날 이인영 통일부장관은 남북경제문화협력재단(이사장 임종석)이 북한에 8억 원을 송금한 경로와 북측 수령인을 밝히라는 법원의 공식 요구조차 거부했다. 어찌 우리 대한민국 안에서 용공분자들과 간첩들이 이토록 설치고 있다는 말인가.

사실 좌익세력들의 최종 목표는 적화통일의 핵심 요소인 한반도 안전보장의 근원인 한미동맹 와해이다. 그 대상 중 하나가 바로 '한미연합훈련'이다. 1968년부터 지속되어 온 훈련을 2018년부터는 한미연합군의 기동훈련(FTX)을 실시하고 있지 않으며 2019년 들어 아예 키리졸브(KR), 독수리 연습(FE), 을지프리덤가디언(UFG) 등 3대 연합연습 및 훈련을 폐지하기에 이른다. 이런 와중에 북한 공산당 정권의 와해와 북한 주민 해방을 위해 국가안보의 최일선에서 '소리 없는 전쟁'을 수행해야 할 국가정보원의 수장 박지원은 2021년 8월 3일 국회 정보위에서 믿기조차 힘든 말을 한다. 박 원장은 북한이 통신선도 재연결해 주었으니 김여정의 요구대로 유연하게 대응하자며 한미연합훈련 중지를 국회에 요구하는 한편 유엔 대북제재를 풀어 북한 공산당의 고위층들이 마음 놓고 '고급 양주와 양복'을 사용할 수 있게 해야 한다고 해괴망측한 주장을 한 것이다.

그는 대선 레이스가 본격화되던 2021년 9월 14일에는 언론 인터뷰를 통해 "윤석열 후보의 모든 것을 안다"며 "호랑이 꼬리 밟지 말라"고 당시 야당 대통령 후보를 협박하기에 이른다. 정치 개입을 빌미로 국정원의 국내정보와 대공업무를 마비시킨 그들이 노골적으로 정치에 개입인 것이다. 이때가 바로 젊은 여성과 국정원 안가를 이용해 사적으로 식사를 했다는 언론보도가 나오던 시점이다. 2022년 6월에도 또다시 국정원장 출신으로서는 입에 담아서는 안 될 망언을 서슴지 않고 하였다. 그는 "현재 국정원 내에는 1961년 6월 중앙정보부 창설 이래 박근혜 정부까지 정치인·언론인·기업인 등을 대상으로 하는 X파일이 존재하며 자신은 공개하지 않았지만 다른 국정원장이 와서 이를 공개하면 얼마나 파장이 크겠느냐"고 주장했다.

　물론 그 진위 여부를 떠나 그 자체로 국정원직원법을 정면으로 위반한 범법 행위이다. 당초 그는 국가정보기관의 수장이 될 만한 자질을 갖춘 인물이 아니었을 뿐이다. 사실 그는 2003년 6월 1억 달러 규모의 불법 대북송금으로 유죄가 인정되어 징역 3년과 추징금 1억 원을 선고받은 용공사범인데다 2007년 사면 복권된 이후에도 온갖 비리 사건에 연루된 인물이기도 하다.

　이 시점에서 우리가 결코 간과해서는 안 될 것은 바로 북한바라기 서훈과 박지원에게 충성하였던 국정원의 직원들, 과연 자신들은 아무 책임 없고 오로지 원장이 시키는 대로 했다는 식의 '유치한 변명'으로 모든 잘못을 피해갈 수 있을까? 반드시 정보기관 요원들은 국가안보의 최전방에서 소리 없는 전쟁을 수행하는 전사이자 투사들이어야 한다. 지금 국정원 직원들에게 국가안보를 위해 목숨을 초개(草芥)와 같이 버릴 수 있는 '명예를 가진 전사의 피'가 흐르고 있는가. 조속히 국정원 특별조사위원회를 구성하여 서훈·박지원 원장, 박선원 기조실장 등 종북세력들에게 충성한 국정원 직원들의 '국가반역행위'가 있었는지에 대한 철저한 조사와 국정원 내 종북좌파세력을 반드시 발본색원해야 한다. 그것은 시대적 사명이다.

이제는 새 시대에 부합하는 새로운 정보기관으로 개편해야 할 때인지도 모른다. 원장, 기조실장, 1·2·3차장 등 정무직 5명을 교체했다고 썩을 대로 썩은 조직을 바꿀 수 있다고 생각했다면 '천진난만한 넌센스'일 뿐이다. 과거 김대중, 노무현 정권이 이은 문재인 정권 5년간 종북좌파 인물들이 권력을 잡고 전횡하였으며 간첩 출신이 쓴 글로 국정원의 원훈석을 바꾸어 버리는 등 정보기관의 정체성의 뿌리까지 철저하게 훼손시키는 동안 내부적으로 아무도 반론도 제기하거나 최소한의 자존감을 지키기 위해 노력한 직원도 전혀 없었다는 것이다. 그저 그곳에는 정보 활동비를 포함한 높은 연봉을 받는 월급쟁이들만 있었을 뿐이다.

현직 국정원 직원들의 무사안일주의로 국정원이 급속히 무너져갈 때 오로지 우국충정의 애국심이 뼛속까지 남아 있는 머리가 하얗게 변한 노년의 전직자들만이 비분강개하며 국정원 바로 세우기를 위해 노구(老軀)를 이끌고 밖으로 나와 국정원법 개정 반대와 국보법 폐지를 반대하는 시위에 나섰던 것이다. 정권이 교체된 지 벌써 2년째이다. 좌익들이 장악하고 무사안일주의의 빠져 있는 국정원의 체질 개선과 변화가 필요한 시점이다. 무엇보다도 전 정부에서 국정원법 개정을 통해 국내부서를 해체함으로써 발생한 국내정보업무의 공백을 빨리 막아야 한다.

국정원 내 똬리 틀고 있는 숨은 반역자들을 반드시 제거해야

1998년 2월 전남 신안 출신 김대중이 대통령에 당선됐다. 정권을 차지한 그들이 제일 먼저 행한 일은 다름 아닌 대한민국의 공안기관을 무력화하는 것이었다. 노무현·문재인 정부가 행한 대공기관 무력화의 시발점이자 무력화 방법을 만들어 낸 교과서가 되기도 하였다. 종북좌파들은 우선 '국가안전기획부'를 '국가정보원'으로 바꾸고 안기부 요원들이 오랜 기간 신념으로 삼고 있던 '우리는 음지에서 일하고 양지를 지향한다'의 원훈을 하루 아침에 '정보는 국력이다'로 교체해 버렸다.

문제는 간판이나 원훈 정도를 바꾼 것이 아니다. 1998년 4월부터 '쇄신'이라는 미명 아래 수많은 첩보자산과 경험을 갖춘 대공(對共)요원들과 좌파정권에 동조하지 않던 우파 성향의 서기관급 이상 581명을 숙청했으며 같은 해 12월에는 '2차 쇄신'이라며 300명을 강제 퇴직시켜 버렸다. 국정원 대북 정보업무가 무너진 사건이다. 기간 중 숙청당한 요원은 영남 47%, 수도권 23%, 충청 17%로 사실상 호남 출신들이 국가정보원을 장악한 셈이었다. 같은 시기 대공 담당 경찰관 2,500명, 기무사 대북요원 600명, 공안 검사 40여 명도 강제 퇴직시켰다. 한마디로 '대공 업무 말살'이 일사천리로 진행된 것이다. 대북 휴민트(Humint) 정보망까지 중국과 북한에 넘겨주어 '대북 정보망 붕괴'와 아울러 그들의 목숨을 잃게 하는 만행을 저질렀다.

문재인 정부 들어 똑같은 일이 발생했다. 그들은 우수한 정보요원들에게 '적폐'라는 낙인을 찍어 숙청했으며 좌익세력의 은밀한 부역자들을 대거 주요 보직에 포진시켰다. 국가정보원의 '2번째 몰락'이 일어난 것이다.

김정일과 가장 많이 만났다는 서훈을 원장으로 임용했으며 이후 김대중 비서실장 출신인 박지원을 후임으로 임명, 결국은 국정원을 대북정보기관이 아닌 '대북지원기관'으로 전락시키고야 말았다.

윤석열 정부 출범 이후 종북좌파의 주구(走狗) 노릇을 한 국정원 1급 직원들을 대기발령 조치하자 박지원은 "내가 국정원장을 한 게 죄"라며 언론을 통해 여론을 선동하고 나섰는데, 그의 진짜 죄는 그가 김대중 정권의 핵심 인사로 수백명의 국정원 대공요원들을 숙청한 것이며 속칭 '빨대'라 불리는 좌익사상을 가진 추종세력들을 국정원 내에 심어놓았다는 것에 있다. 사실 국정원은 윤석열 정부 출범 6개월이 지나서야 처음으로 1~3급 인사를 단행했다. 그만큼 국정원 내 공고히 세력을 구축하고 있는 좌익 세력들의 조직적 반항이 심했다는 방증이기도 하였다.

그러나 윤석열 정부가 명심해야 할 사항은 1~2급 직원에 대한 물갈이만으로 끝내서는 안 될 일이다. 김대중·노무현 정부 10년간 임용되고 성장한 직원들이 지금 2~4급 중견 간부의 위치를 장악하고 있으며, 미 문화원 방화범인 용공분자 박선원이 기조실장으로 있으면서 그들의 기준에 따라 뽑은 직원들이 5~9급 하위 그룹을 구성하고 있다는 점이다. 지금 필요한 것은 보여주기식 국정원 개혁이 아닌 '수리가 불가능한 낡은 집을 부수고 새집을 건설한다'는 각오로 개혁을 진행해야 하는 것이다.

따라서 정부는 시간이 더 걸리더라도 국정원 전 직원을 대상으로 철저히 사상검증을 통해 잠재적 반역자들을 모두 색출해야 한다. 악의 뿌리를 뽑아버리기 전까지는 끊임없이 새로운 줄기가 자라기 때문이다. 우선 가용한 방안으로 애국심이 투철한 전직자들을 한시적으로 재임용해 잃어버린 정체성을 회복하고 새로운 기준에 따라 새로운 인원으로 충원해야만 한다. 아울러 국내정보기관은 국가안보 및 방첩업무에 최적화시키고, 해외공작기관은 이스라엘 모사드, 미국 CIA 수준의 공작활동을 수행하는 전문기관으로 육성하는 한편, 사이버 분야는 사이버작전사령부와 통합해 업무의 효율성을 증대시키는 방안도 검토해야 한다. 위기는 기회라는 말이 있듯이 지금은 선진국형 정보기관으로 탈바꿈할 수 있는 절호의 기회다.

국정원 인사파동의 진실, 그것은 좌익세력의 조직적 반란

2023년 6월 14일 동아일보, 시사저널 등을 필두로 많은 언론 매체들이 국정원 인사 파동을 톱기사로 발표하였다. 군(軍) 보다 더 엄격한 상명하복의 특성을 가지고 있던 국정원 내부에서 과연 무슨 일이 발생한 것일까? 이를 두고 상반된 주장이 공존한다. 당초 김규현 원장 직속으로 설치한 김 모 방첩센터장이 측근들만 진급시키고 인사를 전횡했다는 주장과 원장과 김 모 방첩센터장이 철저하게 배제되어 있던 우파 직원들을 중용하자 국정원을 장악하고 있는 기회주의자들과 좌익세력들이 사실을 왜곡해 언론 플레이를 했다는 주장이다. 이후 언론은 지속적으로 국정원장과 방첩센터장의 인사전횡으로 여론몰이를 해 갔다.

그러나 돌이켜보면 우리가 주목해야 할 것은 문제가 된 김 모 방첩센터장은 지난 몇 달 동안 '민노총 간첩단, 창원 간첩단, 제주 간첩단, 전북지하 간첩망' 등을 밝혀낸 인물이라는 점이다. 이를 두고 국정원 내부 사정에 밝은 인사는 강성 우파인 김 모 방첩센터장과 그가 중용한 우파 인사들을 제거하고 이를 토대로 김규현 국정원장의 무능을 부각시켜 그만 두도록 만들고 이를 대통령의 인사 실패 및 국정원 개혁 실패로 몰아갈 악의적 계략으로 분석하였다. 당초 조직이 있음에도 불구하고 방첩센터를 원장 직속을 만든 이유도 국정원을 장악하고 있는 좌익세력들의 영향력을 줄이기 위함이었다고 보는 것이 정설이다.

김규현 국정원장도 당초 국정원 출신이 아니지만 청와대 외교안보실에서 근무한 경험을 통하여 국정원의 실태를 어느 정도 짐작하고 있었을 것으로 보인다. 반면 국정원 내부 사정에 지식이 없던 변호사 출신 조성준 기조실장은 상황파악도 못한 채 순진하게도 문재인 정부에 충성하였던 국정원 내 좌익 인물까지 재등용하려다가 갈등을 빚더니 출근도 하지 않다가 청와대에 사직서를 제출하기 이른다.

앞서 누차 언급한 바와 같이 현재 국정원 내부에는 좌익세력들이 상당하다. 이들을 모두 제거하기 전까지 국정원의 정상화는 꿈에 불과하다. 과거 김대중의 노벨상 수상 공작을 폭로하고 미국으로 망명했던 국정원 출신 김기삼 변호사는 최근 미국 현지에서 기자회견을 통해 "현재 국정원은 문재인 정권 5년을 거치면서 협조하였던 기회주의적 생계형 직원들과 극열한 좌익세력 20~30%에 이른다"고 주장하면서 "자유대한민국을 결사 수호하려는 진짜 애국 우파 직원은 5% 미만의 극소수에 불과하다"고 강조하였다. 이는 문재인 정부 출범 전후 퇴직(당)한 국정원 출신의 공통된 의견이기도 하다.

이미 언급한 바와 같이 1998년 2월부터 2008년 2월까지 지속된 김대중·노무현 정권 10년을 거치면서 공무원 채용과 진급 절차에서 불문율로 여겨지던 지역 안배라는 인사 원칙을 무시하고 일방적으로 특정 지역 출신들을 대거 채용했고, 시간이 흘러 지금은 이들이 국정원의 중급 간부 및 중간 그룹을 장악하고 있다는 점이다. 이러한 상황인 만큼 애국우파 직원이 5% 미만이라는 김기삼 변호사의 주장도 사실일 가능성이 높다. 따라서 정무직 몇 명만 바꾼다고 내부 인사를 한다고 해서 구성원들 자체가 좌경화된 국정원을 정상화시킨다는 것은 불가능에 가깝다. 어찌 보면 지금 국정원은 해체하고 새로운 정보기관을 창설하는 방법밖에 없을지 모른다.

국정원 정상화와 혁신은 어떻게 해야 할까?

전 세계적으로 가장 유명한 정보기관 요원은 영국 비밀정보국인 엠아이식스(MI6) 소속의 '암호명 007'로 유명한 '제임스 본드'다. 물론 그는 실존 인물이 아닌 소설가 이언 플레밍이 만들어 낸 가상의 인물로 2차 세계대전을 거친 해군 중령으로서 종전 후 MI6로 소속을 변경한 이래 KGB로 대변되는 공산권 국가들과의 정보작전을 수행하던 최고의 요원으로 알려져 있다. 사실 대중이 원하는 최고 정보요원은 제임스 본드처럼 훤칠한 외모와 명철한 사고, 뛰어난 싸움 실력을 갖춘 모습일 것이다.

이러한 배역 설정의 배경은 실제로 MI6에 근무했던 이언 플레밍 자신이 동료들을 유심히 관찰하고 그들을 좀 더 드라마틱하게 각색하여 현실감 있는 배역들이 탄생하였으며 그 결과 제임스 본드는 물론 엠(M)과 큐(Q)라는 인물도 탄생했다. 본드가 최고의 정보요원이 될 수 있었던 이유는 무엇일까? 물론 그가 이튼 스쿨과 옥스퍼드대를 졸업한 인재이며 해군 중령 출신이라는 점도 있으나 좀 더 현실적인 측면에서는 그가 '고아'였다는 사실일 것이다. 스스로 보살필 사람이 없기에 사사로운 일보다는 국가를 위해 작전마다 목숨을 걸고 임할 수 있었던 것이다.

그렇다면 현실 속 정보기관과 정보요원의 모습은 어떨까? 영국 최고의 대학 중 하나인 캠브리지대를 졸업한 5명이 소련의 KGB에 포섭된 이후 의도적으로 영국 엠아이식스(MI6)에 입사해 이중간첩 활동을 하다 적발된 '캠브리지 스파이 5인조(Cambridge Spy Ring) 사건'이 매우 유명한 일화로 남아 있다. 결코 남의 일이 아니다. 무려 15년간이라는 김대중, 노무현, 문재인 정부로 이어지는 좌파 정부를 겪은 대한민국 최고(最高) 정보기관 국정원의 현실은 영국 엠아이식스(MI6)의 사례를 넘어설 만큼 좌익사상을 가진 직원들의 숫자는 상상을 초월할 수도 있다는 점을 알아야 한다. 더욱이 대부분 강남 3구에 거주하고 있는 중산층 이상의 안락한 삶을 영위하고 있는 국정원 직원들은 어떠한 사생관을 가지고 있을까?

앞서 김기삼 변호사의 주장처럼 현재 국정원은 김대중·노무현 정부 10년간 채용된 직원들이 2~4급의 중간 그룹을 장악하고 있으며 그 다음 계층으로는 연이어 국정원장으로 임명된 북한바라기 박지원과 서훈, 그리고 미국 문화원 방화범인 진성 '용공분자 박선원'이 기조실장으로 있으면서 직원 채용 및 신임 직원 교육을 담당하였기에 그들이 채용한 하급 직원들의 사상 역시 대부분 좌경화되었을 것이라는 합리적 의심조차 들기에 충분한 상황이다.

무엇보다도 김대중 정부 시절 2차에 걸쳐 국정원 엘리트 직원 강제 퇴직 사건을 겪은 '강남 직장인' 국정원 직원들은 목숨을 바쳐 자유민주주의를 수호해야 한다는 대의명분보다 현실적으로 어떻게 하면 정년까지 월급 많이 받는 공무원으로 남을 수 있는지에 집중하도록 만들어 놓았다. 결국은 자신의 안위를 지키기 위한 내부공작(파벌 만들기)과 정치권에 줄을 대기 위한 작업도 하고 일부 선을 넘은 직원들은 이를 위해 민감한 정보를 유출하는 등 절대 하면 안 되는 짓까지 한다. 이와 같은 국가안보를 위협하는 일탈행위는 지난 수 차례의 대선 정국에서 심심치 않게 밝혀지기도 한다.

어찌 보면 2022년 5월 정권이 교체된 이래 1년 반이 다 되어 가도록 아직도 국정원의 인사를 끝내지 못한 것은 오히려 자연스러운 일일지도 모른다. 현재 인적 구성으로는 개혁 자체가 불가능하다는 말이다. 무엇보다도 지금 국정원에 필요한 것은 다름 아닌 '강력하고 대대적인 정화작업'이다. 물론 반대론자들이 있을 것이다. 하지만 김대중 정부는 개혁이라는 이름으로, 문재인 정부는 적폐청산이란 이름으로 조직을 와해시켜 놓았는데 이번 정부는 왜 못 할까? 다시 한 번 강조한다. 북한을 옹호하고 주사파들에 충성한 부역자들을 모두 척결하지 않고서는 국정원의 정상화는 불가능하다. 다만 이 모든 행위의 근간은 단순한 복수가 아닌 '국가 최고 정보기관으로서 정체성'을 찾는 데 있어야 한다.

그렇기에 국정원 해체 후 새로운 정보기관 창설도 검토해야 할 것이다. '인적 혁신 자체가 불가능한 상태'라는 점을 심각히 고려해 현 국정원을 해체하고 새로운 정보기관을 창설하는 과정을 거치면서 내부에 숨어 있는 불순분자들을 한 명도 빠짐없이 모두 솎아내야 한다. 그 이전에 우선 특정지역 출신자들의 내부 결속 및 대외 접선 실태를 철저히 감찰하는 한편, 전 직원 대상 사상 검증 및 직무능력 평가를 실시해야 할 것이다. 또 세밀한 직무기술서 검토를 통해 역무역량 미달자 및 잠재적 반역자들을 선별해내야 한다. 또한 군 장교단과 마찬가지로 필수 격오지 근무 포함 순환보직을 전면 시행해 '고인물'을 청산해야 한다.

자유대한민국의 안위는 어떻게 되든 상관없고 오직 서울 강남의 쾌적한 환경에서 근무하면서 고액 연봉을 받으며, 공무원의 신분을 더 추구하는 직장인들로 구성된 정보기관은 존재 자체가 무가치하며 국민 혈세를 낭비하는 것에 불과하다. 지방 근무를 기피하고 강남 3구에 거주하며 중상층 이상의 삶을 영위하는 데 익숙한 그들의 삶 속에서는 국가와 국민을 위해 목숨을 걸고 정보활동을 하는 그런 모습을 가진 국민이 진정으로 원하는 제임스 본드와 같은 정보요원은 결코 만날 수는 없다.

오직 국가를 위해, 이 나라의 자유민주주의 수호를 위해 북한 정권 몰락을 주도함과 동시에 중국의 야욕을 분쇄하고 한반도를 지켜낼, 보이지 않는 전쟁의 최전선에서 24시간 365일 '소리없는 전쟁'을 수행할 결의에 찬 '전사(戰士)'로 구성된 새로운 정보기관과 정보요원이 절실히 필요한 때란 말이다.

여기에서 잠깐, 대북업무를 하는 통일부도 예외는 아니다. 북한에는 우리 통일부에 해당하면서도 대남공작을 전담하는 통일전선부(통전부)가 있다. 최근 윤석열 대통령은 '통일부를 두고 북한지원부냐'고 지적했다고 한다. 사실 그간 통일부의 정책과 행태는 북한을 지원하는 기관에 불과했다고 보아도 무방하다. 반면 통전부는 겉으로는 우리 통일부와 비슷한 남북대화와 교류, 우리 기업의 대북사업 등을 담당하고 있으나 그 실체는 다름 아닌 대표적 '대남 공작 정보기관'이다.

그동안 통일부 공무원들이 고도로 훈련된 대남 공작 정보기관 요원들을 상대하고 있었던 것이다. '국정원'은 북한의 후견세력인 러시아·중국을 포함한 전방위적 국가급 대북 전략정보를, 국방부 산하 '정보본부'는 대북 군사정보를, '통일부'는 북한의 주요 인사 포섭·조선노동당 핵심정보 수집·북한주민 대상 선전 등 직접적으로 북한을 다루는 역량을 갖춘 대북 정보기관으로 탈바꿈시키는 것도 검토해야 할 시점이다.

또한 문재인 정부가 '한일간 군사정보괄보호협정(지소미아, GSOMIA)'를 두고 임기 내내 반일선동을 하며 일본과의 협력을 방해하였으나 정작 주요 선진국들의 정보기관들은 국제정보협력 강화를 통한 전통적으로 폐쇄성을 가졌던 국가정보 활동의 패러다임을 크게 변화시키고 역량을 더욱 강화하고 있다. 미국, 영국, 캐나다, 호주, 뉴질랜드 등 영미권 국가 5개국들이 전 세계의 모든 통신망을 감청하여 신호정보를 수집하고 분석하는 첨단 정보 감시망인 에셜론(ECHELON)과 이를 활용하는 정보협력체인 '파이브 아이즈(Five eyes)'의 역할을 확대시키고 있다.

대한민국의 경우 2020년에 와서야 대북 정보 공유를 목적으로 '파이브 아이즈+3(한국, 일본, 프랑스)'에 포함되었다. '파이브 아이즈+3'에 동참하는 것은 문재인 정부가 앞장서서 반일 선동을 하던 '지소미아(GISOMIA)'의 내용과는 별반 차이가 없다는 것이다. 지소미아는 단순히 우방국간 북한의 핵무기 개발과 미사일 정보 공유를 전제로 하는 협정이었다는 것이다. 이 또한 국가정보 활동이 악의적 정치에 휘둘린 전형적인 사례인 것이다.

미국, 일본과 협력을 강화하고 자유우방국가이자 정보 선진국들 간의 정보 공유체에 자연스럽게 포함된다는 것은 그들과 공동의 이익선을 함께 한다는 것을 의미하며 보다 현실적으로 대한민국의 안보는 물론 경제 발전에도 큰 도움이 될 수밖에 없는 것이다. 자유민주주의 국가들 간의 국제적 정보 협력은 그 어느 때보다 중요하다. 무엇보다도 대한민국의 국가정보기관은 국내 정보활동을 베이스로 북한, 중국, 러시아에 대한 정보 능력을 강화하고 특성화된 정보 능력을 바탕으로 자유우방 국가 간의 '국제 정보 협력체계'를 공고히 하는 편이 합리적이다.

더욱이 6.25전쟁을 도발한 주범들인 러시아, 중공, 북한으로 둘러싸인 위태로운 동북아 안보 환경 속에서 유일하게 자유민주주주의 국가이자 미국과의 튼튼한 동맹관계를 유지하고 있는 이웃 국가 일본의 경우 국가 운영에 필요한 국내 첩보 수집활동은 '공안조사청(PSIA)'이 담당하고 있으며, 해외 정보 업무는 '내각정보조사실(CIRO, Cabinet Intelligence and Research Office)'이 그 역할을 담당하고 있다. CIRO의 상주 인력은 300여 명 내외에 불과하다. 그럼에도 불구하고 막강한 정보 수집, 분석력을 보유하고 있다. 어떻게 그러한 일이 가능할까? 일본은 정보기관 소속 공무원에 의한 첩보수집에 의존하기보다는 경제, 산업, 언론 등 각 분야에서 실무에 종사하고 있는 기업의 해외 주재원, 언론사 특파원 등과의 긴밀한 관계를 유지하며 이를 통해 보다 정확한 첩보 수집을 하고 있기 때문이다. 또한 산하에 '(재)세계정경조사회, (사)동남아시아조사회, (사)국제정세연구회, (사)국민출판협회, (사)민주주의연구회' 등 민간연구기관을 두고 국내외 첩보 수집 및 정보 분석 업무를 위탁하고 있다. 눈여겨보아야 할 것은 출처 확인이 어려운 정보자금을 활용하여 해외 유명 연구기관 및 단체에 기부금을 제공함으로서 각국의 엘리트들로부터 고급정보를 습득하는 한편 일본에 보다 유리한 정책을 도출하도록 국가의 미래를 위하여 전략적으로 관리하고 있다는 점이다.

우리 국정원은 정부조직법상 대통령의 직속기관이라는 특성으로 인하여 태생적 한계 속에 있을 수밖에 없다. 어찌 보면 국정원의 독립기관화말고는 사실상 방법이 없다고 해야 한다. 이와 같은 문제의 근본적 원인을 제거하고 국정원이 본연의 임무에 전념하게 만들기 위해서는 보다 명확한 '독립성 보장'과 정치인들의 인사 개입을 원천적으로 차단하는 것을 반드시 규정해야 할 것이다.

문재인 정부가 추진한 국내정보활동과 대공방첩 업무를 없애 국정원을 무력화시키려는 국정원법 개정이 아니라 헌법 등 관계 법령에 정치인들에 의한 정치적 개입을 차단하는 것을 명문화함으로써 타의적 정치 개입을 근본적으로 차단하게 해야 한다. 그렇지 않다면 국가정보기관은 언제까지나 정치인들의 손아귀에 있을 수밖에 없다는 것을 반드시 알아야 한다. 국정원장, 차장, 기조실장의 경우 그 정치적 중립성 보장과 정보기관 본연의 임무에 충실할 수 있도록 일반 정무직 공무원과 같은 낙하산식 인사가 아닌 현직 국정원 요원들을 대상으로 하는 내부 선발 방식으로 변경할 필요도 있다.

또한 시대의 변화로 인해 국가안보를 위한 정보기관의 역할 측면에서 살펴보면 군과 민간으로 나뉘어 있는 첩보수집 기능은 실질적으로 구분이 어렵고, 기술적으로도 유사성을 가지고 있기 때문에 부문 정보기관들 간의 역할과 기능을 통합할 필요가 있다. 따라서 현재 최고 정보기관인 국정원외 부문 정보기관인 방첩사, 정보사, 사이버작전사, 경찰청 정보국 등의 업무를 분석하여 업무를 재분배 할 수도 있다.

낙후된 국가정보원 인력 선발 절차 자체를 변경할 필요도 있다. 이제 갓 대학을 졸업한 사회 초년생들을 대상으로 하는 군대식 기수별 모집이 아닌 해당 분야의 실무 경험이 풍부한 자원을 물색하고 국가관과 업무 역량 등에 대해 장기간의 밀착 검증을 통해 채용하는 한편 일반 공무원 직급 체계가 아닌 정보관, 공작관, 분석관의 3가지 직책으로 선발 후 연차별 진급이 아닌 담당관, 관리관으로 2단계로만 단순화하여 직급이 아닌 업무 역량에 따라 직책을 부여하는 새로운 개념의 정보요원 인사관리시스템을 구축해야 한다.

무엇보다도 현재와 같이 방만하게 인력을 운용하는 것이 아니라 일본의 국가정보시스템과 유사하게 정보기관의 인력은 최소화하고 연계성 노출을 완벽히 차단한 상태에서 국내외 민간 연구기관을 설립하여 적극 활용하고 해외 연구기관에 운영자금을 지원하여 각 국가별 고급 인력의 포섭하여 핵심 정보 습득, 대한민국의 유리한 연구결과 발표 등 전향적인 국가

정보 예산 활용 방안을 강구해야 한다.

궁극적으로는 현대와 같은 모든 권한이 한 곳에 집중되어 있는 후진국형 정보기관이 아닌 국정원을 해체하여 사이버작전사 등 부문 정보기관들과의 일부 통폐합 과정으로 통해 국내 전략정보, 국내외 방첩, 해외공작, 사이버작전 등의 3~4개 정보기관으로 분리하고 이러한 재편 과정을 거치면서 현재 국정원내에 똬리를 틀고 있는 좌익사상을 가진 직원들을 모두 색출하는 과정을 반드시 거쳐야 한다.

북한은 김대중(1998~2003), 노무현(2003~2008), 문재인(2017~2022)이라는 15년에 걸친 좌파 정권의 지원만 없었더라면 이미 몰락했을지도 모른다. 오직 그동안 '우리 국민의 혈세'로 만들어진 수액을 맞아가며 버티고 있는 '김씨 일족의 3대 세습'과 이들에게 빌붙어 사는 기생충 같은 공산당의 핵심 계층만 없었더라면 한반도의 평화는 물론 불쌍한 북한 주민들은 오래전 해방됐을지도 모른다.

책방 주인 문재인은 최근 현 정부의 한미동맹 강화와 한일관계 행보를 두고 냉전시대 사고라며 비아냥거렸다. 과연 그럴까? 한민족 5천 년 역사상 최악의 위기상황을 만들었던 북한의 6.25 남침 전쟁 이래 북한 도발은 끊임 없이 지속되고 있으며 6.25전쟁의 주범 중 하나인 러시아의 우크라이나 침공, 중공의 대만 침공 위협과 한반도를 점령하려는 동북공정 등 그들의 야욕은 변함이 없다. 더 이상 두고 봐서도, 그냥 두어도 될 일들이 아니다. 대한민국 미래와 우리 후손의 번영을 위해서라도 우리 세대에 반드시 북한을 소멸시켜야 한다. 그것이 지금 이 시대를 살아가는 우리에게 부여된 역사적 책무다. 국가정보원 설립의 근본 목적은 바론 거기에 있으며 국정원에 근무하는 정보요원들은 모두가 목숨을 초개와 같이 버리며 그 임무를 수행해야 할 사명과 소명 의식을 가져야 한다. 그래야만 비로소 정보기관의 존재가치가 있는 것이다.

전후 국제법 질서의 부정과 반일정책
- '샌프란시스코 체제'와 '65년 체제'의 파탄 -

'다시는 일본에 지지 않겠다'던 대통령

우리의 일본에 대한 이미지는 매우 복잡하다. 한반도를 침탈했던 일본은 패전 후 민주국가로 국제사회에 복귀했고, 다시 강대국이 됐다. 적국은 아니지만 동맹도 아닌 이웃 국가는 극복해야 할 대상이자 좇아가야 할 롤모델로 존재해 왔다. 시대적 변화와 정치적 상황에 따라 우리의 대일 정서는 급변했고, 정치인들은 이를 정략적으로 이용했다. 일본은 한국의 정치인에게 그렇게 '상징조작'(symbol manipulation)의 대상이 됐다.

그러나 조작된 상징은 국민의 이성을 마비시키는 도구가 된다. 나치 독일에서 그랬듯이, 대중은 정치인의 주장과 매스컴의 일방적 정보에 쉽게 세뇌되기 마련이다. 특히 SNS가 범람하는, 정보 홍수와 과잉 커뮤니케이션의 시대에 과거사 문제는 언제나 폭발할 수 있는 인화성을 갖는다. 그만큼 일본에 대한 가짜뉴스나 선동은 확대 재생산되기 쉽다. 그래서 정치인은 대일 메시지를 신중하게 발신하지 않으면 안 된다.

그런데 김영삼 대통령은 과거사 문제가 제기되자 "일본의 버르장머리를 고치겠다"고 호언장담하다가 IMF 사태를 맞았다. 반면 김대중 대통령은

156 | 문재인 흑서

'김대중·오부치 선언'으로 한일 협력을 위한 새 지평을 열었다. 노무현·이명박 두 대통령은 임기 말에 독도 문제를 이용해 지지율을 만회했으나 한일관계는 나빠졌다. 박근혜 대통령은 일본과 위안부 문제에 합의했지만, 문재인 대통령이 이를 번복해서 결국 무산됐다. 김대중·박근혜 대통령을 제외하면 대부분 역대 대통령들은 한일관계를 정략적으로 이용했다는 비판을 받는다.[43]

그러나 문재인 대통령은 한일관계의 정략적 이용을 넘어서 한일관계를 거의 파탄시켰다는 점에서 문제가 심각하다. 당시 정부와 여당은 친일 프레임으로 외교의 근간을 흔들었다는 공동 책임이 있겠지만, 편향된 대일 인식으로 사태를 악화시킨 문재인 대통령의 책임이 무엇보다 크다. 문재인 대통령은 2019년 8월 2일 일본의 한국에 대한 전략물자 수출심사 우대국(화이트 리스트) 제외 조치에 대하여 "일본에 대하여 단호하게 상응하는 조치를 하겠다"고 하여 그런 입장을 분명히 밝혔다.

그는 "일본의 조치로 인해 우리 경제는 엄중한 상황에서 어려움이 더해졌습니다. 하지만 우리는 다시는 일본에 지지 않을 것입니다. 우리는 수많은 역경을 이겨내고 오늘에 이르렀습니다. 적지 않은 어려움이 예상되지만, 우리 기업들과 국민들에겐 그 어려움을 극복할 역량이 있습니다. (…) 가해자인 일본이 적반하장으로 오히려 큰소리치는 상황을 결코 좌시하지 않겠습니다"라고 하여 선전포고에 가까운 강경한 반일정책을 천명했다. 이때부터 '다시는 일본에 지지 않겠다'는 주장이 문재인 정부 반일정책의 슬로건이 되었다.

당시 반일정책은 한국 정치에 존재해온, '반일감정을 이용한 정치적 선

---

43) 이창위, 『토착왜구와 죽창부대의 사이에서: 국제법과 국제정치로 본 한일관계사』 17~18쪽, 박영사, 2023.(이 글은 저자의 저서와 2023년 9월 「신동아」 인터뷰를 일부 참조하여 수정, 보완한 것임.)

동 메커니즘의 전형'이라 할 수 있다. 여야를 불문하고 정치권은 정략적으로 한일관계를 이용했기 때문에 특별히 한 정파에만 책임을 물을 수는 없다. 그러나 문재인 정부의 반일정책은 단순한 한일관계의 악화나 파탄에 국한되는 문제가 아니다. 그것은 그들이 집요하게 밀어붙인 종북·종중 정책과 그로 인한 한미관계 악화의 출발점이자 촉매였다고 할 수 있다. 반일이 풍토병(endemic)이 된 한국 정치의 상황을 감안하더라도 그것은 임계치를 넘는 외교적 대참사였다.[44]

반일정책의 후과

일본은 한국 대법원의 강제징용 배상 판결에 대항하여, 2019년 7월 1일 반도체 소재 수출규제라는 보복 조치를 했다. 그러자 한국의 정치인들은 일본의 경제보복에 죽창을 들고 대응해야 한다고 주장했다. 그들은 일본에 대한 보복 조치를 임진왜란이나 동학운동에 등장하는 죽창의 상징성을 이용하여 그렇게 표현했다.

일본의 수출규제 조치는 자유무역이나 공정무역이라는 국제통상 규범의 원칙에 위배된다. 일본의 조치는 불과 그 며칠 전 오사카에서 열렸던 G20정상회의의 선언에도 어긋났다. 한국의 주력 수출 품목인 반도체에 대한 일본의 규제는 우리 국민의 분노를 사고도 남았다. 결국 한국 정부는 그해 9월 11일 이 문제를 WTO의 분쟁해결절차에 회부했다. 산업통상자원부는 일본의 조치가 「관세와 무역에 관한 일반협정」(GATT)에 규정된 일반적 최혜국 대우,[45] 무역규칙의 공표 및 시행,[46] 수량 제한의 일반적

---

44) "죽창부대·토착왜구는 그들대로 두고 日 객관화하자", 「신동아」 83쪽, 2023.09.
45) 관세와 무역에 관한 일반협정 제1조.
46) 관세와 무역에 관한 일반협정 제10조.

폐지의 의무에 위배된다고 주장했다.[47]

그러나 일본의 경제보복에 대한 대응은 결과적으로 큰 효과를 보지 못했다. 반도체 소재나 부품에 대한 공급은 일본 업체가 해외에 투자한 기업과 수입처 다변화로 대부분 회복됐기 때문이다. WTO 분쟁해결절차에 의한 분쟁 해결도 실질적인 효과가 없었다. 미국의 반대로 2019년 12월부터 항소절차가 마비된 WTO는 무역분쟁의 해결이라는 기본적 기능을 수행할 수 없게 됐다. 따라서 정부는 당시 수출규제가 가져올 득실을 냉정하게 평가하여, 좀 더 신중하게 의미 있는 대항조치를 일본에 취하는 것이 현명했을 수도 있다.

그런 맥락에서 국민은 특히 정치인들의 심사숙고하지 않은 포퓰리즘 주장을 경계하지 않으면 안 된다. 문재인 정부의 조국 전 장관이나 최재성 전 의원은 거리낌 없는 주장으로 국민을 선동했다. 당시 조국 민정수석은 7월 13일 자신의 페이스북에 죽창가를 올린 것을 비롯하여 여러 차례 일본을 비판했다. 최재성 전 의원은 7일 일본의 경제보복을 경제침략이라고 규정하며, 의병을 일으켜야 한다고도 주장했다.[48]

의병과 죽창이 난무하는 정치적 주장에 맞춰 문재인 정부도 강경한 대책을 내세웠다. 강경화 외교부장관은 위안부 문제를 다시 꺼냈으며, 한일 군사정보보호협정(GSOMIA)의 파기까지 언급했다. 유명희 통상교섭본부장은 WTO에 일본과의 분쟁을 회부하면서, 한국이 반드시 승소할 것이라고 호언장담했다. 국민의 반일감정은 하늘을 찔렀고, 한일관계는 최악으로 치달았다. 정부와 여당의 강경책을 우려하는 여론도 있었지만 소용없었다.

---

47) 관세와 무역에 관한 일반협정 제11조.
48) "FOCUS 미국 바이든 시대의 한미일 공조: 죽창·의병 '포퓰리즘' 한계, 한일 '시시포스 바위' 깨뜨려야", 중앙SUNDAY, 2020.11.14.

죽창으로 상징되는 반일정책은 충격적인 결과를 가져왔다. 일본은 WTO 사무총장 경선에서 한국을 지지하지 않았고, 유명희 본부장은 사무총장으로 선출되지 못했다. 한미일 공조가 튼튼했다면 유명희 본부장이 결선투표에서 참패하지는 않았을 것이다.[49]

ILO 사무총장 경선에서 참패한 강경화 장관도 사정은 마찬가지다.[50]

당시 정부가 과거사나 현안에 대한 사과와 양보를 계속 일본에 요구하면서 양국 관계는 회복되지 않았고, 우리 외교는 미국과 중국 사이에서 길을 잃었다.

한일관계의 개선, 외교정책의 정상화

외교는 상대가 있기에 완전한 승리가 불가능한 영역이다. 정권이 바뀔 때마다 일본에 사과를 요구하는 것은 국제사회의 상식이 아니다. 국가 간의 갈등은 국제법으로 실현 가능한 합의를 끌어내거나, 그렇지 않으면 현상을 유지하는 게 상책이다. 독도와 강제징용, 위안부 문제는 죽창가로 국민을 선동한다고 해결되지 않는다. 선동으로 얻을 수 있는 것은 '정신 승리'뿐이다. 정치인은 민감한 문제일수록 국민을 설득할 수 있는 용기가 있어야 한다.

또한 외교의 요체는 국익의 극대화이다. 대통령은 국제정세를 정확하게 읽고, 올바른 외교의 정책 방향을 제시해야 한다. 어떤 정책이 국가와 국민을 위하는 것인지 알아야 한다. 근시안적 포퓰리즘 정책은 국익에 반하는 경우가 많고, 국가의 대외 협상력을 저해한다. 문재인 정부의 반일정책

---

49) "WTO 새 사무총장에 나이지리아 출신 응고지 오콘조이웨알라 선출", 경향신문, 2021.02.16.
50) "강경화, ILO 사무총장 도전 실패 (…) 토고 출신 '질베르 웅보' 당선", 조선일보, 2022.03.26.

은 그렇게 국익을 해친 최악의 외교적 실패가 되었다. 다행히 윤석열 정부가 들어서서 외교·안보 정책은 제자리를 찾고 있지만, 지난 정부의 외교적 실패를 치유하기는 쉽지 않다. 한일관계의 개선은 한국 외교정책의 정상화 차원에서 바라봐야 한다.

이하 실패한 반국가적 외교정책으로서 문재인 정부의 반일정책을 국제법과 국제정치의 시각에서 비판적으로 살펴보기로 한다. 특히 샌프란시스코 평화조약과 1965년 한일기본조약 체제를 관통하는 역사적 맥락에서 국교 정상화가 그렇게 진행될 수밖에 없었던 과정 및 한일관계가 파행적으로 전개된 과정을 사법부의 판결과 함께 분석할 것이다.

평화조약에 초대받지 못한 손님

전쟁이 끝나면 교전국은 일반적으로 평화조약(강화조약)을 체결하여 전쟁 상태를 종료한다.[51] 평화조약으로 배상이나 재산, 청구권, 영토 문제 등 전쟁으로 발생한 문제나 사태가 최종적으로 처리된다. 복수의 교전국이 참가한 대규모 전쟁은 다자조약의 형태로, 양국 간의 전쟁은 양자조약의 형태로 체결된다. 이차대전의 경우, 연합국은 1951년 9월 샌프란시스코에서 대일평화조약을 체결하여 아시아에서의 전쟁을 종결시켰다.[52]

이 조약으로 당사국 간의 적대행위가 종식되고 외교관계가 수립됐으며, 영토분쟁의 해결과 배상에 관한 권리와 의무의 원칙이 정해졌다.

그런데 한국은 대일평화조약의 당사국이 되지 못했다. 한국은 조약의

---

51) Kazuhiko Togo, "Development of Japan's Historical Memory: The San Francisco Peace Treaty and the Murayama Statement in Future Perspective", Asian Perspective, Vol.35, No.3, 2011, pp.342~343.

52) 杉原高峰, '日本国との賠償並びに戦後処の一環として理平和条約'(小田 滋 · 石本泰雄, 解説条約集), 1997 pp.705~707.

교섭 과정에서 서명국으로 참여하기를 원했고, 일시적으로 서명국 리스트에 오르기도 했다. 미국은 처음에 한국의 조약 참가를 고려했다. 그러나 한국전쟁이라는 특수한 상황에서 남북한의 대표성이 논란이 됐고, 무엇보다도 영국과 일본이 제국주의 체제에서 식민지 지배는 불법이 아니라는 논리로 미국의 입장에 반대했다.

구체적으로, 샌프란시스코 평화조약이 준비되는 과정에서 미국은 1949년 12월 이래 한국을 대일평화조약의 참가국, 서명국으로 설정했다. 미국은 한국의 정치적 입지를 강화한다는 목표를 갖고 있었다. 반면 영국과 일본 양국은 1951년 4월과 5월에 다음과 같이 반대했다. 첫째, 한국은 연합국이나 대일교전국이 아니었고(영국·일본), 둘째, 한국이 연합국 지위를 갖게 되면 공산주의자인 재일 한국인들이 경제적 이득을 얻어서 일본 정부가 곤경에 처하게 되며(일본), 셋째, 중국의 조약 참가가 배제된 상태에서 한국이 참가하면 버마, 인도네시아 등 동남아시아 국가의 반발을 살 수 있다고(영국) 주장했다.[53]

신생 독립국의 국가원수로서 이승만 대통령은 대일평화조약의 당사국이 되기를 희망했다. 그러나 1951년 7월 덜레스 국무장관은 양유찬 대사를 만나 "일본과 교전 상태에 있었고, 1942년 연합국 공동선언에 참가한 국가들만 대일평화조약의 당사국이 될 수 있다"고 통보했다. 양유찬 대사는 한국군이 중국에서 일본군과 교전했으며, 임시정부는 일본에 선전포고까지 했다고 주장했다. 미국은 임시정부를 승인하지 않았기 때문에 그 선전포고는 무의미하다고 했다.

결국 연합국은 일본의 패전 당시 한국의 정치적·법적 지위를 고려하여 한국을 당사국으로 초대하지 않았다. 일본에서 해방된 한국은 그렇게 대

---

53) 정병준, '한국의 샌프란시스코평화회담 참가 문제와 배제 과정'. 「한국과 국제정치」 36권 3호, 1~3쪽.

일평화조약의 당사국이 되지 못했고, 협상을 통해 일본과의 관계를 정상화하도록 규정되었을 뿐이다. 냉전이라는 당시의 정치적 상황은 조약의 성격과 체결 과정을 지배하는 가장 큰 변수였다.[54]

일본에서 분리된 지역

해방 후 일본에서 '분리된 지역'으로 존재했던 한국은 1948년 8월 15일 비로소 유엔의 지원과 승인으로 독립국이 됐다. 즉, 한국은 태평양전쟁이 끝났을 때부터 3년 동안 독립국이 아니었다. 사반세기 동안 중국에서 독립운동을 한 대한민국 임시정부는 강대국의 승인을 받지 못했다. 임시정부의 요인들은 미군정의 반대로 개인 자격으로 귀국할 수밖에 없었다.

한국이 연합국의 정책으로 일본에서 '분리'되면서 한일관계가 정리되지 못했다. 일본은 식민지 지배와 침략 문제의 해결을 위해 주변국에 금전 배상을 했는데 필리핀, 베트남, 인도네시아 및 버마와 양자간 배상조약을 체결하여 전후 책임을 마무리했다. 반면, 일본은 한국을 미크로네시아와 함께 '분리 지역'으로 규정하고 경제협력 지원금을 제공한다고 주장했다. 일본은 청구권 자금이 식민지 지배에 대한 배상금이 아니라고 주장했다.[55]

한국과 일본은 모두 종전 후 미군의 점령지역(occupied area)이었다. 일본은 미군정청의 간접 통치구조에 의해 지배됐지만, 영토에 대한 지배권(imperium)이 아닌 영유권(dominium)을 잔존권리(residual rights)로 행사했다고 주장한다. 그런 맥락에서 일본은 한국에 대해서도 지배권 내지 통치권을 상실했지만, 대일평화조약의 발효 시까지 영유권을 형식적으로

---

54) John Price, 'Cold War Relic: The 1951 San Francisco Peace Treaty and the Politics of Memory', Asian Perspective, Vol.25, No.3, 2001, pp.43~45.

55) 일본 외무성 공식문서, 賠償並びに戦後処理の一環としてなされた経済協力及び支払い 等. https://www.mofa.go.jp/mofaj/files/000100328.pdf (2023.5 최종 방문)

갖고 있었다고 주장했다.[56]

한국에도 9월 7일 미군정의 실질적인 통치로 군사점령이 시작됐다. 한국에서의 미군정은 일본의 군사점령과 구분되는 독자적 군사점령 또는 평시점령의 성격도 가졌다. 일본에 대한 미군정의 법적 성격은 '헤이그 육전 규칙 등이 적용되지 않는 전후점령'이고, 한국에 대한 미군정은 '적국의 식민지에 대한 변형적 점령'이라고 평가된다.[57]

요컨대, 한국은 일본으로부터 분리된 일본의 식민지였고, 동남아 각국은 연합국이 탈환한 그들의 식민지였다. 우리는 오늘날 한일관계를 논할 때 이런 사실을 분명히 인식해야 한다. 독립투사들은 식민지 시대에 끈질기게 무장투쟁을 전개했지만, 미국은 광복군의 규모와 전투 능력을 회의적으로 봤다. 사실 광복군의 규모는 프랑스나 폴란드 같은 유럽 연합군과 비교 대상이 되지 못한다. 미국이 임시정부를 승인하지 않고 한국에 대한 신탁통치를 주장한 것도 그런 이유 때문이다.[58]

많은 국민이 문재인 정부의 외교정책에 동조한 이유는 한국의 독립 과정에 대한 정확한 이해와 평가가 부족했기 때문이다. 한일관계를 악화시킨 당시 정부와 여당은 그런 틈을 이용하여 정치적 이득을 취했다. 해방 후 한반도의 법적 지위를 객관적으로 평가하지 않으면 한일관계의 개선이나 정상화는 요원하다.

---

56) 朝鮮人男子と婚姻した内地人女子で日本の国内法上朝鮮人としての法的地位をもつていた者は、平和条約発効とともに日本国籍を失う(昭和30(オ)890 国籍存在確認請求 昭和36年最高裁判所大法廷判例集 第15巻4号657頁). https://www.courts.go.jp/app/hanrei_jp/detail2?id=53529 (2023.5 최종 방문)

57) Adam Roberts, "What is a Military Occupation?", British Yearbook of International Law, Volume 55, Issue 1, 1984, pp.265~269; 안준형, "해방직후 주한미군정의 국제법적 성격", 서울국제법연구 제25권 2호, 82~85쪽, 2018.

58) 정병준, "카이로 회담의 한국 문제 논의와 카이로 선언 한국조항의 작성 과정", 《역사비평》, 2014년 여름호(107호), 328~339쪽.; 일제의 '대한' 국호 말살작전… "한국 대신 조선으로 불러라", 중앙SUNDAY, 2017.12.17.

애매한 합의, 한일기본조약

○ 국교 정상화를 위한 진통

대일평화조약 제4조(a)의 규정에 따라 한국과 일본은 1952년 2월부터 국교 재개를 위한 협상을 진행하여 1965년 6월 '기본관계조약'과 '청구권 협정'을 체결했다. 한국은 일본으로부터 무상 3억 달러, 유상 2억 달러의 자금을 받아 경제 발전에 사용했다. 그보다 앞서 미군정청은 조약 제4조 (b)의 규정에 따라 한국에 소재한 22억 8,000만 달러 규모의 일본 자산을 몰수하여 한국에 이전시켰다.

10여 년에 걸친 협상 과정에서 한국은 식민지 통치에 대한 사과를 요구했고, 일본은 이를 거부했다. 일본은 경제적 지원을 위한 자금을 제공할 수 있을 뿐, 식민지 지배의 책임을 인정할 수 없다고 주장했다.[59]

그러나 박정희 대통령의 집권으로 사정이 변했다. 군사 쿠데타로 집권한 그는 일본의 경제적 지원이 절실했다.

결국 청구권 문제는 1962년 11월 12일 김종필 중앙정보부장과 오히라 마사요시(大平正芳) 외상의 정치적 합의로 해결됐다.[60] '김종필 · 오히라 메모'에 의해 일본은 상기 5억 달러 외에 수출입은행 차관 1억 달러의 자금을 한국에 제공하게 됐다. 그러나 메모에는 자금의 성격이나 명목에 대한 언급은 없었다.

○ 비합의에 대한 합의와 의도적 모호성

일본은 자금의 성격을 독립 축하금으로 봤고, 한국은 식민지 지배의 배상금으로 해석했다. 양국은 첨예한 쟁점을 중의적으로 해석할 수 있는 타

---

59) 이리에 아키라(이성환 역), 『日本의 外交』, 푸른산, 244~245쪽, 1993.
60) 五百旗頭 真, 『戰後日本外交史』, 有斐閣アルマ, 2006, p.128.

협안을 도출했다. 이른바 '비합의에 대한 합의'(agree to disagree)를 위해 '의도적 모호성'(intentional ambiguity)을 조약에 반영했다. 양국은 마지 노선을 건드리지 않고 그렇게 합의했다.

이동원 외무부 장관과 시나 에쓰사부로(椎名悅三郎) 외상은 1965년 6월 22일 '한일기본관계조약'을 체결했다. 일본으로부터 직접 독립을 쟁취하지 못한 우리는 해방 후 20년이 지나서 애매한 명칭의 조약을 받아들였다. 조약은 외교관계의 수립, 과거 조약의 무효, 한국 정부의 지위, 유엔헌장의 원칙, 통상교섭의 시작, 민간 항공운송 교섭의 시작, 비준 및 발효 등 7개 조문으로 이루어졌다.

조약의 핵심적인 부분인 제2조는 '1910년 8월 22일 및 그 이전에 대한제국과 대일본제국 간에 체결된 모든 조약 및 협정이 이미 무효임을 확인한다'고 되어 있다. 이 조항으로 양국은 과거 조약이 체결된 그 시점부터 무효인지, 아니면 한국의 독립으로 비로소 무효가 됐는지를 자의적으로 해석하게 됐다. 이동원 장관은 국회에서 병합조약은 '체결 당시부터' 무효라고 했고, 시나 에쓰사부로 외상은 병합조약은 '한국의 독립 시부터 무효다'라고 했다.[61]

1945년 이전 국제법은 국가와 국가대표에 대한 강제를 구분하여 후자의 경우만 조약의 무효 사유로 인정했다. 제국주의 침략이 정당화되던 당시는 그런 구분이 의미가 있었다. 일본은 그렇게 을사보호조약과 병합조약이 모두 유효하다고 주장한다. 조약 체결 당시 한국 대표에 대한 강제나 강박이 존재하지 않았다는 것이다. 물론 이를 부인하는 양심적인 일본 학자들도 있다.[62] 어쨌든 일본의 한국 주권 침탈은 사실이고, 조약 무효 사유

---

61) 요시자와 후미토시 '한일협정의 평가를 둘러싼 한일관계: 기본조약 제2조, 청구권협정 제2조 1을 중심으로', 『한일관계사 1965~2015. I정치』 355~356쪽, (이원덕, 기미야 다다시 외), 역사공간, 2015.
62) 坂元茂樹, 『条約法の理論と実際』 pp.277~279, 東信堂, 2004.

의 구분으로 치욕의 역사가 바뀌는 것은 없다.

한일기본조약에는 한국의 법적 지위와 관련하여 '대한민국 정부가 국제연합 총회의 결정 제195호(III)에 명시된 바와 같이, 한반도에 있어서의 유일한 합법정부임을 확인한다'는 내용이 규정됐다.[63] 한국의 정통성을 인정한 이 규정은 한반도의 현상 유지를 원한 미국의 입장을 고려한 것이었다.

노예 상태와 흥분 상태의 공방, 청구권 협정

한일회담에서 청구권 문제를 둘러싼 양국의 논쟁은 구보타 간이치로(久保田貫一郎)의 발언을 통해 전개됐다. 일본 대표였던 그는 한국에 있던 일본인의 사유재산에 대한 청구권을 주장했다. 한국은, 그 재산은 미국이 국제법에 따라 몰수한 것으로, 식민지 지배의 배상으로 한국이 받은 것이라고 답했다. 그것은 한국인 애국자의 학살, 기본적 인권의 침해, 노동력 착취, 식량 공출에 따른 결과물로서 한국이 당연히 청구할 수 있다고 주장했다.

구보타는 일본이 한국의 경제 발전에 기여했으며, 일본이 한국을 병합하지 않았으면 러시아나 중국이 그렇게 했을 것이라고 주장했다. 그는 미국의 일본인 재산 몰수는 국제법 위반이 아니지만, 가령 위반이 있다 하더라도 일본은 미국에 대해 청구권을 포기한다고 했다. 그러나 연합국이 '중립국'에 소재한 일본의 재산을 몰수한 것은 부당하다고 주장했다.

구보타의 주장은 일본이 미국의 일본 재산 몰수의 법적 효과는 인정하지만, 한일 양국이 주고받을 부분은 정리하자는 것이었다. 그런 합의가 대일평화조약의 취지에 부합한다고 했다. 일본의 주장은 한국은 승전국이

---

63) 한일기본관계조약 제3조.

아니고 식민지 피해국도 아니라는 데 근거했다.[64]

다만 한국을 중립국이라고 한 그의 주장은 타당하지 않다.

한국은 한반도가 일제의 탐욕과 폭력으로 강점당한 '노예 상태'의 지역이라고 주장했다. 그곳의 일본 재산은 권력적 착취로 불법 취득한 것이므로, 국제법에 의해 당연히 몰수됐다는 것이다. 노예 지역의 해방이라는 전후의 현상은 사유재산의 존중보다 고차원적이므로, 일본인 재산의 몰수는 국제법의 취지에 부응한다고 주장했다.[65]

한국은 조선총독부가 경찰 통치로 한국인을 착취했으며, 무단통치로 자연자원을 고갈시켰다고 주장했다. 연합국이 카이로선언에서 한국인의 '노예 상태'를 명시한 것도 그 때문이라고 지적했다. 구보타는 카이로선언은 전쟁 중이라는 '흥분 상태'에서 작성된 것으로, 평시라면 그런 표현이 사용되지 않았을 것이라고 주장했다. 대일평화조약 발효 전 한국 정부의 수립과 관련하여, 일본 입장에서는 그 조약에 의해 한국의 독립을 인정할 뿐이라고 했다.[66]

양측이 카이로선언까지 언급하면서 국제법의 위반을 주장한 점은 주목된다. 카이로선언에 명시된 것처럼 한국인이 '노예 상태'로 식민지배를 받았다면, 일본의 책임은 당연히 엄격하게 물을 수 있다. 그러나 협상에서 일본의 입장은 완강했고, 양국 대표가 주장하는 '노예 상태'와 '흥분 상태'의 간극은 좁혀지지 않았다.

한국은 1951년에 8개 항목으로 정리한 '대일배상요구조서'를 준비하여 일본과의 협상에 나섰다.[67] 대일배상요구조서 5항에는 '피징용 한국인의

64) 日韓会談 「久保田発言」に関する参議院水産委員会質疑, 日本外交主要文書·年表(1), pp.584-592, 官報号外.
65) Ibid., pp.584-592.
66) Ibid., pp.584-592.
67) 동북아역사재단, 동북아역사총서 09, 『한일회담 외교문서 해제집II: 평화선·북송·6차회담』 814~815쪽, 2008.

미수금, 보상금 및 기타 청구권의 변제'라는 내용이 명시돼 있다. 양국은 이를 기준으로 청구권 협상을 진행하여 청구권협정을 체결했다. 청구권 협정 제2조에는 '양국은 서로에 대한 재산, 권리 및 이익과 청구권에 관한 문제가 완전히 그리고 최종적으로 해결된 것이라고 확인한다'고 규정됐다. 일본은 이를 근거로 강제징용 문제가 해결됐다고 주장한다.

국제법을 무시한 사법부의 혼란

○ 위안부 합의

기시다 외상은 2015년 12월 28일 '위안부 문제에 대한 군의 관여와 책임을 인정하고 사죄한다'는 아베 총리의 입장문을 발표했고, 양국 외교장관은 이 문제가 최종적·불가역적으로 해결됐다고 합의했다. 아베 총리는 박근혜 대통령에게 전화로 정중하게 사죄했다. 일본 정부는 화해치유재단에 100억 원의 기금을 출연해서 피해자에게 지급하도록 했다.

문재인 대통령은 2017년 12월 '위안부 합의 검토 TF의 보고서'에 따라 위안부 합의를 받아들일 수 없다고 했고, 2018년 9월 유엔에서 아베 총리에게 화해치유재단의 해산을 통고했다. 그러나 문재인은 일본에 재협상을 요구하지 않는다고 했고, 2021년 1월 기자회견에서 2015년의 합의가 존속함을 인정했다.

헌법재판소는 2011년 8월 위안부 문제의 해결을 위해 노력하지 않는 정부의 부작위는 위헌이라고 결정했으나, 2019년 12월 위안부 합의는 조약이 아니라는 이유로 헌법소원을 각하했다. 2021년 1월 서울중앙지법은 위안부 피해자들이 일본 정부를 상대로 제기한 소송에서 원고 측 손을 들어줬다.[68] 그러나 4월 서울중앙지법은 그와 반대되는 판결을 내렸

---

68) 서울중앙지방법원 2021.1.8., 선고 2016가합505092 판결.

다.[69]

이렇게 문재인 정부와 함께 사법부도 마찬가지로 일관성이 없었다. 어쨌든 일본 정부를 상대로 한 판결은 국가면제의 부인이라는 심각한 흠결을 내포했다. 국제법적 정당성을 갖지 못한 판결은 결국 집행이 불가능한 상태로 방치되고 있다. 현 단계에서 위안부 문제는 사법부가 자제한다면 그에 대한 외교적 혼란은 일단락된 것으로 볼 수 있을 것이다.

○ 강제징용 배상 판결

강제징용 배상 문제는 위안부 문제보다 한일관계에 미치는 파급력이 크다. 한일관계가 악화된 상황에서 출범한 윤석열 정부는 사법적 절차에 기대지 않고 일단 정치적으로 문제를 처리했다. 그러나 외교적 현안의 해결에도 사법 절차의 마무리가 필요한 경우가 있다. 정부가 대위변제 방식으로 급한 불은 껐지만, 후속 판결을 통한 기존 대법원 판결의 처리나 특별법의 제정과 같은 입법적 보완 조치가 필요할 수도 있다.

강제징용 피해자 4명은 2005년 2월 28일 신일철주금을 상대로 서울중앙지법에 소송을 제기했다. 원고는 2008년 4월 3일 패소 판결을 받고, 2009년 7월 16일 서울고법에서의 항소도 기각된다. 그러나 2012년 5월 24일 대법원은 원심을 파기환송했다. 그리고 2013년 7월 10일 파기환송심에서 서울고법은 신일철주금이 피해자 일인당 1억 원씩 배상해야 한다는 판결을 내렸다. 이 판결은 2018년 10월 30일 대법원 전원합의체에 의해 최종 확정됐다.[70]

2012년 판결에서 대법원은 다양한 논거를 제시했다. 대법원은 일본에서의 원고 패소 판결은 일제의 불법적 지배를 부인하는 우리 헌법의 핵심

---

69) 서울중앙지방법원 2021.4.21., 선고 2016가합580239 판결.
70) 대법원 2018.10.30., 선고 2013다61381 전원합의체 판결.

가치와 충돌하므로 국내에서 승인될 수 없으며, 신일철주금은 설령 일본 법으로는 별도의 기업이라 하더라도 한국법에 따라 과거 일본제철의 승계 기업이 되므로 채무도 승계된다고 판시했다. 대법원은 국내법 우선의 원칙을 그렇게 전면에 강조했다.[71]

대법원은 '청구권협정'은 대일평화조약 제4조 규정에 따라 한일 양국이 재정적·민사적 채권·채무 관계를 정치적 합의로 정리한 것이고 식민지 지배의 불법을 인정하지 않았기 때문에, 일본의 반인도적 불법행위에 대한 개인의 손해배상청구권은 소멸하지 않았다고 했다. 국가와 개인은 별개의 법적 주체이기 때문에 '청구권협정'으로 한국의 외교적 보호권도 포기되지 않았다고 했다.[72] 2018년 대법원 판결은 피고 측의 상고를 기각하여 원고 측 승소를 확정했다.[73]

그러나 이 판결은 국제법과 외국법을 고려하지 않았고, 기본적 법리를 무시했다는 비판을 받는다.[74] 판결에 찬성하는 입장도 있지만,[75] 결과적으로 식민 지배에 대한 한국 내 입장이 일관되게 정리되지 못함으로써 혼란이 야기됐다. 대법원은 한국 헌법으로 식민지 시대를 비판하여 국권 침탈 당시 국제법적 기준을 고려하지 않았다. 특히 청구권협정을 국내법에 맞춰 무리하게 해석하는 등 판결은 시종일관 국제법 원칙을 국내적 관점에서 부인했다. 국가와 개인의 연결고리(linkage)를 상대적으로 부정함으로써 포괄적 협정(lump-sum agreement)으로서 청구권협정의 존재 의의도 부인했다. 외교적 보호권이 행사된 청구권협정 자체의 의미도 부인했다.

---

71) 대법원 2012. 5. 24., 선고 2009다68620 판결.
72) 대법원 2012. 5. 24., 선고 2009다68620 판결.
73) 대법원 2018.10.30., 선고 2013다61381 전원합의체 판결.
74) 주진열, "1965년 한일 청구권협정과 개인청구권 사건의 국제법 쟁점에 대한 고찰: 대법원 2018.10.30. 선고 2013다61381", 「서울국제법연구」 제25권 제2호(2018), pp.174~180.
75) 강병근, "국제법적 관점에서 본 일제 강제징용 배상 판결의 주요 쟁점에 관한 연구", 「저스티스」 통권 제143호(2014. 8), pp.255~262.

현대 국제사회에서 많은 국가는 국제법 존중을 대외정책으로 내세우고 있다. 그러나 대법원 재판관들은 외교적·섭외적 사건의 특수성을 고려하지 않은 판결을 내렸다. 2012년 판결 당시 주심이었던 김능환 대법관은 "건국하는 심정으로 판결문을 썼다"는 입장을 밝혔다. 그러나 결국 당시 판결은 국내 정치판을 뒤흔들고, 한일관계를 악화시킨 출발점이 됐다.

이 판결은 국제법상 확립된 원칙인 '국제법상 의무 위반은 국내법으로 정당화되지 않는다'는 내용에도 반한다. 조약법에 관한 비엔나협약은 조약의 불이행을 정당화하는 근거로 국내법을 원용할 수 없음을 명시하고 있다.[76] 또한 이 협약은 신의성실의 원칙과 약속 준수(pacta sunt servanda)의 원칙도 명시했다.[77] 2012년 대법원 판결은 신의성실의 원칙, 약속 준수의 원칙 및 금반언(estoppel)의 원칙을 부인하고 사법부의 권한을 넘는 내용을 담았다.

지켜지지 않은 사법자제의 원칙

대법원이 '사법자제의 원칙'을 고려하지 않은 것은 심각한 문제이다. 그러나 미국, 영국, 프랑스, 독일 등 선진국은 사법부가 행정부의 입장을 존중하여 중요한 외교적 사건을 판단하고 있다. 공산주의나 전체주의 국가에서는 사법부의 독립이 확립돼 있지 않아서 정부의 대외정책에 반하는 판결이 내려질 가능성은 없다.

영국에서 법원은 외교부의 '행정부 확인서'(executive certificate)를 받아서 재판을 진행한다. 이는 19세기 이래 확립된 행정부와 사법부의 협조 전통으로서, 사법부가 외교부의 의견을 존중하여 섭외적 사건을 판단한다

---

76) 조약법에 관한 비엔나협약 제27조.
77) 조약법에 관한 비엔나협약 전문 및 제26조.

는 관행으로 확립됐다. 미국도 국제법적 판단이 필요한 사항은 전문가의 자문을 구하여 사법적 판단을 내린다. 특히 연방대법원은 그런 사건에 대해 국무부나 국제법 전문가의 의견을 존중한다. 이렇게 전문적 의견을 제시하는 자를 '법정의 친구'(amicus curiae)라고 한다.

2012년의 대법원 판결에 비판적이었던 박근혜 대통령은 외교부의 의견서를 대법원에 보내라고 지시했다. 박 대통령은 위안부 문제에 대한 일본과의 협조를 위해 그런 정치적 판단을 내렸다. 양승태 대법원장도 정부 입장에 동조했다. 그렇게 진행된 외교부와 대법원의 접촉은 나중에 재판 거래 내지 사법 적폐로 엄청난 후폭풍을 일으켰다. 한국에도 사법자제의 원칙이 확립돼 있었다면, 두 기관의 접촉은 문제가 아니었을 것이다.[78]

지난 정부와 여당이 삼권분립을 이유로 사법부의 판결에 관여할 수 없다고 주장한 것은 잘못된 정책이었다. 그렇게 해서 한국 정부와 사법부는 국내법과 국내절차로 국제법적 의무를 이행하지 않았다. 그렇게 외교적 사건을 국내법의 가치와 법리만으로 판단하는 것은 대외적으로 정당하지 않다.

'부분의 처분'보다 '전체의 평화'를 선택한 미국 법원

윤석열 정부가 들어선 이후, 한국 측은 강제징용 문제를 해결하기 위해 많이 노력했다. 일본은 한국이 구체적 해법을 제시해야 한다는 입장을 고수했다. 국내적으로 이 문제에 대한 다양한 해법이 제시됐는데, 결국 판결금 채무를 정부가 인수해서 피해자들에게 대신 지급하는 방식으로 논란은 일단락되었다. 앞으로 완고한 피해자들에 대한 설득과 사법부의 협조

---

78) "복잡한 외교·안보 사안 (…) 법원, 정부 의견 존중하는 '사법자제 원칙'이 상식", 한국경제, 2019.07.10.

가 관건이다.

이와 관련하여, 태평양전쟁 당시 일본군의 부당한 노역에 강제 동원됐다고 주장한 과거 전쟁포로들이 1999년 미국 주재 일본 회사를 상대로 제기한 소송이 주목된다. 미국의 연방 지법 폰 워커(Vaughn R. Walker) 판사는 2000년 9월 21일 이 사건의 판결에서 원고의 청구를 기각하면서 다음과 같이 판시했다.

대일평화조약은 원고들이 이 소송에서 제기한 것과 같은 미래의 청구를 금지함으로써 원고들에 대한 완전한 보상을 미래의 평화와 교환했다. 그 거래가 현명한 것이었다는 것은 역사가 증명한다. 그리고 순전히 경제적인 측면에서 원고들의 고난에 대한 완전한 보상은 거부되었지만, 원고들과 수많은 전쟁 생존자들이 자유롭고 더 평화로운 세상에서 자신들과 후손을 위한 헤아릴 수 없는 삶의 풍요로움을 누리는 것이 바로 그 보상이 된다.[79]

판사는 대일평화조약의 의미를 자유롭고 평화로운 사회에서 후손들이 누리는 풍요로운 삶에서 찾았다. 법원은 '법정의 친구' 제도를 통해 국무부의 의견을 듣고 판결을 내렸다.[80] 이 사건은 한일 간의 강제징용 문제와 매우 유사하다. 그러나 미국 법원은 '사법자제의 원칙'을 적용했다. 특히 '국민의 안녕이 최고의 법이다'라는 로마법 원칙과 '전체의 평화가 부분의 처분에 맡겨져서는 안 된다'는 미국 사법부의 입장이 재확인됐다는 점이 주목된다.[81] 미일 동맹은 이 판결이 내려진 후 더욱 견고해졌다.

79) United States District Court, Northern District of California, Case No. MDL 1347 (VRW), World War II Era Japanese Forced Labor Litigation.
80) John Price, "Cold War Relic: The 1951 San Francisco Peace Treaty and the Politics of Memory", Asian Perspective, Vol.25, No.3, 2001, p.33
81) 이호선, '일제하 징용공 판결의 제3자 변제 방식이 타당한 이유', 「월드뷰」 통권278호30~31쪽, 2023.8.

반일정서의 극복

1948년 8월 15일 비로소 독립한 한국은 1952년 샌프란시스코 대일평화조약의 당사국이 되지 못했다. 일본과의 국교 정상화는 1965년에 실현됐고, 애매한 성격의 한일기본조약과 청구권협정으로 과거사에 대한 갈등은 일단 봉합됐다. 한일 양국은 당시의 국제정치적 상황에서 그런 선택을 할 수밖에 없었다.

한일 양국은 '비합의에 대한 합의'와 '의도적 모호성'으로 이견을 조정했다. 당시 미국은 한일관계의 정상화를 통해 자유민주주의 진영의 결속을 강화하려고 했다. 대일평화조약을 통해 '관대한 강화'로 일본의 전쟁 책임을 마무리했던 미국의 의도는 한반도에서도 그렇게 실현됐다.

태평양전쟁을 종료시킨 대일평화조약은 전후 국제질서를 확립하는 출발점이 되었다. 1951년 9월 대일평화조약과 동시에 체결된 미일안보조약과 1953년에 체결된 한미상호방위조약은 그런 맥락에서 이해해야 한다. 따라서 한일기본조약과 청구권협정으로 해결하지 못한 과거사 문제들은 대일평화조약으로 확립된 전후 질서의 시각으로 바라봐야 한다.

문재인 정부는 이런 역사적 사정과 국제정치의 맥락을 고려하지 않고 한일관계를 최악의 상태로 몰았다. '다시는 일본에 지지 않겠다'는 선동적 메시지로 반일정책을 시종일관 내세웠다. 종북·굴중 정책을 밀어붙임으로써 한미관계도 악화시켰다. 2차대전 후 '샌프란시스코 체제'와 국교 정상화 후 '65년 체제'는 잘못된 외교정책으로 붕괴 직전의 상태가 되었다. 결국 문재인 대통령의 반일정책은 그렇게 한국 외교의 근간을 송두리째 흔들었다.

정권 교체로 다행히 한미관계와 한일관계가 정상화되고, 우리의 안보도 제자리를 찾고 있다. 그러나 일본에 대한 우리 국민의 인식과 평가가 객관화되지 않으면, 윤석열 정부의 정책은 성공하지 못할 수도 있다. 국민은 정치를 이미지나 주관적 느낌으로 판단하기 때문에 도리가 없다. 후쿠시마 오염처리수 문제에 대한 야당의 반대를 보면 그런 우려는 더욱 깊어진다. 한국 외교의 정상화 차원에서 한일관계의 개선을 바라보고, 일본을 객관적으로 평가해야 한다. 그런 맥락에서 정부의 조치를 이해하고, 사법적 판단과 정부 정책의 정합성을 모색해야 한다.

문재인 정권의 반일 바람몰이
- 2015년 위안부 합의와 2018년 징용배상판결을 중심으로 -

홍승기 /인하대학교 법학전문대학원 교수

도쿄에서 만난 사람들

　지난 겨울 도쿄에 두어 달 머물며 일본의 변호사와 기자, 재일교포들과 자주 어울렸다. 예외 없이 문재인 정부의 어이없는 반일 행태에 허탈해했다. 재일교포와 지한파 일본인들이 겪은 마음의 상처는 생각보다 깊고 넓었다. 앞으로 좋아지지 않겠냐는 막연한 희망을 표시해도 답은 지독하게 회의적이다. 초등학교부터 대학까지 민족교육만 받았다는 조총련계 사업가의 반응이 생생하다. 1984년 북한에서 조선합작경영법(합영법)이 발효하면서 합작사업의 책임자로 평양에서 근무했었다는 그는 두 가지를 힘주어 지적했다. "어떻게 국가 간 약속을 대통령이 바뀌었다고 뒤집을 수 있습니까?", "어떻게 최고법원이 대통령 눈치를 봅니까?" 앞의 쟁점은 '2015년 위안부 합의'를 뒤집겠다고 나선 문재인 정부에 대한 성토이고, 두 번째 쟁점은 2018년 대법원 징용 근로자 판결에 대한 비판이다. '최고법원이 대통령 눈치를 보았다'는 단정에는 동의하지 않지만, 그가 두 쟁점으로 언성을 높이자 동석한 재일교포와 일본인들이 다들 강하게 고개를 끄덕이며 공감을 표시했다.

2015년 위안부 합의에 대한 태도

○ 위안부 쟁점은 '1965년 청구권협정' 범위 밖인가?

1965년 청구권협정이란 1965년 6월 22일 체결되어 1965년 12월 18일 발효한 '대한민국과 일본국 간의 재산 및 청구권에 관한 문제의 해결과 경제협력에 관한 협정'을 뜻한다. 우리나라는 '청구권협정'으로, 일본은 '경제협력협정'으로 이해하는, 1965년 한일기본조약의 부속 협정이다.

2005년 노무현 정부 시절 '한일회담 문서공개 대책 민관공동위원회(민관공동위원회)'가 조직되었다. (후에 대법원장이 된) 이용훈 변호사와 이해찬 국무총리가 민관 공동위원장을, 대통령 민정수석비서관 문재인이 주요 역할을 맡았다. 민관공동위원회는 2005년 8월 26일 〈1965년 한일 청구권협정의 효력 범위 문제〉를 발표했다. 무상 3억 달러의 경제협력 자금에는 "강제동원 피해 보상 문제 해결 성격 자금 등이 포괄적으로 감안되어 있다고 보아야" 한다면서, 위안부 문제는 "청구권협정에 의해 해결된 것으로 볼 수 없고, 일본 정부의 법적 책임이 남아 있다"고 판단하였다.

한일기본조약 체결을 위한 제2차 한일회담에서 한국은 일본군 '위안부'의 미수금 반환을 제기하였다. 1953년 5월 19일의 '청구권 위원회'에서 장기영 대표가 "한국 여자로 전쟁 중에 해군 관할 싱가포르 등 남방으로 '위안부'로 가서 돈이나 재산을 남기고 귀국한 경우가 있다. (…) (위안부들이) 군 발행의 수령서를 제시하면서 어떻게든 해달라고 말하고 있다"고 발언했다.[82] 일제시대에 위안부 동원은 '공지(公知)의 사실'이었다. 위안부 쟁점이 청구권협정에 의해 해결된 것으로 볼 수 없다는 민관공동위원회 결론에는 동의하지 않는다. 청구권협정은 일괄보상조약(lump-sum

---

82)『日韓交渉會議議事要錄(12) 第2回請求權關係部會』, 日本 外交文書 文書番號 693, 25쪽. 이동준,『외교사료로 보는 한일관계 70년 불편한 회고』79, 80에서 재인용, 삼인, 2016.

agreement)이다. '일방 체약국 및 그 국민의 타방 체약국 및 그 국민에 대한 모든 청구권'에 대하여(제2조 제3항) '완전히 그리고 최종적으로 해결된 것'(제2조 제1항)으로 합의하였다. 청구권협정의 성격으로 보아 위안부 쟁점도 포함되었다고 이해한다.

○ 위안부 합의의 경위

'2015년 위안부 합의'는 어렵게 이룬 성과이다. '한국정신대대책문제협의회(정대협)'을 중심으로 한 위안부 운동가들은 일본의 국가 책임, 즉 국가에 의한 손해배상을 요구하였는데 바로 그것을 일본이 수용하였다. '1965년 청구권협정'에 의해 종결된 사안이라고 일관되게 주장해 온 일본 정부로서는 쉽지 않은 결정이었을 것이다. 한국 정부의 집념과 아베 신조 일본 총리의 정치력, 미국 오바마 정부의 종용, 심지어 시진핑의 후방 지원까지 작용하여 이룬 "최종적 그리고 불가역적 해결"로서의 위안부 합의였다. 아베 신조 일본 총리는 "다시 한번 위안부로서 수많은 고통을 경험하고 심신에 치유할 수 없는 상처를 입은 모든 분에게 마음속으로부터 사죄와 반성의 뜻을 표명"했다.

2013년 2월에 취임한 박근혜 대통령은 대통령 취임 후 미국, 일본 순으로 방문하던 관례를 깨고 중국을 먼저 찾아, 시진핑 주석에게 서울에서의 한·중·일 3국 정상회담을 제안하였다.[83] 이에 대해 와다 하루키(和田春樹) 동경대 명예교수는 3국 정상회담 기회에 미국과 중국의 지원을 얻어 아베 총리를 압박하기 위한 수단이었다고 평가한다. 2015년 12월 28일 한·일 정부의 위안부 합의 내용은 '고노담화'에 따라 일본군의 관여를 인정하고, 1995년 아시아여성평화기금의 결함을 보완하여 '일본 정부의 예산'에 의해 한국 정부가 재단을 설립하고, 한일 양국 정부가 협력하여 위안부들의

---

83) 강상중 지음·노수경 옮김, 『한반도와 일본의 미래』 110쪽, 사계절, 2021.

명예와 존엄의 회복 및 마음의 상처 치유를 위한 사업을 하고, 이러한 조치를 착실히 진행한다는 것을 전제로 위안부 문제가 '최종적 및 불가역적으로 해결'된 것을 확인하며, 국제사회에서 위안부 문제로 상호 비난을 자제한다는 것이다. 합의 이후 일본 정부가 10억 엔을 송금했고 화해·치유재단은 생존 위안부 47명 중 35명에게 1억 원씩을, 사망 위안부 199명의 유족 64명에게 2,000만 원씩 지급했다.

1995년 6월 13일 일본이 전후 50년을 맞아 시행한 아시아여성평화기금 사업은 '속죄(償い, atonement) 자금'을 '민간' 모금으로 충당하였다. 정대협 등 한국의 22개 단체는 즉각 공동성명을 통해 '일본 국회 결의에 의한 사죄와 법적 배상'을 요구하였다. 윤미향은 "죄를 인정하지 않는 동정금을 받는다면, (…) '자원해서 나간 공창(公娼)'이 되는 것"이라고 주장했다.[84] 아시아여성평화기금사업에 깊이 관여한 와다 하루키는 윤정옥도 같은 발언을 했다면서 "그 말만큼은 해서는 안 될 말이었다"고 소회를 밝혔다.[85] 2002년 아시아여성평화기금 사무국은 사업을 종료하면서 한국인 기금 수령자가 61명이라고 발표하였다.

○ 「위안부 합의 검토 태스크포스」 발표 – 피해자 중심주의에 반한다!

2017년 5월 10일 문재인 정부가 출범하자 외교부는 7월 31일 강경화 장관 직속으로 「한일 일본군 위안부 피해자 문제 합의 검토 태스크포스(위안부 TF)」를 발족하였다. 위원장은 오태규 전 한겨레신문 논설실장이, 부위원장은 선미라 한국인권재단 이사장과 조세영 동서대학교 특임교수

84) 나눔소식지(98/3) 〈해결운동의 과정과 전망〉
85) 와다 하루키 지음·정재정 옮김, 『일본군 '위안부' 문제의 해결을 위하여』, 역사공간, 2016, 67쪽. 채진원, "윤미향과 이용수의 정치 그리고 반일민족주의에 대한 성찰", 이슈페이퍼, 지식협동조합좋은나라, 〈2020-06-01 https://www.good21.net/issuepaper/?idx=3928317&bmode=view〉

가, 민간위원으로는 김은미 이화여대 국제대학원 교수, 손열 연세대 국제대학원 교수, 양기호 성공회대학교 교수가 참여하였다. 2017년 12월 27일 「위안부 TF」는 다음과 같은 결론을 내렸다. 첫째, 피해자 중심주의에 반한다. 둘째, 박근혜 대통령은 '위안부 문제 진전없는 정상회담 불가'를 강조하며 위안부 문제를 한일관계 전반과 연계해 풀려다가 오히려 한일관계를 악화시켰다. 셋째, 외교가 국민과 함께하여야 하는데 그러한 민주적 절차와 과정이 생략되었다. 넷째, 대통령과 협상책임자, 외교부 사이 소통이 부족하였다.[86]

「위안부 TF」의 결론은 억지가 심하다. 첫째, 위안부 합의가 피해자의 동의를 전제로 하여야 한다는 사정은 박근혜 대통령도 강조하였고 협상단에게도 가장 중요한 고려 요소였다. 둘째, 한일관계는 위안부 합의를 사실상 파기하고 '죽창가' 타령으로 시종한 문재인 정부에서 파탄 났는데, '박근혜 정부가 한일관계를 악화시켰다'는 평가는 코믹하다. 셋째, 외교는 밀행성(密行性)이 속성이다. '민주적 절차와 과정'을 이유로 인화성 강한 주제의 협상 과정을 세세하게 공개한다면 결국 합의는 불가능하고 외교 자체가 실종될 것이다. 넷째, '대통령과 협상책임자, 외교부 사이 소통 부족'이란 '2015년 위안부 합의'가 더 이상 나오기 어려운 외교 성과라는 점에서 언어의 유희일 뿐이다.

○ 문재인의 말, 말, 말 – 피해자 동의 없는 합의였다

문재인은 대통령 후보 시절 '한일 합의 재교섭'을 대통령선거 공약으로 걸었다. 2017년 12월 28일 「위안부 TF」 발표에 대해 대통령으로서 이렇게 거들었다. "2015년 한일 양국 정부간 위안부 협상은 절차적으로나 내용적

---

86) 한일 일본군위안부 피해자 문제 합의 검토 태스크포스, 「한일 일본군위안부 피해자 문제 합의 (2015.12.28.) 검토 결과 보고서」 30~31쪽, 2017.12.27.

으로나 중대한 흠결이 있었음이 확인되었습니다. 유감스럽지만 피해갈 수는 없는 일입니다. 이는 역사문제 해결에 있어 확립된 국제사회의 보편적 원칙에 위배될 뿐만 아니라, 무엇보다 피해 당사자와 국민이 배제된 정치적 합의였다는 점에서 매우 뼈아픕니다. 또한 현실로 확인된 비공개 합의의 존재는 국민들에게 큰 실망을 주었습니다.[87] 지난 합의가 양국 정상의 추인을 거친 정부간의 공식적 약속이라는 부담에도 불구하고, 저는 대통령으로서 국민과 함께 이 합의로 위안부 문제가 해결될 수 없다는 점을 다시금 분명히 밝힙니다." 이에 대해 언론은 문재인 대통령이 2015년 위안부 합의를 사실상 파기선언한 것이라고 평가했다.[88]

문재인 대통령은 2017년 5월 취임 후 첫 한일 정상 통화에서 아베 총리가 "위안부 합의의 이행"을 강조하자 "국민 대다수가 정서적으로 2015년 위안부 합의를 수용 못하고 있는 현실"이라고 맞받았다.

2018년 1월 4일 문재인 대통령은 위안부 8명을 청와대로 초청해서도 피해자의 동의가 없었다고 했다. "할머니들 의견도 듣지 않고 할머니들 뜻에 어긋나는 합의를 한 것에 대해 죄송하고 대통령으로서 사과드립니다. 지난 합의는 진실과 정의의 원칙에 어긋날 뿐만 아니라 정부가 할머니들의 의견을 듣지 않고 일방적으로 추진한 내용과 절차 모두 잘못됐습니다. 대통령으로서 지난 합의가 양국 간 공식 합의였다는 사실은 부인할 수 없으나 그 합의로 위안부 문제가 해결됐다는 것을 받아들일 수 없습니다." 2018년 1월 신년회견에서 문재인 대통령은 위안부 후속대책에 대한 질문을 받고 답변했다. "…정부와 정부간 피해자를 배제하고 조건과 조건을 주고받는 것으로 해결될 수 있는 건 아닌 것 같다. 지난 정부가 요구조건 주

---

87) '비공개합의'란 '일본대사관 앞 소녀상의 이전을 위해 우리 정부가 노력하겠다'는 부분을 말한다.
88) 「프레시안」, 2017.12.28., '文대통령, 한일 위안부 합의 사실상 파기 선언'.

고받으며 피해자 배제하고 문제해결 도모한 것 자체가 잘못된 방식이다. 일본에 대해 위안부 문제의 진실과 정의에 입각한 해결을 촉구할 것이다. …"

2019년 7월 여야 5당 대표 회동 당시 문재인 대통령은 "위안부 합의와 같이 잘못된 합의를 하면 안 되지 않느냐"고 말을 뗀 후, "잘못된 합의의 전제는 두 가지인데 피해자들의 수용 여부와 국민적 동의 여부"이고 "그런 것이 전제되지 않은 외교적 협상의 결과는 하지 않으니만 못하다"고 했다. 2020년 1월 신년회견에서 징용배상 해법에 대한 질문에 대하여 다시 피해자의 동의를 강조했다. "중요한 것은 그 해법의 가장 중요한 부분은 피해자들의 동의를 얻는 그런 해법안을 마련하는 것입니다. 피해자들의 동의 없이는 한일 간에 정부가 아무리 합의해도 문제 해결에 도움 되지 않는다라는 것을 우리는 위안부 합의 때 아주 절실하게 경험한 바가 있습니다." 2020년 8월 14일 위안부 기림의 날 축사에서 문재인 대통령은 다시 피해자 중심주의를 언급한다. "문제해결의 가장 중요한 원칙은 '피해자 중심주의'입니다. 정부는 할머니들이 '괜찮다'라고 하실 때까지 할머니들이 수용할 수 있는 해법을 찾을 것입니다."[89]

2021년 1월 8일 서울중앙지방법원은 일본국을 상대로 한 위안부의 손해배상 청구를 인용했다(민사합의34부, 김정곤 부장판사). 국가를 민사소송의 피고로 하지 않는다는 주권면제론(sovereign immunity)을 건너뛴 용감무쌍한 판결이었다.[90] 그런데, 2021년 1월 18일 신년기자회견에서 문재인 대통령은 태도를 바꿔 2015년 위안부 합의가 "양국 정부의 공식 합의"

---

89) 「경향신문」, 2021.01.18., "문재인 대통령 '위안부 합의' 발언 어떻게 달라졌나", "진실 정의 원칙 〉 2015년 합의 토대 해결".

90) 주권면제(혹은 국가면제)는 특정 국가의 법원이 외국 국가를 피고로 하는 분쟁에 익숙하지 않고, 실제로 외국국가를 상대로 한 판결을 인용하여도 사실상 강제집행이 불가능하다는 점에서 나온 이론이다. 국가 사이의 분쟁은 외교적으로 해결하는 것이 적절하다는 취지이다.

라고 인정하며, 김정곤 판결에 대하여 "솔직히 좀 곤혹스러운 것이 사실"
이라고 꼬리를 내렸다.

○ 위안부 합의의 실체 - 명백한 '피해자 중심'의 합의
'2015년 위안부 합의'에 대해서는, 문재인 대통령을 필두로 정대협을 비
롯한 운동가 그룹이 '피해자 중심주의'에 반한다고 맹비난하였고, 「위안부
TF」의 가장 중요한 결론 또한 '피해자 중심주의에 반한다'는 점이었다. 「위
안부 TF 보고서」에서 관련 내용을 옮긴다.

"박근혜 대통령은 위안부 문제와 관련하여 '피해자들이 수용할 수 있고 우
리 국민이 납득할 수 있는', '국민 눈높이에도 맞고 국제사회도 수용할 수 있는'
해결이 되어야 한다는 점을 강조하였다. 외교부는 국장급 협의 개시 결정 뒤 전
국의 피해자단체, 민간 전문가 등을 만났다. 2015년 한 해에만 모두 15차례 이
상 피해자 및 관련 단체를 접촉하였다.

피해자 쪽은 위안부 문제 해결을 위해서는 일본 정부의 법적 책임 인정, 공
식 사죄, 개인 배상의 세 가지가 무엇보다 중요하다고 말하여 왔다. 외교부는
이들의 의견과 전문가들의 조언을 바탕으로 수식어 없는 일본 정부의 책임 인
정, 일본 총리의 공식 사죄, 개인 보상을 주요 내용으로 하는 협상안을 마련하
여 국장급 및 고위급 협의에 임하였다.

외교부는 협상에 임하면서 한·일 양국 정부 사이에 합의하더라도 피해자단
체가 수용하지 않으면 다시 원점으로 돌아간다는 인식을 가졌다. 또, 외교부는
협상을 진행하는 과정에서 피해자 쪽에 때때로 관련 내용을 설명하였다. 그러
나 최종적·불가역적 해결 확인, 국제사회 비난·비판 자제 등 한국 쪽이 취해야
할 조치가 있다는 것에 관해서는 구체적으로 알려주지 않았다. 돈의 액수에 대
해서도 피해자의 의견을 수렴하지 않았다. 결과적으로 이들의 이해와 동의를

이끌어내는 데 실패하였다."(「위안부 TF」 보고서 26, 27쪽)

「위안부 TF 보고서」의 문면으로도 외교부가 필요한 노력을 충실히 하였다는 사정이 드러난다. 협상의 한쪽 당사자인 일본 입장에서는 '국제사회에서 비난 자제'가 위안부 합의의 논리적 귀결이 되는 것이 자연스럽다. 외교부가 위안부 측에 합의금의 액수를 반드시 알려야 할 것으로도 보이지 않지만, 위안부 단체의 대표 격인 윤미향은 외교부로부터 10억 엔에 대한 설명을 들었다는 사실도 인정했었다. 그런데 「위안부 TF 보고서」는 "결과적으로 위안부의 이해와 동의를 이끌어내는 데 실패하였다"는 엉뚱한 결론을 냈다. 사안의 실체는 그와 반대이다. 외교부의 노력을 인지하고 사태의 추이를 관망하던 위안부 운동가들이, 자신들의 입지 상실을 막기 위해 위안부 합의를 공격했던 것이다. 위안부 합의 집행기구인 '화해·치유재단' 설립 이후 화해·치유재단은 '나눔의 집' 등에서 공동 생활하는 위안부들을 만나기 위해 관련 시설에 협조공문을 보냈다. '나눔의 집'은 "할머니들이 합의와 화해·치유재단에 반대하고 있고, 방문도 원하지 않기 때문에 협조해 줄 수 없다"고 접근을 막았다.[91] 위안부 운동가들의 정략적 태도가 뚜렷이 보이는 예이다.

'한반도 인권과 평화를 위한 변호사 모임'은 외교부를 상대로 위안부 합의와 관련하여 정보공개청구 소송을 제기하였다. 2022년 5월 26일 서울행정법원은 일부 정보의 공개를 명하였다. 판결을 통해 공개된 문건에는, 합의 전날인 2015년 12월 27일 이상덕 당시 외교부 동북아국장이 2시간 30분간 윤미향과 면담한 기록이 있다. "이 국장이 발표 시까지 각별한 대외보안을 전제로 금번 합의 내용에 일본 정부 책임 통감, 아베 총리 직접 사죄·반성 표명, 10억엔 수준의 일본 정부 예산 출연(재단 설립)등 내용이

---

91) 심규선, 『위안부 운동, 성역에서 광장으로』 307쪽, 나남, 2021.

포함된다고 밝힌 데 대해"라는 문건이 그것이다.

한편, 2018년 1월 9일 문재인 정부의 강경화 외교부장관은 '위안부 합의 처리 방향 정부입장 발표'를 통해 일본 정부가 출연한 10억엔 상당을 한국 정부 예산으로 충당하겠다는 도발적인 선언을 하였다. 2019년 1월 21일 여성가족부는 '화해·치유재단'의 설립허가를 취소했다. 2021년 1월 22일 강창일 신임 주일대사는 나리타(成田) 공항에서 '화해·치유 재단'의 해산은 이사장과 이사들의 사퇴로 비롯된 것이고 정부의 압력 때문이 아니라는 허무맹랑한 주장도 했다.

징용배상 판결에 대한 태도

○ 징용 근로자의 청구권은 청구권협정의 대상

2005년 '한일회담 문서공개 대책 민관합동위원회'도 발표하였듯이 징용 근로자의 청구권은 청구권협정에 명확히 포함되어 있다. 「합의의사록」에 '피징용 한국인의 미수금, 보상금 및 기타 청구권의 변제청구'를 명시하였던 것이다(「합의의사록」의 '대일청구 8개 요강' 중 5항). 그러나 대법원은, '대일청구 8개 요강'이 '식민지배의 불법성'을 전제로 하고 있지 않으므로 강제동원 '위자료 청구권'은 청구권협정에 포함되지 않는다는 무리한 해석을 하였다. 징용 근로자의 청구권은 어느 모로 보나 '미수금, 보상금 기타 청구권'에 명백히 포함되므로, 엉뚱하게 '식민지배의 불법성'을 끌어들여 '위자료 청구권'를 인용한 셈이다. 그런데, 대법원의 위와 같은 입장은 박정희 정부가 청구권 자금을 '우리 민족의 피의 대가'로 평가한 점, '후손에게 과거의 치욕을 되풀이하지 않도록 경고하고 겨레와 더불어 길이 남을 대단위 사업을 일으킨다'는 자금 사용 원칙을 정하였던 점, 자금의 관리를

위하여 '민족의 혈세'라는 관념을 수시로 주입했던 점과도 맞지 않는다.[92]

○ 2018년 대법원 판결의 경위

2012년 5월 24일 김능환 대법관은 퇴임을 2개월 남기고, 피고 신일본제철에게 징용 근로자에 대한 손해배상을 명하는 취지의 파기환송 판결을 하였다. 재판연구관도 상고기각 의견을 올렸다고 하고, 양승태 대법원장이 '이런 중요한 판결을 왜 전원합의체로 회부하지 않고 소(小)재판부에서 쥐고 있었냐'고 화를 냈다는 소문도 있다. 사건을 환송받은 고등법원은 2013년 7월 "위자료를 지급하라"는 판결을 선고했다. 파기환송심에서 원고들이 '미지급 임금 청구'를 철회하고, '위자료 청구'만 남겼으므로 부담 없이 판결했지 싶다. 신일본제철이 다시 상고하여 사건은 또 대법원에 올라갔다. 2018년 10월 30일 대법원 전원합의체가 신일본제철의 재상고를 기각했다. 그래서 1965년 청구권조약의 문언에 반하는 엉뚱한 판결이 확정되었고, 일본 정부는 한국 사법부가 일본 기업에게 손해배상 책임을 인정하면 국제사법재판소(ICJ)에 제소하겠다고 항의하였다.

○ 재상고심 대법원의 고민

대법원은 재상고된 사건을 다시 파기환송하는 방안까지 검토했던 모양이다. 정권이 바뀌고 이른바 '사법농단' 수사가 시작되자, 당시 재판연구관으로 근무했던 어느 부장판사가 재(再)파기환송 '검토'가 대단한 '비리'인 양 페이스북에 양심선언(?)을 했다. 동아일보의 눈 밝은 기자가 이 '내부자 고발(?)'을 놓치지 않았다.[93]

"2013, 2014년 법원행정처가 미쓰비스 사건에 대하여 외교부 의견에

---

92) 정재정, 『주제와 쟁점으로 읽는 20세기 한일관계사』 224~225쪽, 역사비평사, 2014.
93) 「동아일보」, 2018.07.27., '日 징용 손배소, 대법 내부서 재차 파기환송 검토 지시 있었다'.

따라 다시 파기환송할 것을 고려하였으며, 주심대법관이 재판연구관에게, '미쓰비시 사건이 한일 외교관계에 파국을 가져올 수 있는 사건이니 파기환송 방향으로 다시 검토하라"고 지시했다는 내용이다. 주심 대법관이 "2012년 판결 당시 재판부가 제대로 검토했는지 의문이다. 국제사법재판소에 제소될 위험이 있다"고 걱정하더라고 썼다.

파기환송심은 상고법원이 파기의 이유로 삼은 사실상 및 법률상 판단에 기속된다(민사소송법 제436조 제2항). 따라서 재상고 사건 재판부는 '종전 상고심 재판부가 판단하지 않은 사항'을 이유로 다시 파기환송 하는 방안을 검토했을 것이다. 재상고 사건을 처음부터 전원합의체에 배당하여, 새로운 국제법 쟁점을 검토하였다면 파기환송에 부담이 덜 했을 것이라는 의견도 있다. 재상고 사건은 2013년 8월 (전원합의체가 아닌) 소재판부에 배당되었는데 2017년 5월 정권이 바뀌었다. 2017년 9월 대법원장이 김명수로 교체되고 2018년 7월 27일 바로 이 사건에 대하여 이른바 외교부와의 '재판거래 의혹'까지 「동아일보」가 보도하자, 즉각 이 사건은 전원합의체에 회부 된 듯하다. 2018년 10월 30일 대법원 전원합의체의 상고기각으로 한일관계는 롤러코스터를 달렸다.

○ 2018년 대법원 판결 이후의 대응 - 삼권분립

2018년 대법원 판결 이후 고노 다로 일본 외무상은 "한국 정부가 일본 기업이나 국민에게 불이익을 주지 않도록 즉각 필요한 조치를 엄격하게 취하기 바란다"고 하였다. 한편, 일본 정부는 청구권협정 해석에 관한 분쟁이 발생하였다고 파악하고, 2019년 1월 청구권협정 제3조 제1항에 따른 '외교적 협의'를 요청하더니, 2019년 5월 20일 답변시한을 정해 청구권협정 제3조 제2항과 제3항에 따른 '중재위원회' 개최를 순차적으로 요청하였다. 그러나 한국 정부는 묵묵부답으로 일관하였다.

문재인 대통령은 '삼권분립에 의해 사법부의 판결에 정부가 관여할 수 없다'는 엄숙한 입장만 반복했다. 그는 2005년 '한일회담 문서공개 대책 위원회'에 참여하였으므로 징용배상 판결의 오류를 누구보다 잘 알고 있었을 것이다. 김현종 국가안보실 2차장도 2019년 7월 15일 문재인 대통령에게 방미성과를 보고하면서 "사법부 판결에 행정부가 간섭할 수 없다는 삼권분립 원칙으로 미국을 설득했고 민주주의에 익숙한 미국이 이해했다"는 수수께끼 같은 발언을 했다고 하고,[94] 2019년 8월 28일 청와대 기자회견에서는 "일본 정부는 한국 정부가 대법원 판결을 시정할 것을 요구하고 있지만, 이러한 요구는 사법부의 독립성과 삼권분립의 원칙을 무시하는 것으로서, 민주주의 국가에서는 사법부에 대한 정부의 간섭은 있을 수 없다"고 브리핑했다.

삼권분립에 의해 행정부 수반이 사법부 재판에 관여할 수 없다는 사정은 현대국가가 일반적으로 채용하는 헌법 원리이다. 일본의 요구가, 확정된 대법원 판결을 한국 정부가 시정하라는 취지일 리도 없다. 대법원 판결은 이미 확정되었으니 적절한 후속 조치를 요구했을 것이다. 헌법상 정부 구성 원리인 '삼권분립'을 국제법을 위반한 국내 판결의 정당화 근거로 내세우는 논리는 적잖이 어색하다. 조약의 일방 당사국이 타방 당사국을 배제한 채 자국에게 조약을 유리하게 해석할 수는 없다. 조약법에 관한 비엔나협약(Vienna Convention on the Law of Treaties) 서문은 각국이 자국의 헌법이나 국내질서를 이유로 조약상의 의무를 위반하여서는 안 된다고 선언하고, 제27조는 '국내법을 조약 위반의 정당화 사유로 삼을 수 없다'고 규정한다.

---

94) 「한국일보」, "김현종 '사법부 판결에 행정부 간섭 못해' 삼권분립 논리로 미국 설득", 2019. 07.17.

○ 식민지배의 불법성 해석

대법원은 청구권협정이 '식민지배의 불법성'을 반영하고 있지 않으므로 위자료 청구권이 유효하다는 식으로 논리를 구성했다. 19세기 이후 제국주의 시대에 식민지배를 피했던 국가는 태국, 네팔, 아프가니스탄, 에티오피아가 전부였다고도 하고, 1914년쯤에는 10개 미만의 제국주의 국가가 지구의 85%를 지배했다고도 한다. 사실상 국제법은 제국주의적 식민지 쟁탈의 성과를 합리화하는 이론적 도구였으니 그것이 당시의 현실이었다. 1차대전 이후 국제연맹이 탄생하면서 사정이 많이 달라졌다. 비유럽국가도 법적 지위에서 유럽국가와 동등해지고, 상설국제사법재판소(PCIJ, Permanent Court of International Justice)가 탄생하고, 국제연맹규약이 주권국가의 전쟁 수행권을 통제하기 시작한다. 이러한 규범조차 등장하기 이전의 사태, 즉 1905년의 을사조약이 강박으로 무효라거나 1910년 병합조약이 절차상 하자가 있다는 주장은, 일본과 경쟁 관계이던 청·러시아조차도 귀 기울이지 않던 공허한 호소였다.

한일병합과 동시에 선포한 '일한병합에 관한 선언(제1호)'으로 미국, 영국, 프랑스 등과 조선과의 기존 조약이 무효가 되고 외국인이 모두 일본의 사법권에 귀속되었다. 미국이 형사사건에 한해 경성재판소 관할을 요청했고, 총독부는 형사사건의 이송이 가능하도록 1910년 11월 재판소령을 개정했다. 다른 어느 나라도, 어떤 사안에도 달리 불만이 없었다.[95] 1941년 12월 대한민국 임시정부는 '대일선전'을 선포했다. 그러나 중국을 포함하여 어느 나라도 임시정부를 승인하지 않았다. 1943년 11월 '카이로선언'과 1945년 7월 '포츠담회담'에서의 한국 독립 논의는 일본의 약화를 위한 조치일 뿐 식민지배의 불법성과는 무관하다. 패전 이후 일본이 한반도 소재 재산을 포기하고 조선을 분리하였다는 사정도 고려하여야 한다. 미군

95) 윤해동, 『식민국가와 대칭국가』 192~193쪽, 소명출판, 2022.

정 당국은 1945년 12월 6일 공포한 군정법령 제33호로 22억 8,000만 달러 상당 일본 재산을, 국유·사유를 막론하고, 미군정청에 귀속시켰다. 이 일본 재산은 1948년 9월 20일 발효 「대한민국 정부 및 미국 정부 간의 재정 및 재산에 관한 최초 협정」에 의해 대한민국 정부에 그대로 이양되었다. 이런 기반에서 한일기본조약과 청구권협정이 성립하였던 것이다.

대통령의 역할 – 문재인의 실패

대통령은 삼권분립의 한 축인 행정부 수반이기에 앞서, 국가의 원수이자 국가를 대표하는 국정의 최고책임자이다(헌법 제66조 제1항). 위기 상황에서 그에 맞는 역할을 적극적으로 담당하라는 것이 대통령에 대한 헌법의 요구이다. 대통령이 헌법상의 책임을 몰각하고 '다시는 지지 않겠습니다' 등의 선동으로 오히려 사태를 악화시키고 있던 2019년 7월, 국민대 이호선 교수 발의로 법학 교수 21명은 '한일경제 갈등에 대한 법학 교수들의 입장'을 밝혔다. 징용 피해자들의 판결금 채권을 우리 정부가 양수하는 방안을 제시한 것이다. 2023년 3월 6일 외교부는, 행정안전부 산하 '일제강제동원피해자지원재단'이 우리나라 기업이 출연한 기금으로 징용 피해자와 유족에게 판결금 및 지연이자를 지급하겠다고 발표했다. 정부가 판결금 채권을 양수하여 국고에서 직접 지급하든, 민간기금을 조성하여 재단을 통하여 지급하든, 청구권협정에 반하는 사태의 발생을 막는 이러한 방안이 바로 대통령에게 요구되는 역할이고, 경색된 한일관계를 풀 수 있는 방법이다.

일반적으로 승인된 국제법규는 국내법과 같은 효력이 있다(헌법 제6조). '약속은 지켜져야 한다(Pacta sunt servanda)'는 원칙이 국제사회가 일반적으로 승인한 규범이 아닐 수 없다. 「위안부 TF」는 '대사관 앞 위안부상을 이전하도록 노력하겠다'는 외교적 수사까지 공격했으나, 일본대사관 앞 소녀상은 이전하는 것이 옳다. 2011년 수요집회 1천 회를 기념한다는 명목으로 정대협이 일본대사관 앞에 소녀상을 무단 설치하여 공도를 불법 점유하였다. 여성가족부의 압력으로 종로구가 조례까지 개정하였고, 2017년 9월 21일 소녀상을 종로구 '공공조형물'로 등록함으로써 불법 건축물 시비에서는 벗어났다. 불법적으로 설치하고 공공조형물로 등록하기까지의 경위도 불량하거니와, 대사관·영사관 앞의 소녀상은 국제법을 위반한 조형물이다. '외교관계에 관한 비엔나협약'은 접수국에게 외국공관의 안녕을 보호하기 위하여 모든 적절한 조치를 취할 의무를 규정한다(제22조 2항). 아울러 문재인이 해산한 화해·치유재단도 복원하여 후속 사업을 마무리하였으면 싶다.

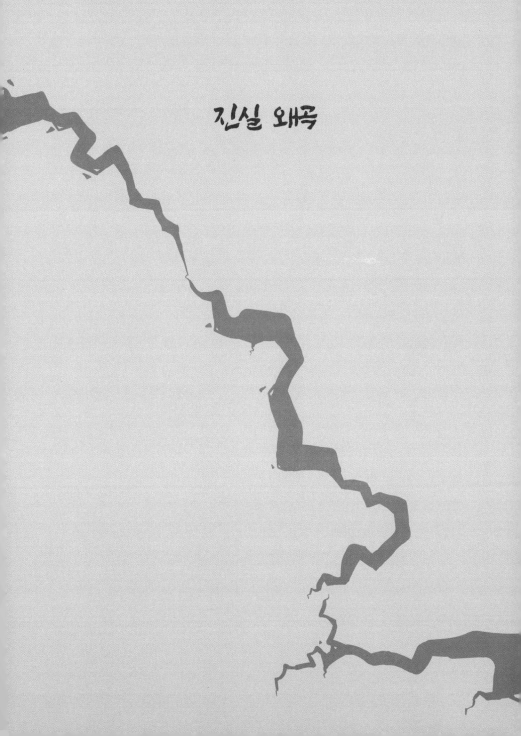

진실 왜곡

공영방송사 홍위병 난동 사건

- 문재인 정권의 방송언론장악 시나리오 -

이영풍/전 KBS보도본부 기자,

강규형/명지대학교 교수

언론장악 시나리오와 방송장악문건

문재인 정권은 방송 장악 같은 것을 안 하겠다고 공언해놓고 오히려 과거보다 더 강하게 방송 장악을 추구했다. 이런 의도는 소위 민주당의 '방송장악문건'이 공개되면서 그 모습을 완연히 드러냈다. 이 문건이 공개된 이후 정부의 방송장악이 순조롭게 되는 것은 불가능해졌고 무리하게 진행될 수밖에 없었다. 그러나 문재인 정부는 이 '과업'을 무리하게 추진했다. 문건의 시나리오 거의 그대로 결행하는 무모함도 보였다. 이 글의 목적은 문 정권의 불법적이고 폭력적인 방송장악의 전개 과정과 본질에 대해 간략히 서술하기 위함이다.

문재인 정권의 언론장악 신호탄!

2017년 5월 집권한 뒤 4개월 만에 문재인 정권의 이른바 공영방송 장악 시나리오 문건이 언론에 공개됐다. 2017년 9월 7일 조선일보의 특종

보도를 시작으로 폭로된 문재인 정권의 언론장악 시나리오 사건은 이후 문건의 시나리오대로 흘러갔다는 점에서 최초 기획자와 실행자의 실체가 밝혀져야 할 필요가 있다. 당시 조선일보는 관련 보도에서 더불어민주당 관계자가 작성한 것으로 보이는 비공개 검토보고서 내용을 폭로했다. 보고서에 따르면 더불어민주당은 KBS, MBC 등 공영방송을 '언론 적폐'로 규정했다. 이를 청산하기 위해 공영방송 사장과 이사진 퇴진을 위한 촛불 집회 등 시민단체 중심의 범국민적 운동을 추진해야 한다는 내부 문건을 만들었다. 구체적인 전술도 소개됐다. 당시 야당인 자유한국당의 추천을 받은 이사들의 개인 비리를 부각시켜 퇴출시켜야 한다는 제안도 포함됐다. 본 문건은 더불어민주당의 전문위원실이 만든 것으로 전해졌는데, 2017년 8월 25일 민주당 의원 워크숍에서 국회 과학기술정보방송통신위원회 소속 의원들이 공유했던 것으로 알려져 충격을 줬다. 보고서의 상세 내용을 보면 이른바 한국의 공식적인 정당이 어떻게 이런 노골적인 언론장악 문건을 작성하고 의원 워크숍에서 공유할 수 있는지에 대한 근본적인 의문이 든다.

KBS, MBC 사장을 어떻게 몰아낼 것인가에 대한 주요 내용은 아래와 같았다.

①민주당은 고대영 KBS 사장과 김장겸 MBC 사장 등의 퇴진과 관련해 "정치권이 나설 경우 현 사장들과 결탁되어 있는 자유한국당 등 야당들과 극우 보수 세력들이 담합해 자칫 '언론 탄압'이라는 역공 우려가 있다"며 우려했다. ②이런 비판을 피하기 위한 전술로 '방송사 구성원 중심 사장·이사장 퇴진 운동' 전개 필요성 등을 제안했다. 이것은 민주당이 공영방송 사장과 이사장 퇴진운동 전면에 나설 경우 정치적 부담이 있기 때문이었다. 따라서 친 민노총 성향의 방송사 노조, 시민단체·학계 등에 영향

력을 행사하는 방식으로 우회적 전술을 구사해야 한다는 취지로 이해됐다. ③"시민사회·학계·전문가 전국적·동시다발적 궐기대회, 서명 등을 통한 퇴진 운동 필요"와 "언론적폐청산 촛불시민연대회의(가칭) 구성 및 촛불집회 개최 논의" 등도 주요 투쟁 전술로 제안했음이 드러났다. ④사측 및 사장의 비리·불법 행위 의혹 등과 관련해 감사원에 국민감사청구를 추진하자고 제안했다. ⑤방송통신위원회를 활용해야 한다는 내용도 포함됐다. 특히 ⑥KBS 고대영, MBC 김장겸 사장 퇴진 전술과 관련해서는 방통위의 관리·감독 권한을 최대한 활용해 사장의 경영 비리(공금 사적 유용) 등 부정·불법적 행위 실태를 엄중히 조사해야 한다고 제안했다. ⑦금년(2017년) 11월경 방송사 재허가 심사 시 엄정한 심사를 통해 책임을 물어야 한다며 예컨대 '조건부' 재허가를 통한 수시·정기 감독을 실시할 수 있다고 설명했다.

공영방송 사장을 축출하기 위해 사장 임면권을 갖고 있는 이사진을 어떻게 몰아낼 것인가도 구체적으로 적시했다. ①야당(자유한국당) 측 이사들에 대한 면밀한 검증을 통해 개인 비리 등 부정·비리를 부각시켜 이사직에서 퇴출시켜야 한다고 제안했다. ②구체적으로 MBC를 관리·감독하는 방문진(방송문화진흥회)의 강도 높은 진상 조사 실시 등을 제안했다. ③고영주 MBC 방문진 이사장, 이인호 KBS 이사장의 실명을 직접 거명하며 각각 즉시 퇴진할 것을 촉구할 필요가 있음, 청와대 낙점설 진상 재규명, 관용차량 부당 사용에 대한 책임 추궁 필요 등도 주장했다.[96]

이 문건이 폭로되자 더불어민주당의 강훈식 민주당 원내대변인은 문제

---

96) '민주당이 작성한 공영방송 정상화 문건 무슨 내용 들어있나', 『월간조선』, http://monthly.chosun.com/client/mdaily/daily_view.asp?idx=1314&Newsnumb=2017091314

의 문건이 더불어민주당의 공식 문건이 아니라며 해명했다. 그는 "한 언론(조선일보)에 보도된 '공영방송 경영진 교체' 등의 내용을 담은 문건은 우리 당의 공식 문건이 아님을 밝힌다"며 "관련 실무자가 의원과 논의하기 위해 워크숍 준비용으로 만든 것일 뿐이다"고 말했다. 이어 "워크숍에서도 문제의 문건 논의가 진행되지 않았고, 당시 큰 쟁점이었던 방송법에 대한 우리의 입장을 중심으로 논의됐다"며 "실무자 개인의 의견인 이번 문건을 무기로, 공영방송의 독립성과 공정성을 보장하기 위한 우리 당의 방송개혁 노력을 '방송장악 음모' 등으로 호도하는 일이 없기를 바란다"고 일방적으로 주장했다. 박홍근 당시 민주당 원내수석부대표도 거들었다. 그는 기자들에게 보낸 문자메시지에서 "워크숍 당일에는 이 문건 내용으로 논의가 진행되지 않았고, 당연히 당 지도부에는 보고나 전달도 되지 않았다"며 "문건 내용대로 주요 과제를 우리 당이 실행하고 있다는 것은 과장된 억측"이라고 주장했다(민주당 '방송장악' 내부문건 논란, 한국경제, 2017. 09. 08.).

하지만 이런 구차한 변명이 사실상 거짓이었음을 깨닫기까지는 얼마 걸리지 않았다. 실제로 KBS와 MBC 내부의 민노총 세력이 민주당발 공영방송 장악문건 시나리오대로 움직였기 때문이었다.

민노총 언론노조의 홍위병 난동
– KBS MBC 민노총 세력의 총파업 돌입(2017년 9월)

KBS 민노총 세력의 경우 KBS 장악을 위한 총파업에 돌입한 시기는 2017년 9월 초였다. 당시 KBS기자협회(협회장 박종훈 기자)가 8월 말 먼저 선제적인 근무 거부를 시작했고 이어서 민노총 KBS본부노조(위원장 성재호 기자, 현 KBS보도본부 통합뉴스룸국장)가 총파업에 돌입했다. 이들은 총파업 100일 승리대회를 여의도 KBS민주광장에서 열었는데 당시 언론보도를 보면 이들의 움직임은 민주당이 작성한 공영방송 장악문건의 시나리오대로 흘러갔음을 알 수 있다. 총파업 진행 과정에서 이들은 민주당 공영방송 장악문건에 등장했던 홍위병 난동의 실체를 그대로 보여줬다.

언론노조원들은 대학교수 또는 대형 로펌 공동대표 등 괴롭히기 쉬운 상대만 골라서 집중적으로 협박과 폭력을 구사하는 야비한 전술을 구사했다. 위 기준에 따라 KBS에서 세 명, MBC에서 두 명을 주요 축출 사냥감으로 삼았다. 민노총 세력의 잇따른 집회 등으로 사립대 법인이나 관련 법무법인이 큰 부담감을 느껴 해당 이사의 KBS 이사직 사임을 받아내기가 상대적으로 쉬운 탓이다. 이들은 이사진이 근무하는 대학교 등 사적인 공간까지 침범해 집회 차량을 동원한 집회를 벌임으로써 축출 대상으로 낙인찍은 이사들을 사회적으로 고립시키는 전술을 구사했다. 심지어 이사나 사장의 집 근처에서 집회를 열고 사퇴를 압박하는 수법을 쓰기도 했다. 강규형의 경우 강 이사 가족들의 사진을 집 앞에서 마음대로 찍고, 그것을 동네방네 보여주며 법인카드를 가족들이 사용하지 않았냐고 탐문하고 다니기까지 했다. 파업 중인 사람들이 취재를 가장한 민간인 사찰을 이렇게 공공연히 행했다. 이런 행동들은 동네에서 사업하는 분들에 의해 알려졌고, 조선일보는 후속 취재를 통해 이런 일이 실제 벌어진 것을 확인했다.

당시 광화문에서 벌어진 소위 '비리 KBS 이사들의 해임을 촉구'하는 제2 노조의 릴레이 발언은 이러한 도덕적 마비 상태를 적나라하게 보여준 사례였다. 이 릴레이 발언의 첫 마이크를 잡은 사람은 KBS의 '아나운서 협회장'이기도 한 윤인구 아나운서였다. 그는 감사원 감사에서 그동안 회사에 알리지도 않고 몰래 아르바이트를 뛰며 무려 억대가 넘는 부당 이득을 취한 것으로 드러나 현재 징계에 회부된 상태였다. 그 외에도 여러 노조원이 억대에서 수천만 원 대의 부당 이득을 취한 것이 드러났다. 그런데도 이율배반적인 행동을 하는 데에 주저함이 없었다. 소위 '청부언론·유사(類似)언론'의 옐로저널리즘적 행태는 이런 상황을 더 악화시켰다. 이렇게 온갖 허위와 거짓말로 상황을 오도하는 데 일반 언론과 방송이 야합한 것도 이 사태의 문제였다. CBS의 시사자키(정관용 사회)는 민주언론시민연합(민언련)의 사무처장인 김언경과의 대담(10월 13일)을 통해 "동영상을 봐도 강규형 이사에 대한 폭력은 전혀 없었다", "김경민 이사의 사퇴는 자의에 의한 것이다"라는 등의 거짓말들을 중계하듯이 여러 번 방송했다.

요약하자면 학교로 수시로 쳐들어오고 학교를 겁박하고, 회사로 몰려가고, 또는 교회로까지 몰려가서 난동을 피웠다. 권력이 뒤에 든든히 뒷받침하기에 거칠 것도 없었다. 결국은 방송문화진흥재단(MBC 대주주)에서 두 분, KBS에서 한 분의 이사가 엄청난 괴롭힘을 당한 끝에 자진사퇴를 택할 수밖에 없었다. KBS의 경우 주공격 대상으로 삼은 것은 강규형 교수, 김경민 교수, 이원일 변호사였다. 그런데 이 세 명은 공교롭게도 전국언론노조에서 임의로 발표한 소위 '언론부역자' 명단에 없는 사람들이었다. 민노총 산하 전국언론노조의 KBS지부(자신들은 'KBS본부노조'라 부르고 회사에서는 주로 '2노조'라고 부른다. 당시 위원장은 성재호, 부위원장은 오태훈)는 자기들이 발표한 명단과는 달리 괴롭히기 쉬운 사람을 주요 공격 목표로 삼는 자기모순을 범했고, 이 사실로 인해 이사퇴진운동은 처음부터 자기들이 세운 기준으로 놓고 봐도 정당성을 상실했다. 그리고 온갖 탈법 불법이 난무하는 난장을 만들었다. 자기들은 '정의'이기에 어떤 수단과 방법을 써도 다 정당하다는 생각은 이들의 거친 언행에 사용되는 논리로 사용됐다.

2018년 8월부터 이들 이사에 대한 압박은 상상을 초월하는 방식으로 전개됐다. 방송문화진흥회(방문진, MBC) 이사인 유의선 교수에게는 학교와 학생들을 통한 압력이 비인간적으로 가해졌다. 목원대 총장을 지낸 김원배 이사에겐 본인과 가족들이 다니는 교회에 단체로 몰려가 패악질을 해댔다. 김 이사의 부인은 거의 실신할 상태였다고 한다. KBS의 이사였던 한양대 김경민 교수에게도 비슷한 협박이 가해졌다. 학교에 단체로 몰려와 난장판을 만들었고 심지어는 김 이사 제자의 직장까지 찾아가 압력을 행사했다. 이 세 분은 이러한 압력을 견디지 못해 사표를 제출했다. 항간에 사표 제출을 비판하는 사람들이 있지만, 이 세 분은 이러한 무지막지한 폭력에서 자신과 가족을 지키기 위해 결단을 내린 것이다.

이사회에 출석하려던 KBS 강규형 이사 등에 대한 집단린치 사건 같은 것들도 발생했다. KBS 이사회의 경우 당시 자유한국당 추천 이사였던 강규형 명지대 교수가 민노총 세력의 축출 대상 1호로 지목됐다. 그가 이사회에 참석할 때마다 도열해서 구호와 협박 그리고 욕설을 퍼부었고 몸싸움도 있었지만 그 정도가 심하지 않다가, 9월 20일 문제의 집단린치사태가 터졌다. 그날은 작정하고 성재호 KBS 언론노조위원장이 주도한 집단린치 사건이 벌어졌다. 이효성 방송통신위원장조차도 국정감사에서 차마 고개를 들고 보지 못했던 영상들이다. 다행히 당시 상황은 한 동영상에 고스란히 녹화됐고, 2017년 10월 13일 강효상 자유한국당 의원은 과방위의 방송통신위원회 국정감사에서 이 영상을 틀었다. 고통스럽게 이 영상을 본 이효성 방통위원장은 "의사 표현에 있어서 어떤 폭력적인 방법이나 대상에게 상해를 주거나 하는 것은 적절하지 않다고 생각합니다"라는 답변을 내놓았다. 물론 거의 모든 언론은 여기에 대해 침묵을 고수했다.

더 가관인 것은 필자가 가까스로 계단으로 피신하고 이사회장에 들어가고 나서는, 성재호 위원장은 자신들을 찍고 있는 시큐리티 직원을 발견하고 극단적인 흥분상태에서 갑자기 그 직원의 팔을 내리쳐서 부상을 입혔다. 자기들은 수십 대로 찍지만, 상대방은 자신들의 작태를 단 한 대도 찍어서는 안 된다는 전체주의적 폭력성은 도대체 어떻게 설명될 것인가. 그것이 그들이 말하는 '정의'이고 그런 사람들이 방송하는 선전선동 방송을 마음대로 틀어대는 것이 그들이 얘기하는 '방송정상화'였다. 정치권력의 방송장악은 결국은 이뤄졌고 그 방송장악의 후유증은 상상을 초월하는 방향으로 흘렀다.

그럼에도 불구하고 문재인 정권과 민주노총 세력의 위선과 허구가 점차 드러나기 시작했다. 강규형 교수가 문재인 대통령을 상대로 자신의 KBS 이사직 해임 무효소송에서 대법원 최종 승소를 이끌어낸 것은 2021년 9월이었다. 이른바 공영방송 홍위병의 난동 이후 4년이 지난 시점이었다.

민주노총 세력은 2017년 12월 12일 여의도 KBS 본관 로비에서 총파업 승리대회 100일 집회를 열었다. 이들은 당시 집회에서 고대영 KBS 사장과 비리 이사 즉각 해임을 촉구했다. 당시 집회에 참여했던 이광용 KBS 아나운서는 "방통위가 어제(2017년 12월 11일) 강규형 이사에게 사전 통지했고, 22일 청문을 거쳐 오는 26일 방통위 전체회의에서 강규형 이사에 대한 해임을 결정하게 될 것 같다"며 "해임이 결정되면 27일 또는 28일 중 대통령이 이를 최종 결재할 것으로 본다"고 내다봤다고 PD저널은 보도했다. 현재 KBS보도본부장인 손관수 기자의 발언도 소개됐다. "KBS는 어제 큰 고비를 넘겼지만 앞으로 투쟁 전략과 KBS의 미래를 고민해야 하는 노조위원장의 책임은 더욱 막중하다. 더 막중한 임무를 원활하게 수행하기 위해 단식을 풀고 가열찬 투쟁에 나서주기 바란다"(총파업 100일 맞은 KBS '고대영 사장 퇴진 시간문제' … '방통위 2017년 12월 26일 강규형 이사 해임할 것', PD저널, 2017. 12. 12.). 손 기자는 이후 고대영 사장이 축출되고 민노총 세력이 추대한 것으로 비판받았던 양승동 사장이 들어서자 KBS 사장 비서실장, 광주방송총국장, 보도본부장으로 영전에 영전을 거듭했다.

또 그와 함께 집회 현장에 자주 등장해 사진 기록으로 남아 있는 동향인 김의철 기자는 고대영 사장 축출 이후 양승동 사장 체제에서 보도본부장, 계열사인 KBS비즈니스 사장으로 영전에 영전을 거듭하다 양승동 사장 후임의 KBS 사장으로 최종 등극했다.

　MBC도 사정은 마찬가지였다. 2017년 8월 24일부터 8월 29일까지 민노총 MBC 본부노조는 총 6일 동안 총파업 투표를 진행했고, 개표 결과 총원 1,758명 중 투표 1,682명(95.7%)에 찬성 1,568명(93.2%)의 지지로 총파업이 가결되었다. 또 민주노총 MBC 노조는 총파업 돌입 시점을 2017년 9월 4일 자정부터로 공표했다. 이 과정에서 민주노총 세력과 별개인 KBS 제1노동조합 지도부도 2017년 9월 총파업에 합류할 것을 결정했다.

운명의 2017년 크리스마스, 강규형 이사 해임…
공영방송 사장 축출 시나리오 완성

　문재인 집권 여당의 언론장악 시나리오 문건대로 작업이 진행되는 가운데 결국 KBS 강규형 이사의 해임 소식이 전해졌다. 2017년 12월 27일 방송통신위원회의 강규형 이사 해임 건의 의결 소식이 전해진 날. 민주노총 세력은 이를 크리스마스 선물이라며 과천의 방송통신위원회 집회에서 환호했고 민노총 조합원끼리 부둥켜안고 눈물을 흘렸다. 이들의 이러한 집단 히스테리 장면은 고대영 KBS 사장의 해임 무효 최종 승소 소식이 전해진 최근까지도 유튜브 영상에서 시청할 수 있다.

　역사에 남을 강규형 이사 해임 청문이 뒤죽박죽으로 끝나고 나서, 해임은 번개와 같은 속도로 처리됐다. 같은 날 오후 방통위 상임 네 명(이효성, 고삼석, 허욱, 표철수)은 강 이사의 의견서를 제대로 보지 않은 상태에서 해임 건의 결정을 초스피드로 내렸다. 그것을 다 읽고 분석하고 첨부 자료를 보고 동영상을 볼 시간이 물리적으로 없는 상황에서 성급하게 처리했다. 2017년 연내에 다 처리하라는 지시가 없었으면 불가능한 무리수였다. 특히 표철수는 바른미래당 추천 상임위원이었고, 이후 바른미래당이 추천한 자들은 대개 문재인 정권과 언론노조의 방송장악에 적극 동조하는 행태를 보였다는 것이 명시되어야 할 일이다. 문재인은 기다렸다는 듯이 바로 다음날(12월 28일) 불법 해임을 인가했다.

이후 공영방송 사장 축출 시나리오는 현실이 됐다. 강규형 KBS 이사의 해임 이후 고대영 KBS 사장은 2018년 1월 10일에 해임안이 상정됐고 2018년 1월 22일에 해임 제청안이 통과됐으며, 2018년 1월 23일 문재인 대통령이 전자결재로 재가함으로써 2018년 1월 24일 0시부로 해임됐다. MBC 김장겸 사장은 2017년 11월 중순 이미 방문진의 결정으로 해임 처리됐다. MBC 민주노총 세력은 강규형 이사가 끝까지 버틴 KBS보다 훨씬 빠른 속도로 MBC를 장악했다.

KBS 장악 과정에서 새 이사장이 된 김상근 목사는 강규형 이사가 해임되고 임명된 보궐이사로서 원래부터 강한 친북 좌파적 성향을 보여 온 인사이다([KBS 소수 이사 성명] 김상근 이사를 KBS 이사장으로 선출, 강력히 규탄한다. 2018.09.07. 참고). 김상근 목사는 북한의 천안함 폭침 사실을 꾸준히 부정해 왔다. 미국에 가서 천안함 폭침을 부인하는 선전 활동도 열렬히 했다. 내란 선동 혐의로 수감 중인 이석기의 무죄 석방도 계속 주장했다.

강규형 이사는 이러한 압력에 유일하게 버텨서 대통령으로부터 해임되는 길을 택했고, 그 결과 문재인의 불법 해임에 대해 유일하게 고소할 수 있었다. 미국 하원의 톰 랜토스 인권위원회의 '한반도 인권청문회'(2021년 4월)에서는 KBS의 편파적 보도 행태와 인사권 문제가 지적됐다. 특히 강규형 전 KBS 이사의 이름이 직접 거론되며 "문재인 대통령은 대통령 당선 직후 반대되는 견해를 가진 KBS 이사들을 가혹한 방법으로 숙청했다"는 지적이 나오기도 했다. 2021년 9월 대법원은 강 이사의 1, 2심 승소에 대한 대통령(문재인)의 상고는 심리할 가치도 없다는 '심리불속행 기각'을 줬

다. 무려 3년 8개월이 걸렸다. 승소했다고 복직할 수도 없었고, 보상금도 2
천여만 원 남짓했지만, 명분을 놓고 싸운 결과였다. 방송장악과정을 늦추
고 불법성을 알리는 작은 효과도 가져왔었다.

역사에 남을 KBS 이사의 해임청문회
– 불법과 코미디가 융합된 희대의 소동

이러한 방송장악 과정에서 문재인 정권의 민낯을 완벽히 드러내는 사
건이 있었다. 바로 강규형 이사에 관한 방송통신위원회의 청문이었다. 한
국방송 역사 또는 한국 현대사의 치욕으로 남을 것이고 우리에게 영원히
교훈을 주는 사례로 남을 것이기에 그 과정을 기록으로 남기려 한다. 청
문 녹취록은 전체가 법원에 제출됐으며, 인터넷에서도 쉽게 찾아볼 수 있
다.[97]

청문(聽聞)은 말 그대로 당사자의 말을 듣는 장소이다. 그런데 청문 주재
자로 위촉된 사람은 고령이라 그런지 말을 잘 알아들을 수 없는 상태였다,
그래서 강 이사는 크게 소리를 내서 얘기해야 했다. 주재자인 고려대 신방
과 김경근 명예교수는 처음부터 주제와 어긋난 얘기를 횡설수설했고, 연
이은 망언(妄言)과 실언(失言)을 늘어놨다. 뒤에서 그것을 들으며 당황하는
방통위 관계자들이 안쓰럽게 느껴질 정도였다. 방통위 관계자들은 필사적
으로 김경근 교수의 막 나가는 발언을 제지하려 했지만 김 교수는 막무가
내로 얘기를 계속했다. 휴식 시간에는 주재인인 김 교수에게 시간 끌지 말
고 빨리 끝내면 된다고 얘기하면서 결과는 이미 정해졌는데 공연히 말려
들지 말라는 식의 조언까지 줬다. 강 이사의 반론에 당황하는 주재인을 위
해 "얘기만 들으시면 돼요. 지셔도 됩니다. 마지막으로 질문 딱 한 가지만

---

97) 녹취록 전문, https://www.dailian.co.kr/news/view/715291/?sc=naver

하시고"라고까지 조언했다. 김 교수 자신도 청문 중에 막말해서 미안하다는 얘기를 할 정도로 막말이 나왔고, 청문위원인 최은배 변호사는 휴식시간에 김 교수에게 "그리고 막말이나 이런 말 나오면 오히려 대리인이 듣고 있다가 절차를 문제 삼을 수 있어요"라고 조언까지 할 정도였다.

거기다가 한 번도 설명이 없었던 소위 '청문위원'이 들어와 그날 강 이사와 변호인이 처음으로 그 이름을 듣고 얼굴을 보게 됐다. 최은배 변호사라는 청문인은 처음부터 "자세 바로 앉아주시죠"라고 고압적으로 얘기하다 갈등을 유발했다. 청문이 끝난 후 최 변호사는 거기에 대해 사과하긴 했다. 그런데 알고 보니 그는 KBS의 법률대리인 일을 맡고 있어 제척사유에 해당하는 변호사였다. 뒤늦게 제척사유서를 제출했지만, 여기에 대한 공식적인 답변과 처리 없이 곧장 방통위의 해임 건의 순서로 넘어갔다. 방통위는 왜 하필이면 제척(除斥, exclusion) 사유를 가진 사람을 청문위원으로 초빙했나. 최씨는 본인이 제척사유가 있는 것을 변호사라면 알 텐데 왜 그것을 고사하지 않고 논란을 자초했나.

게다가 최은배 변호사는 우리법연구회 회장을 역임한 사람으로 과거 판사 시절 2011년 11월 한미 FTA 비준동의안 체결 직후인 12월 2일 본인의 페이스북에 "뼛속까지 친미인 대통령과 통상관료들이 서민과 나라 살림을 팔아먹은 2011년 11월 22일, 난 이날을 잊지 않겠다"는 과격 발언을 해서 크게 물의를 빚은 사람이기도 하다. 한미 FTA의 결과는 어땠는가? 한국이 이 조약으로 크게 이득을 얻어 미국에서 나중에 개정을 요구한 대표적인 사례다. 이런 판단력과 태도를 가진 사람, 특히나 제척사유가 있는 사람을 굳이 청문위원으로 청문 당사자인 필자에게 통고도 하지 않고 위촉한 당시 방송통신위는 '방송장악위'라는 오명을 뒤집어써도 할 말이 없을 것이다. 필자가 청문회가 끝나자마자 제출한 제척신청서에 대한 거부 문서는 강규형이 이사에서 해임된 며칠 후 강규형 이사가 수령하는 웃지 못할 상황으로까지 번져 나갔다.

녹취록을 읽는 그 누구라도 이러한 비상식적인 일이 방송장악 과정에서 일어났고 여기에 대해 어떤 조치도 취해지지 않았다는 것에 경악을 금치 못할 것이다. 상황이 이렇다면 이 청문은 중단이 됐어야 한다. 아니면 최소한 청문보고서가 작성돼서는 안 됐다. 그러나 시나리오대로 모든 것은 일사천리로 진행됐다. 수 시간 진행된 청문에서 온갖 몰상식한 일들이 벌어졌지만 일단 몇 가지만 간추려 보고자 한다. 아래는 주재인인 김 교수 발언의 극히 일부이다.

"수신료 인상을 위해 발언을 했다는데, 강 이사는 수신료 인상을 위해 왜 단식투쟁을 안 했어요? 그거 이사로서의 임무를 다 안 한 겁니다."

"국회의원들 바짓자락이라도 붙들고 늘어지고 치마폭이라도 붙들고 늘어지고 그 흔한 단식농성 한번 해봤냐 이거예요."

"우리 이사님은 왜 나만 찍어서 그러느냐? 왜 나만? 교수니까 그런 거죠 뭐. 교수가 만만하다는 걸 모르세요?"

또 필자의 변호인이 발언하려 하자 주재인은 발언을 못 하게 하고 화를 내기도 했다. 소명자료와 의견제출서를 헷갈리고 횡설수설하기도 했다. 청문 주재인은 필자가 준비한 100여 쪽이 넘는 의견서와 자료를 읽지도 않았고, 제출한 동영상 파일도 물론 보지 않은 채 엄청나게 빠른 속도로 청문보고서를 그 자리에서 작성해서 방통위로 넘겼다.

청문이 뒤죽박죽으로 끝나고 나서 강규형의 해임은 번개와 같은 속도로 처리됐다. 그러나 그 후 이 청문에서 벌어진 일들과 망언에 대한 질책이 국회 미방위에서 있었고, 이효성 방송통신위원장은 부적절한 발언이 있었음을 시인했다. 2018년 3월 29일 있었던 국회 법사위에서도 김진태 의원의 지적에 대해 이효성 위원장은 "주재인의 발언이 부적절했다. 청문 주재인은 엄정한 중립을 지켜야 하는데"라고 시인하는 해프닝으로 발전됐다.

결론적으로 이날 일어난 일들은 현재 한국 사회의 저급한 수준을 보여주는 좋은 예이고 방송장악의 야만성을 보여준 살아있는 예이다. 문재인 정권과 한 몸이 된 민노총 산하 언론노조의 방송장악에 적극 협력한 이 청문회와 청문 주재인인 김경근 교수, 청문위원인 최은배 변호사는 한국 방송역사의 오점으로 남았다.

불법 보복 기구를 통한 민주노총 왕국 건설
– 사장, KBS 양승동 MBC 최승호

민주노총 세력은 양승동 KBS PD와 최승호 MBC PD를 각각 공영방송의 사장으로 옹립하며 공영방송을 최종 장악했다. 이들이 공영방송 KBS와 MBC를 장악한 뒤 가장 먼저 자행한 조치는 이른바 적폐청산 작업이었다. 명분은 그럴싸하게 이른바 이명박 박근혜 정권 시절 불공정 방송 청산 작업이라고 포장했다. 하지만 실상은 반 민주노총 세력을 탄압했다는 비판에서 결코 자유롭지 못했다. 적폐청산기구는 KBS 〈진실과미래위원회(2018년 6월)〉, MBC 〈정상화추진위원회(2018년 1월)〉 등의 간판을 달고 공영방송사를 공포 분위기로 몰아넣었다.

KBS 〈진실과미래위원회〉의 경우 감사실과 별도로 조직된 기구여서 설립 초기부터 그 정당성을 놓고 이론이 제기됐다. 즉 1 공공기관, 1 감사실 기능을 규정한 공공기관 감사법에 위배될 수도 있다는 지적이 잇달았지만, 〈진실과미래위원회〉 설립과 실행 작업은 일사천리로 진행됐다. 강규형 이사를 축출한 뒤 그 자리를 차고 들어온 민주당 추천의 김상근 이사장이 주요 역할을 했다. 그리고 전임 사장 시절 주요 보직 간부들을 주요 타깃으로 한 직장 내 괴롭힘 행위가 버젓이 벌어졌다. 이와 관련한 상세한 내용은 KBS제1노동조합(위원장 허성권)이 2023년 2월 발행한 〈보복과 부역

항쟁의 KBS-진미위 흑서 쟁투의 기록〉에 상세히 정리되어 있다.

MBC 〈정상화위원회〉도 별반 다르지 않았다. MBC노동조합(제3노조)이 펴낸 '2017 MBC 잔혹사'를 보면, 'MBC 정상화위원회'는 최승호 MBC 사장이 부임한 직후인 2018년 1월 19일 출범했고, 2017년 파업을 주도한 민노총 MBC본부노조가 중심이 됐다. MBC 〈정상화위원회는〉 총 262명을 조사해 12명에 대해 징계를 요구했는데, 이 가운데 민주노총 소속 징계자는 한 명도 없었다. 최승호 MBC 사장 재임 기간 중 19명이 해고됐는데 이후 MBC 정상화위원회의 강압조사 등으로 이후 MBC 사측이 대부분의 소송전에서 패소하는 주 요인으로 작용했다. MBC에서는 이후 탄압에 못 이겨 회사를 그만둔 사람들이 많았고, 현 국민의힘 국회의원인 배현진 아나운서가 대표적인 예였다. 신동호 아나운서 국장도 중징계 후 자진사퇴한 경우였다.

KBS의 경우 다행히 장악이 늦춰져서, 새 지도부와 정권이 여러 명을 해임 또는 징계하려 했음에도 단 한 명도 회사를 나간 사람이 없었다. KBS 〈진실과위원회〉도 마찬가지여서 양승동 KBS 사장은 대법원에서 근로기준법 위반 혐의를 인정받아 최종 300만 원의 벌금형을 선고받았다. 2018년 KBS 〈진실과미래위원회〉의 운영 규정을 제정하는 과정에서 KBS 과반수 근로자의 동의나 청취 없이 취업규칙상 징계사유를 추가하는 내용의 운영 규정을 시행한 혐의를 받았기 때문이었다. KBS와 MBC 등 양대 공영방송사에서 반 민노총 세력을 제거하고 난 뒤 대한민국 공영방송은 어떤 행태를 보였는지는 새삼 강조할 필요가 없다. 주진우, 김재동, 최경영 등으로 대표되는 편파, 왜곡, 불공정 방송이 매일 민노총 노영방송 KBS MBC의 전파를 나고 전 국민에게 확산됐다. 그리고 참다못한 국민들의 저항과 분노는 이런 편파, 왜곡, 불공정 공영방송이 왜 필요한지에 대한 근본적인 의구심을 초래했다. 그리고 국민들의 반발이 시작된다.

문재인 정권 하에서 KBS, MBC 등 지상파 방송이 전부 민노총 산하 언론노조라는 외부의 단일조직이 좌지우지하는 사상 초유의 불건강한 상황이 전개됐다. 즉 정권과 지지 세력의 나팔수 역할을 하는 선전선동 방송이 되어 버렸고, 5공화국 당시의 '땡전뉴스'를 능가하는 왜곡과 편파방송이 계속됐었다. KBS, MBC 등은 조국 전 법무장관 사건이 났을 때 모조리 '조국수호방송'으로 전락하는 방송 사상 최악의 몰골을 보여줬다. 권력자 하나를 온갖 방법으로 왜곡 옹호하는데 방송사의 모든 역량을 다 쏟아붓는 한심한 일이 벌어졌었다. 그러고도 부끄러워할 줄도 모른다.

민주당 추천 여권 이사들은 당연히 이런 추태에 적극적으로 가담했지만, 야권 이사 중 하나인 바른미래당 추천 이사인 김태일 영남대 정치외교학과 교수까지 여기에 가담했다. 열린우리당 대구시당 위원장, 제3 사무부총장과 국민의당 혁신위원장 등을 지냈다. 원래 공영방송 이사는 당파성을 떠난 사람이 추천돼야 하는 원칙을 갖고 있는데, 이러한 원칙과는 상당히 거리가 먼 인선임을 부정할 수 없다. 바른미래당 추천 KBS 이사까지 이렇게 되다 보니 정치권력과 언론노조의 전횡은 더 강해지기 쉬운 환경이 조성됐다는 점을 명시해야 한다([KBS공영노동조합 성명서] 바른미래당 추천 이사 여당인가 야당인가? 2018년 9월 10일 참고).

2022년 대선에서 정권이 바뀌고도 방송장악에 앞장섰던 사람들이 더 중요 직책에 올라가고 온갖 불공정 보도를 계속했다. 허구와 위선에 기초한 방송은 존재 의의와 가치가 사라졌다 자업자득이다. KBS의 양승동-김의철, MBC의 최승호-박성제 체제에 기생하는 세력은 목숨 걸고 편파보도와 시사 프로그램을 통해 정권 옹위와 정권 재창출에 매진했었다. 거기에 대한 책임이 따르지 않는다면 그것은 제대로 된 사회가 아니다. 공영방송인이라는 사람들이 문화혁명에서와 같은 홍위병 역할을 마다하지 않고 집단적인 발작 상태에 빠졌다는 것은 이미 그 조직의 정신상태가 썩었다는 것을 잘 보여준다.

　KBS, MBC의 김의철, 안형준 사장은 언론노조의 방송장악에 가담한 사람이라 사장직을 유지할 자격이 없다. KBS의 숙청위원회 격인 '진실과 미래위원회'는 대법원 확정판결로 이 기구 설치를 주도했던 양승동 전 사장이 근로기준법 위반으로 벌금 300만 원 유죄로 결론 나면서 불법기구임이 확인됐다. 이 위원회의 위원장이었던 정필모(당시 KBS부사장 겸직)은 현재 민주당의 비례대표 국회의원이고, 현 김의철 사장, 김덕재 부사장은 당시 이 위원회 위원으로 활동했다. 이 기구의 조사역으로 설쳤던 인물들은 그동안 KBS에서 승승장구했다. MBC의 최대 주주인 방송문화진흥회의 권태선 이사장은 KBS 이사로 재직 당시 KBS 불법 장악에 앞장선 사람이다. 방문진 이사장은커녕 아예 언론방송계에 설 자격이 없는 사람이다.

　민주당 추천 KBS 이사인 윤석년은, 2020년 방통위 TV조선 재승인 심사위원장을 맡으면서 방통위 직원들과 공모해 점수를 조작한 혐의로 구속됐고 현재 KBS 이사에서 해임된 상태이다. 한상혁은 이것을 지시한 혐의로 기소 상태이고 역시 해임됐다.

　EBS(교육방송)의 유시춘 이사장(유시민의 친누나)은 규정상 아예 자격요건이 안되는 사람이었는데, 주민번호와 이름을 고치는 기상천외한 수법으로 검증을 피했고 무려 5년째 이사장으로 재직 중이라는 보도가 최근 나왔다. 유씨의 아들은 마약밀수 범죄로 2018년 징역 3년형이 확정됐다. 이것이 문제 되자 유씨는 "자신의 아들은 진범이 아니고", 자기가 진범을 찾아내겠다는 해괴한 변명으로 이 문제를 피해 나갔다. 유시춘이 진범을 찾았다는 보도는 아직 듣지 못했다. 일말의 양심이 있다면 이제는 반성하고 사퇴하고 조사를 받음이 옳다.

민주노총 미디어의 좌절과 역사적 교훈

 KBS는 국민의 수신료로 운영되는 국민의 방송이다. 따라서 때로는 공영방송으로 존중받거나 때로는 국가 기간방송으로 불리며 사회적 권위와 영향력을 인정받아 왔다. MBC도 방송문화진흥위원회라는 공적 기구에 의해 감독받는 공영방송으로 분류된다. 하지만 KBS와 MBC가 초심을 잃고 특정 정치세력에 편향적으로 돌변하며 그들의 선전매체로 전락할 경우 이는 국민을 배신한 것이 된다. 이를 국민이 가만히 두고 보고 용납하겠는가? 자신들의 목적이 신성하니 수단은 좀 문제가 있어도 괜찮다는 식의 양심의 집단마비 현상에 대한 자성이 있어야 한다. 그리고 당시의 방송장악 과정에 대해 '방송장악문건'부터 시작해서 민노총 언론노조의 '홍위병 난동'에 이르기까지의 철저한 수사가 이루어져야 한다.

 지난 6월 초부터 여의도 KBS 주변에서 벌어진 KBS 김의철 사장과 남영진 이사장 사퇴를 촉구하는 국민들의 근조화환 배송 투쟁이 이를 잘 보여준다. 국민은 이미 자신을 배신한 공영방송 KBS는 더 이상 국민의 방송이 아니라 민노총 노영방송, 민노총 왕국방송이라며 규탄한다. 북한 간첩단 사건 보도 실종, KBS 9시 뉴스 앵커의 옷 바꿔치기 가짜뉴스 등 불공정, 편파, 왜곡방송의 사례는 차고도 넘친다. 이를 보다 못한 시청자 국민들의 처절한 복수가 시작됐다. 수신료 분리 징수, KBS 2TV 폐지 등도 거론됐다. 모두 대한민국 공영방송의 근간을 뿌리부터 해체하는 이슈들이다.

 정권의 선전선동방송을 자임하고 부끄러움도 없이 지난 4년 반 분탕질을 쳤다. 왜곡과 편파방송이 계속됐었다. 책임져야 할 사람들은 오히려 뻔뻔함의 극치를 보이며 책임회피를 하고 있다.

 누구의 책임인가? 국민이 잘못했나? 결코 아니다. 공영방송을 위해 봉사하고 헌신하며 머슴 노릇을 했어야 할 세력이 공영방송의 주인 행세를 하며 민주노총 노영방송으로 타락시켰기 때문이다. 이제 그 대가를 치러야 할 때가 온 것이다. 대대적인 수술작업이 벌어질 것이다. 뼈 때리는 수준의 공영방송 혁신과정에서 발생하는 고통은 공영방송 직원들 모두에게 영향을 줄 것이다. 설사 본인들이 민노총 세력이 아니었다고 해도 면책되지 않을 것이다. 민노총 세력의 전횡과 횡포에 침묵했거나 방관했다면 이는 공영방송 타락과 몰락에 적어도 동조했다는 지적에서 결코 자유롭지 못함이 아닐까? 방송계는 이토록 엉망이고, 정상화가 요원한 상태다. 공영방송 정상화는 원점에서 재검토하고 과감한 수술이 필요하다.

자화자찬 일색, 문재인 정부 규제혁신의 실상

최경규/동국대학교 교수

자화자찬 가득한 문재인 정부의 경제 보고서

2021년 5월 7일 정부가 발표한 '문재인 정부 4주년 그간의 경제정책 추진성과 및 과제'(이하 '자가진단보고서')는 문재인 정부 경제정책에 대한 자가진단서로써 '위기를 기회로 삼아 우리 경제를 글로벌 톱10으로 확실히 도약시켰다'는 것이 골자이다.[98] '혁신과 포용, 공정'을 내걸고 출범한 문재인 정부에 대한 엇갈린 평가 속에 문재인 정부는 자화자찬으로 가득 찬 25쪽의 보고서를 발표하며 거시경제, 혁신성장, 포용성장 등 3대 분야에서 '10대 성과'를 내세우며 코로나 직전 시점의 성장률 수치 회귀를 성과로 포장하고 실패한 기존 정책조차 성공사례로 둔갑시키는 자가진단을 내리고 있다. 성장이 둔화되고, 분배는 악화되는 현실은 눈감고, 문재인 정부가 소득주도성장과 혁신성장에 초점을 맞춘 덕분에 경제 회복과 가계소득 증가, 기업 혁신 분위기 조성 등의 개선이 시작되었다고 자평한다.

그러나 실상은 전혀 다른 스토리를 말한다. 거시경제에서는 코로나 위기 대응에서 빠르고 강한 경제회복을 가시화시켜 주요 국가보다 빠른 속

---

98) 기획재정부 (2021). 문재인 정부 4주년 그간의 경제정책 추진성과 및 과제. https://policy.nl.go.kr/search/searchDetail.do?rec_key=SH2_PLC20210262602

도로 위기 이전 수준으로 회복되었다고 주장하지만, 실제로는 우리나라의 당시 예상 성장률(3%대)은 경기회복 신호가 뚜렷한 미국(7%)뿐 아니라 프랑스(5.8%)나 영국(5.3%) 등의 선진국에 비해 낮은 것으로 나타났다. 혁신성장과 규제개혁 평가도 마찬가지이다. 5년간 역대 최대 벤처투자금액과 6배의 유니콘 기업 탄생을 기록한 문재인 정부는 '벤처 생태계의 확대를 이루었다'고 자타가 평가하지만 성장세에 비해 실효성이 없다는 논란도 끊이지 않는다. 규제 완화로 제2의 벤처 열풍이 확산되고 있다는 주장을 뒷받침하는 기업 공개가 늘고는 있으나 내실보다는 시중자금 과잉에 따른 버블을 우려해야 하는 상황이다. 혁신적인 차량공유서비스 '타다' 사태와 관련된 갈등은 제대로 중재되지 못하고 원격의료 지체, 서비스산업발전기본법 처리 지연 등 규제 완화 속도는 느리고, 기업경영 규제의 증가로 인해 오히려 기업의 어려움이 더해진다. 국내 1호 유니콘 기업인 쿠팡이 한국 대신 미국에서 상장을 선택한 데에는 한국의 규제 리스크가 한몫했다.

당초 문재인 정부의 혁신성장 규제개혁의 핵심은 '포괄적 네거티브 규제'이다. 신제품과 신서비스 출시를 먼저 허용하고, 필요한 경우 사후 규제하는 체계를 갖추겠다는 것이다. 또한 문재인 정부는 기존 규제에도 불구하고, 신산업을 시도해 볼 수 있도록 '규제 샌드박스'도 도입하였다. 규제 샌드박스는 영국에서 핀테크 산업 육성을 위해 최초로 시도되었는데, 어린이들이 자유롭게 노는 놀이터의 모래밭처럼 일정 요건을 갖추면 기존 규제를 탄력적으로 면제·유예·완화해주는 방식이다. 혁신사업은 기존 사업자와 신사업자 간의 갈등을 발생시키기 마련인데, 문재인 정부는 '한걸음 모델'을 도입하여 이해관계자 갈등 최소화 및 신산업 출발 계기를 마련하고자 하였다. '한걸음 모델'은 신기술, 온라인 등을 이용한 새로운 사업자가 등장해 신사업이 출현함에 따라 기존 사업자와 갈등이 발생할 경우 정부가 중재하여 상생 방안을 마련하는 이해관계 조정 방식 모델이다.

현실과 괴리된 정책성과 진단은 불신과 냉소를 부른다. 이 글은 제대로 된 경제정책을 구상하려면 과거의 실수에 대한 반성과 현실을 냉정하게 진단하는 것이 필요하다는 시각에서 집필됐다. 특히 문재인 정부가 혁신 성장 성과로 내세운 포괄적 네거티브, 규제 샌드박스 및 한걸음 모델의 자화자찬에 대한 실상을 검토하고, 문재인 정부가 추진한 정부주도형 양적 성장정책이 '제2벤처붐'은 이끌었지만 중소기업계가 요구하는 규제개혁에는 미치지 못하였음을 진단하며, 실효성 있는 유연하고 역동적인 규제 생태계를 위한 방향을 제안한다.

포괄적 네거티브 규제로의 전환 vs. 스타트업과 기업인들을 희망고문

자가진단보고서에 따르면 문재인 정부는 포괄적 네거티브 규제 전환을 통해 선허용-후규제 원칙으로 입법 방식을 유연화하여 법령·자치법규·공공기관규정 583건을 네거티브 규제시스템으로 전환하였고, 2021년 블룸버그 혁신지수 평가 결과, 한국은 90.49점으로 2위 싱가포르(87.76점), 3위 스위스(87.60점)을 제치고 세계 1위를 기록하였으며, 10년 연속 Top3를 수성하였다는 성과를 주장한다. 당초 문재인 정부의 규제개혁의 핵심은 '포괄적 네거티브 규제'이다. 신제품과 신서비스 출시를 먼저 허용하고, 필요한 경우 사후 규제하는 체계를 갖추겠다는 것이다. 이러한 내용을 골자로 하는 규제개혁 추진 방향을 발표하고 후속 조치로 '신산업 분야 네거티브 규제 발굴 가이드라인'을 만들었다. 이는 이전 정부의 신제품이나 신사업에 대한 '허용'을 원칙으로 하되 금지하는 것을 법에 정하는 '요건 나열식 네거티브' 방식에 비해, 신산업·신기술을 법령개정 없이도 이용할 수 있도록 입법방식을 유연화한다는 특징을 내세운다.

하지만 실상은 스타트업과 기업인들을 희망고문한 격으로, 문재인 정권은 '규제와의 절연'을 선언하였으나 결과는 참담하다. 신설되거나 강화된 규제는 문재인 집권 당해 연도인 2017년 1,094건에서 3년 만에 1,510건으로 40% 가량 폭증하였다.[99] 게다가 행정규제법에 이미 네거티브 방식으로 규정하고 있으나, 실제 개별 법령까지 내려가면 할 수 있는 것을 규정하는 포지티브 규제 방식으로 전환되어 있음을 볼 수 있다.[100]

규제개혁이 실패하는 주요 이유는 ①규제와 관련된 이익단체 등 기득권 집단이 저항하며, ②문재인 정부에서 공무원이 10만 명 이상 증가함에 따라 규제도 함께 증가하였고, ③전체 입법의 95%를 차지하는 국회의원 입법은 사전영향평가도 받지 않고 졸속 처리되어 규제를 폭증시킨 탓이다.

규제 샌드박스로 '혁신실험장' 조성 vs. 무늬만 규제 샌드박스인 '모래지옥'

자가진단보고서에 따르면 문재인 정부는 규제 샌드박스 6법[101]을 통해 세계에서 가장 앞선 제도적 기반을 구축하여 기업을 위한 '혁신실험장'을 조성하였고, 이는 가시적인 투자유치, 매출증대, 고용창출 효과를 가져왔다고 자가진단한다. 2019년 2월 이후 약 3년간 규제 샌드박스 사례 632건을 달성하였다고 자화자찬한다. 실증 특례로 안전성이 입증된 사례는 근거 법령을 신속히 정비하여, 특례 승인과제 총 632건 중 실증기간이 1년 이상 경과한 404건에 대해 집중적으로 규제를 정비하였다고 한다(136건은 기정비).

하지만 실상은 까다로운 부가 조건으로 겉도는 문재인 정부 '규제 샌드

---

99) 한경 오피니언 (2022.02.15). "[사설] 24년째 도돌이표 '규제 네거티브' 공약, 지겹지도 않은가" 한국경제. https://www.hankyung.com/opinion/article/2022021554461

100) 황인성 (2022.02.14). "'이재명표' 新경제 정책…'규제합리화'로 기업 지원" 쿠키뉴스. http://www.kukinews.com/newsView/kuk202202140233

101) 규제 샌드박스 6법: 정보통신융합법, 산업융합촉진법, 금융혁신법, 지역특구법, 스마트도시법, 연구개발특구법.

박스'는 기업인들에게는 무늬만 '샌드박스'인 '모래지옥'이 되었고, 문재인 정부는 실적 부풀리기로 양적 완화에 집중해 적절한 사후 관리가 이루어지지 않는 등 실질적이고 체감 가능한 규제 불확실성 및 규제 공백 해소에서는 한계를 노출했다.[102] 자가진단보고서는 우리나라는 2019년 1월 17일 '한국형 규제 샌드박스' 도입 이후 3년간 632건의 과제를 승인하는 등 신산업의 혁신성장 지원을 위한 유연한 규제 생태계 조성에 공헌하고 있다고 자화자찬하지만, 상당수가 실적 부풀리기의 중복 집계이다. 이 중 271건 (43%)은 서비스를 시작도 하지 못하거나 중단하였고, 당초 취지대로 관련 규제를 없애는 제도 개선까지 간 것은 129건으로 20%에 그친다.[103]

- (중복 집계) 해외 주식 소수 단위 거래 지원 서비스: 같은 서비스인데도 한국 예탁결제원 등 총 21곳이 신청해 21개의 규제 샌드박스 추진 사례로 집계됨.
- (중복 집계) 공유 미용실 20건, 안면 인식 기술을 활용한 비대면 실명 확인 서비스 9건, 온라인 쇼핑 플랫폼을 통한 금융투자 상품권 거래 서비스 4건, 자기 소유 자동차 활용 옥외광고 중개 플랫폼 3건
- (혁신인지 의문) 서울시 따릉이 '공유 자전거 활용 광고 서비스': 현행 옥외 광고물 관련 규정에 버스·지하철 등 교통수단 열거, 자전거가 빠진 부분을 간단한 행정처리로 해결 가능한 과제를 규제 혁신으로 둔갑

---

102) OECD and KDI (2022). Case Studies on the Regulatory Challenges Raised by Innovation and the Regulatory Responses. KDI-OECD의 '디지털 경제와 규제혁신' 공동연구 보고서는 "문재인 정부의 규제완화는 규제의 양적 완화에 집중해 적절한 사후 관리가 이루어지지 않는 등 실질적이고 체감 가능한 규제 불확실성 및 규제 공백 해소에 한계를 노출하고 있다"고 지적하고 있다.
정대한 (2022.01.11), "KDI-OECD '신기술·신산업 육성 위해 공모형 규제 샌드박스 도입해야", 이투데이. https://www.etoday.co.kr/news/view/2095257
103) 김정훈, 김태준 (2022.02.15.), "규제 없이 사업하라더니… 제대로 풀어준 건 겨우 20%", 조선일보. https://www.chosun.com/economy/economy_general/2022/02/15/CFBFUOB4ARATXIESJF6PHBUO3A/

까다로운 부가조건('모래주머니')으로 겉도는 문재인 정부의 '규제 샌드박스'는 신청 건수와 거부 건수는 비공개로 규제 샌드박스 승인율 자체는 알 수 없으며, 승인 조건이 까다로운 데다, 그나마 승인하더라도 부가조건을 덕지덕지 붙이기 때문에 안정적 사업화가 어렵다. KDI의 '금융 규제 샌드박스 발전을 위한 설문조사'에 따르면 핀테크 스타트업의 61%가 '부가조건이 혁신 금융서비스 확정에 제약 요인'임을 지적한다고 한다. 모래가 깔린 놀이터(sandbox)에서 규제없이 마음껏 사업하라는 취지의 '규제 샌드박스'가 실상은 스타트업들에게는 '100m 경주에 발목에 모래주머니(sandbag)를 채우는 격'의 까다로운 부가조건으로 인해 '모래지옥'으로 불린다. 게다가 새로운 혁신 서비스가 이해관계자들의 반대와 정부의 책임 전가로 불발되고, 이해 갈등을 조정해야 할 정부는 '업체가 알아서 해결하라'며 책임을 해당 업체에 떠넘기기 일쑤이다.[104]

- 제이지인더스트리: 버스 외벽 광고 디스플레이 특허를 가지고 버스 외벽 LED 광고판을 설치하는 서비스를 운영; 행정안전부의 '버스 10대에만 운영' 조건으로 인해 사업성이 없었고, 규제 샌드박스 승인을 받은 후 1년여 만에 2020년 폐업.
- 반반택시: 가는 길이 70% 이상 겹치는 손님과 합승할 경우 택시비를 절반 정도로 깎아주는 서비스로 2019년 규제 샌드박스로 선정되면서 합승이 허용; 국토부의 '동성간, 서울에서, 오후 10시 이후에만 가능'한 성별·지역·시간 제한 부가조건으로 여성 승객은 동승자를 구하기 힘듦.

---

104) 김태준, 김정훈 (2022.02.15.), "정부, 버스 LED광고 승인하며 '10대만 하라'" 조선일보. https://www.chosun.com/economy/economy_general/2022/02/15/A6UIQUI5J5HC3O73O47IG4YQKE/

- 딜리버리티: 과학기술정보통신부에 규제 샌드박스 신청 후 2년여 후 불승인 통보; 화물연대와 협의하여 긍정적인 의견을 받아 오는 조건을 내검.
- 뉴코애드윈드: 배달통 겉면 LED 화면에 해당 음식점 광고를 하는 서비스 업체; 행정안전부의 '오토바이 100대만 운영' 조건으로 인해 사업성이 없었고, 규제 샌드박스 승인을 받은 후 3년여 만에 폐업
- 조인스오토: 규제 샌드박스를 승인받았으나 600여 폐차장을 회원으로 둔 폐차장협회의 반대로 폐업 위기; 샌드박스 기한이 끝나는 2023.3. 이후는 '불법 사업자'

〈 규제 샌드박스 유형별 실패 사례 〉

유형	실패 사례
부처 반대로 불발	• 블록체인 기반 해외 송금(모인) • 카풀 허용 시간 확대(위모빌리티 / 반반택시)
업계 반발로 무산	• 택시 이용 택배(딜리버리티) • 이동식 동물 장례 서비스(브이아이펫)
승인 후 부가조건 등으로 중단	• 100대 한정한 오토바이 배달통 디지털 광고(뉴코애드윈드) • 폐차장협회와 갈등 방치된 폐차견적 비교 앱(조인스오토)

자료: 김태준, 김정훈 (2022.02.15.)

한걸음 모델로 이해관계자 갈등 최소화 vs. 긁어 부스럼 만드는 '헛걸음 모델'

자가진단보고서에 따르면 문재인 정부는 '한걸음 모델'을 통한 이해관계자 갈등 최소화 및 신산업 출발 계기를 마련하였다고 자화자찬하고 있다. '한걸음 모델'은 신기술, 온라인 등을 이용한 새로운 사업자가 등장해 신사업이 출현함에 따라 기존 사업자와 갈등이 발생할 경우 정부가 중재하여 상생 방안을 마련하는 이해관계 조정 방식 모델로 ①중립적 전문가의

주재 하에 당사자 간 합의를 우선하고, ②이해관계자 모두 한 걸음씩 양보하며, ③필요시 정부가 중재한다는 3가지 원칙을 기본으로 한다. 문재인 정부는 이해관계 충돌이 있는 신산업에 대한 '한걸음 모델'을 구축해 상생형 해법을 적극적으로 모색하고 '논의 내용을 바탕으로 향후 원점에서부터 주민들의 의견을 충실히 수렴하고 갈등을 해결할 것을 권고'하였다고 자체 평가한다.

〈한걸음 모델로 헛걸음 된 갈등 조율 5개 과제 사례〉

과제명		합의내용
2020	농어촌 빈집숙박	• 규제 샌드박스 허용: 5개 시군구, 50채 이내, 연 300일 내 • 민박업 경쟁력 강화 지원
	산림 (하동 알프스 프로젝트)	• 산지관리법 등 관련 법률 미개정 • 주민의견 수렴하여 현행법 내 추진
	도심 공유 숙박	• 불법숙박 근절 노력 • 제도화 및 상생협력방안 마련을 위한 민관협의체 구성
2021	미래형 운송수단 생활물류	• 생활물류서비스 운송수단에 드론, 로봇 포함 추진 • 격오지 배송 등 기존 업계와 협력
	단초점 안경 전자상거래	• 샌드박스 판단 가이드라인 마련을 위한 연구조사 • 가상착용기술 활용 등 협업 활성화

하지만 실상은 정부의 사회적 갈등 조율의 전문성 부족과 정책 의지의 부재로 긁어 부스럼 만드는 '헛걸음 모델'이라는 평가를 받는다. 정부는 갈등 요소가 첨예한 문제를 무리하게 '한걸음 모델' 협상 테이블에 올려놓아 추후 논의 과제만 남겨놓고, 새로운 서비스 도입에 반대하는 이해관계자 갈등을 조정할 책임을 해당 스타트업 업체들에 떠넘긴다는 비판을 받는다.[105] 예를 들면, '하동군 산림관광' 사례에서 정부는 전문성 및 정책

---

105) 김정훈, "사회적 갈등 중재 '한걸음 모델' 한발 내딛긴 한 겁니까", 조선일보, 2021.12.01., https://www.chosun.com/economy/economy_general/2021/12/02/ZYHIJOLCYJE4VBRUP3ENJG23SU/

의지 부재로 '한걸음 모델 상생조정기구'를 약 5개월 가동한 끝에 '충실히 해결하라'는 맥 빠진 결론만을 내놓았다.[106]

문재인 정부는 '한걸음 모델'로 실제로 사회 갈등을 풀기보다는 합의안 도출이라는 실적 쌓기에 급급하여 '하동 알프스 프로젝트'의 경우, 법 개정이 필요한 사업에서도 '현행 법령을 지키라'는 합의문을 도출하는 데 그치고, 그 밖의 성과를 내지 못한 한걸음 모델 과제들의 실상은 가지가지이다. 안경 온라인 판매업은 이미 외국에서 성공적인 사업모델임이 증명된 유니콘 사업(Warby Parker)임에도 규제 샌드박스 선정을 보류하고 한걸음 모델 사업으로 가져가 신사업에 걸림돌이 되는 연구용역을 실시한 것이 전부이다. 드론 택배는 택배업계의 반발로 현행 생활물류법의 택배 운송 수단에서 빠져 있는 상황인데, 이를 정부는 한걸음 모델 테이블로 가져가 드론업체와 용달 업체가 합의하게 하여 택배 차량이 들어가기 힘든 오지(산간, 섬 지역)만 가능케 하는 합의안을 도출하는 데 그쳤지만, 문재인 정부는 '코로나 이후 뜨거운 감자로 부상하고 있는 드론을 활용한 생활 물류 서비스 혁신성과'라며 자화자찬한다.

- 산림관광: 한걸음 모델에 적합하지 않다는 지적; '신산업 대 구산업' 간 이해당사자 갈등을 중재한다는 취지와 달리 하동 알프스 프로젝트는 '개발 대 환경' 갈등 양상
- 안경 온라인 판매: 가상착용 기술을 이용한 사업의 규제 샌드박스 신청; 미국에서는 2010년부터 가능한 사업임에도 국내에서는 도수가 있는 안경은 의료기기라 안경점에서만 팔아야 한다는 규정과 안경사협회가 "온라인 안경 판매 허용에 대한 반발"로 규제 샌드박스 선정이 보류됨. (cf: Warby Parker)

---

106) 손영하, '하동을 알프스로 만들자고?… 헛걸음친 한걸음 모델', 한국일보, 2020.12.12., https://www.hankookilbo.com/News/Read/A2020121112490000550

→ 그 후 기재부가 '한걸음 모델'에 선정하여 조정역할을 자임했으나, 도출한 사회적 합의문은 빈 수레로 '안경 전자상거래가 국민 눈 건강에 미치는 영향에 대한 연구용역 실시'가 전부임.

- 드론 택배: 현행 생활물류법에 의하면 드론은 (택배업계 반발로) 택배 법적 운송수단에서 빠져, 배송 자격이 없음;

→ 드론 업체와 용달 업체 간의 한걸음 모델 합의안에 의하면 '택배 차량이 들어가기 힘든 오지에는 드론 배달이 가능하게 법 개정하는 것'으로 사업성 있는 도심지역은 안 되고 어차피 택배차가 들어가지 않는 산간·섬 지역만 가능.

〈한걸음 모델로 사업이 좌초 혹은 반쪽이 된 과제 사례〉

과제	갈등 요소	합의안/성과
안경 온라인 판매 (cf: Warby Parker)	현행법상 안경사만 도수 있는 안경을 판매할 수 있다며 안경사업계 반발	연구용역 진행
산림관광	경남 하동군 지리산 산악열차 계획에 환경단체 반발	현행법 내에서 사업추진, 사실상 좌초
드론 택배	생활물류법상 드론은 배송 자격 없다며 용달업계 등 반발	도서-산간·오지 지역만 드론 배송 추진
농어촌 빈집 숙박	농어촌 민박은 주인이 사는 집에서만 가능하다며 숙박업체 반발	50채 이내에서 시범사업
도심 내국인 공유 숙박	관광진흥법상 도심지 주택 내국인 민박은 안된다며 숙박업체 반발	이해관계자 민관협의체 구성

자료: 김정훈(2021.12.01.)

신산업 분야 핵심규제개선 성과 vs.
쉬운 것만 골라 〈실적 부풀리기〉하는 허약체질

자가진단보고서에 따르면 문재인 정부는 민간 주도 10대 규제집중 산업 분야를 선정하여 규제를 제로베이스에서 검토하여 210건의 규제개선을 추진하였고, 현장 밀착형 규제혁신 292건을 이루었다고 자평한다.

〈민간 주도 10대 규제집중 산업〉

5개 영역	1. 신산업	2. 바이오헬스	3. 공통산업	4. 제조혁신	5. 서비스산업
10대 분야	데이터·AI	의료신기술	핀테크	산업단지	관광
	미래차·모빌리티	헬스케어	기술창업	자원순환	전자상거래·물류

하지만 실상은 쉬운 것만 골라 〈실적 부풀리기〉하는 허약체질 규제이다. 당초 기존 규제로 국제적인 경쟁에서 뒤떨어질 수 있는 신산업·신기술 분야의 규제 장벽을 낮추는 것에 방점을 두었으나, 서비스업과 노동시장같이 경제 전체에 파급효과가 큰 분야의 규제완화는 이해당사자들의 반발로 후순위로 미루었다. 경제체질 개선 효과를 내기 위해서는 규제완화 정책이 핵심부문에서 실행되었어야 했으나, 노동유연성 확보를 위한 노동시장 개혁 없이 경제체질을 개선하기에는 역부족이고 의료, 교육 등 고부가가치 서비스업 등 경제체질을 바꾸기 위한 핵심 부문의 규제 완화는 실행되지 않았음에도 불구하고 실적을 부풀려 자화자찬을 하는 것이다.

정부주도형 성장정책으로 '제2벤처붐' vs. '포장지'만 바뀐 벤처투자 정책

자가진단보고서에 따르면 문재인 정부는 벤처·창업 선순환 생태계 조성으로 '제2벤처붐'이 확산되고 있다고 자평하며, 중기청의 중기벤처부 격상과 스타트업·벤처 부흥을 대표적 성과로 꼽는다. 2021년 벤처투자금액은 7조 6,802억 원의 역대 최대 기록을 기록하여 2020년 4조 3,045억 원의 78.4% 증가한 규모이자 2017년 대비 3배 이상 증가했다. 기업가치 1조원 이상의 비상장기업을 뜻하는 유니콘기업은 2017년 3개에서 2021년 말 기준 18개로 증가했다. 문재인 정부는 자금줄 넓히기로 추진한 정부주도형 성장정책이 '제2벤처붐'을 이끌었다며 자화자찬한다.

하지만 실상은 양적 성장세에 비해 비싼 '포장지'로 바뀐 실효성이 부족한 벤처투자 정책이라는 지적을 받는다. 시장에 풀린 막대한 자금으로 투자재원이 늘어나면서 벤처투자 시장이 겉보기에는 화려해졌으나, 내용을 들여다보면 실상은 제도적으로 크게 달라진 부분이 많지 않고 기존과 크게 다르지 않다는 것을 알 수 있다. 따라서 중소기업계가 요구하는 규제개혁에는 크게 부응하지 못한 실정이다. 중소기업중앙회가 중소기업 600개 사를 대상으로 진행한 문재인 정부 정책만족도 조사 결과는 '불만족 28.3%', '보통 55.2%'의 응답을 받았으며, 세부 답변을 보면 불만족 답변이 더 많다. 문재인 정부가 '스타트업·벤처의 양적 성장은 이뤘지만 중대재해처벌법과 최저임금, 주 52시간 근로제 문제 및 제조업을 비롯한 뿌리산업에 대한 정책 이해도가 떨어져 연관 중소기업의 고충을 해결하지 못했다'는 점이 이유이다.[107]

현행법상 국내에서 벤처 투자를 하는 투자 주체는 창업투자회사, 유한책임회사(LLC)형 벤처캐피탈, 전문 엔젤 투자자, 엑셀러레이터, 신기술금융회사로 구분돼 있다. 투자 기구 역시 창업투자조합, 한국벤처투자조합, 개인투자조합, 신기술투자조합 및 창업·벤처PEF 등으로 다양하다. 문제

---

107) 김수현, "'제2벤처붐' vs. '실효성 부족' 평가 엇갈린 文, 윤 정부 중기벤처 정책 방향은", 프라임경제, 2022.05.12., http://www.newsprime.co.kr/news/article/?no=567519

는 각각의 투자 주체와 투자 기구를 명시한 근거법이 달라 자본금 규제부터 투자 관련 규제까지 투자 주체별·기구별로 제각각 적용받는 법 조항이 다르다는 점이다. 출자자(LP)가 한정적인 국내 시장 상황을 감안하면 법적 규제가 맞는 자금만 찾아다니게 돼 효율성이 떨어져 재원 확대가 해답은 아니라는 지적이다. 현행 규제는 소액 펀드는 전문 엔젤 투자자와 엑셀러레이터만 하고 중·대형 규모 펀드는 창투사와 신기사가 하는 식의 칸막이로 인해 극초기 단계부터 꾸준히 특정 스타트업을 키우는 게 현실적으로 어려운 상황이었다.[108]

〈벤처 투자 주체 및 투자 기구 구분〉

근거법	중소기업창업지원법	벤처기업육성에 관한 특별조치법	여신전문금융업법	자본시장법
투자 주체	창업투자회사·LLC형 벤처캐피탈	전문 엔젤 투자자·엑셀러레이터	신기술금융회사	–
투자 기구	창업투자조합	한국벤처투자조합·개인투자조합	신기술투자조합	창업·벤처PEF

자료: 경지현(2018.03.05.)

관련 다른 법안으로 인해 규제 완화의 실효성이 나타나지 못하는 점도 한계점이었다. 예컨대 2016년 법적 근거가 마련된 엑셀러레이터의 모태 펀드 초기 분야 출자사업 지원 길은 여전히 막혀 있었다. 모태 펀드 출자 대상에 엑셀러레이터가 운용하는 투자 기구(개인투자조합)가 제외돼 있어서다. 투자업계 관계자는 '토스나 미미박스 등의 잘 나가는 스타트업들이 국내 등록된 투자 법인에 투자받는 것을 꺼려하는 근본적인 이유'라며 '한 번 거래 물꼬를 튼 투자자로부터 지속적으로 투자받고 싶지만 운용 규모나 법적 성격에 따라 월(Wall)을 쳐놓은 국내에선 사실상 불가능하기 때

---

108) 경지현, "'포장지'만 바뀐 벤처투자 정책", Invest Chosun, 2018.03.05., http://www.investchosun.com/site/data/html_dir/2018/03/05/2018030586002.html

문'이며 '토스의 경우 실리콘밸리 기반의 알토스로부터 지속적으로 투자를 받는다'고 언급했다.[109]

실효성 있는 규제 생태계를 위한 기본 방향

경제 체질 개선과 혁신성장의 토대로써 기본적 규제개혁의 방향은 도와주는 규제여야 한다. 정부의 공권력 행사와 규제는 금지하는 것 외에 기본적으로 다 허용하되, 이해가 충돌되거나 국민의 안전·환경과 관련된 문제에서 산업과 시장을 키우는 차원에서 도와주는 규제로써 개혁되어야 한다. 혁신성장의 시작과 끝은 규제개혁으로써 노동시장과 의료, 교육 등 고부가가치 서비스업 등 경제체질을 바꾸기 위한 핵심 부문의 규제 완화가 함께 실행되어야 하지만, 규제완화 대상을 '신산업·신기술' 분야로 국한하여 한계가 있고 경쟁국에 비해 과도한 규제를 뒤늦게 완화한 것으로 경쟁 우위를 점하는 효과는 크지 않다는 지적이 있다. 게다가 '택시제도 개편 방안' 사례(일명, '타다')에서 보듯이 해외에서 성공한 사업모델로 관광업 등에서 시장 확장 효과가 있음에도 불구하고 수많은 협의를 하고도 이해관계 충돌과 규제에 가로막혀 신산업 활성화로 나가지 못하고 있는 실정이다.[110]

규제는 일단 실효성 있는 네가티브 규제를 도입하고 원스톱 규제 개혁을 통해 이용이 편해야 실효성이 확보된다. 네거티브 규제는 금지되는 것 이외는 모두 허용하는 것으로, 미 실리콘밸리와 중국 중관춘, 선전 등 성공적인 창업에코시스템을 이룬 지역에서는 신제품과 서비스에 대해 '일단

---

109) 현재 벤처생태계의 투자업계에서 일어나는 법·규제의 변화는 부록을 참고.
110) 정원석 (2018.01.22). "[신산업 규제완화] 혁신성장 규제개혁 과제 구체화했지만...'노동·서비스 개혁없인 체질개선 어려워'" 조선일보. https://biz.chosun.com/site/data/html_dir/2018/01/22/2018012201120.html

허용, 규제는 예외' 원칙을 적용하고, 문제가 있을 때만 규제를 검토하여 왕성한 창업이 일어나도록 하고 있다. 원스톱 규제개혁은 중층·중첩 규제를 하나의 부처에서 원스톱으로 해결하도록 하자는 개혁이다. 혁신기업이 문제해결 요구를 위해 관공서를 찾아다니는 규제에서 벗어나, 칸막이식 정부를 지양하고 원플랫폼 정부(one-platform government)를 구축하여 모든 절차와 정보를 축적시켜 여러 가지 인허가 문제를 일괄적으로 처리하는 식으로 교통정리가 되어야 한다.[111]

신기술을 활용한 메타버스 부처를 활용하는 것도 고려되어야 한다. 메타버스 부처는 복합적이고 중층적인 규제, 인구 문제 등 여러 부처들이 함께 추진해야 하는 문제들을 플랫폼 형태의 가상부처 위에 올려 검토하고 해결하기 위한 것으로 기술적 기반을 구축하여 법제의 대개혁을 이루고자 하는 것으로 메타버스 기술 수용준비 및 활용에서 네덜란드, 스위스, 프랑스, 스웨덴, 영국 등이 선순위를 차지한 반면, 한국은 30위권 밖으로 밀려나 '인터넷 강국'이라는 칭호가 무색한 상황이다.[112] 신기술 분야에서 혁신과 개발을 막지 않는 규제 친화적 규제로 가능해지는 메타버스 정부 구축으로 대통령실도 국가적 문제해결에 효과적인 기능 중심의 슬림한 조직으로의 개편이 가능하다

한걸음 모델과 같은 갈등조정 모델이 성공하기 위해서는 정부가 전문성과 정책의지를 가지고 갈등 사안을 주도적으로 풀어나가야 한다. 정부가 이익집단만 바라보거나 눈치를 보고 합의만을 강조하거나 신사업을 하려는 당사자에게 책임을 지워놓는 식으로 갈등을 봉합하려 한다면 결국 침

111) 이지율, "윤석열 '분권형 책임장관제 도입 ⋯ 문제해결형 정부 운영할 것'", 뉴스핌, 2022.01.13., https://www.newspim.com/news/view/20220113000268; 이지율, 김은지, "윤석열 '네거티브 규제, 동의하나 간단치 않아 ⋯ 엄청난 개혁 수반'", 뉴스핌, 2022.01.13.https://www.newspim.com/news/view/20220113000268
112) 설동훈, "[이슈분석] 메타버스 준비순위 1등 네덜란드, 한국은 몇 등?", 뉴스드림, 2022.11.25., http://www.newsdream.kr/news/articleView.html?idxno=40958

묵하는 국민 다수의 이익이 침해되고 국가경쟁력이 훼손되는 것을 빈번히 관찰하였다. 동일 수익모델에 대해서는 동일한 규제가 적용되나, 혁신이 들어가면 새로운 리스크가 발생하므로 규제를 완화해주는 대원칙에 대한 사회적 합의가 필요하다. 기존 사업자들에게는 법률에 의한 인허가 규제를 하고, 이름만 다르고 유사한 사업모델에 규제를 안 하게 되면 후자의 비즈니스 모델이 반사이익을 얻게 되므로, 수익모델이 거의 동일할 때는 동일한 규제가 필요하다. 그러나 수익모델에 혁신적 요소가 들어가면 리스크가 따르므로 규제를 완화해야 한다는 대원칙에 사회적 합의가 따라야 한다.

또한 신산업 육성을 위해서는 공정거래에 대한 입법 및 시스템 보강이 선행되어야 한다. 틈새사업과 관련하여 대기업이 여기에 자금과 인력을 투자하여 개발하지 않고, 원청-하청 관계를 유지하면서 이미 개발된 것의 아이디어·정보를 탈취하거나 나중에 사업을 완전히 빼앗는 경우에는 공정거래에 대한 입법 및 시스템 보강을 통해 불공정거래에 대해 제재를 하여 혁신적인 스타트업의 탄생을 지원해야 한다.

혁신 생태계 조성과 성공은 규제 생태계의 개선에 달려있다고 해도 과언이 아니다. 특히 신사업을 위한 우호적 환경을 만들기 위해서 규제 샌드박스 제도의 개선이 시급하다. 문재인 정부가 규제개혁 정책의 대표적 성공사례로 꼽는 '규제 샌드박스'의 성과는 미흡한 것으로 나타났다. 규제 샌드박스 도입 첫 해인 2019년에 승인된 195건의 신사업은 4년이 지나는 현재 절반(96건)은 중단(29건)되었거나 중단위기에 처했다. 현행법으로 금지된 규제를 최대 4년간 조건부로 임시 허용해주는 '실증특례' 방식으로 추진되는 규제가 완전히 풀리는 최종단계에 도달한 사업이 절반(99건)에 불과하다. 최대 4년 시한부 실증 특례 기한도 문제이지만, 정부가 기업의 발목에 채우는 모래주머니인 부가 조건도 신사업의 사업성이나 소비자 편익

을 증명하기 어렵게 만드는 면이 있다.[113]

성공적 규제 생태계를 위해서는 맞춤형 규제와 공모형 규제 샌드박스의 도입 등의 유연성을 고려해야 한다. 공모형 규제 샌드박스는 부처 주도하에 샌드박스 의제를 마련하고, 공모 형식을 통해 규제 특례를 부여하여 규제 개혁과제를 추진하는 제도이다. KDI는 OECD와의 '디지털 경제와 규제혁신' 공동연구 보고서에서 디지털 경제 성장에 효과적으로 대응하기 위한 규제적 대안으로서 신기술 및 융합 신산업 등장에 따른 법령 공백에 선제적으로 대응하기 위하여 공모형 규제 샌드박스 도입을 적극적으로 추진할 것을 제안하였다. 유연한 규제 생태계를 위한 방안으로 발전과 확산 속도가 빠른 신기술에는 최소한의 규제를 설정한 후 기술발전에 따라 점진적으로 규제를 적용하는 '맞춤형 규제' 프레임 워크가 필요하다.

데이터, 핀테크, 스마트 계약, 스마트 물류, 공유경제 등 신산업별 특성과 이해관계자 의견을 충분히 반영할 수 있도록 자율규제, 공동규제, 성과중심 규제 등 유연한 규제 생태계 조성의 필요성이 강조된다. 아시아의 금융 중심지이자 가상자산 중심지로 부상하는 싱가포르의 경우, 기존 맞춤형 샌드박스(Sandbox) 성공의 경험을 바탕으로 샌드박스 익스프레스(Sandbox Express), 샌드박스 플러스(Sandbox Plus)로 규제 샌드박스가 분화해나가는 것을 볼 수 있다.[114]

---

113) 김주완·이시은, '규제 샌드박스 4년… 살아남은 사업은 절반뿐', 한국경제, 2023. 08. 21., https://n.news.naver.com/article/015/0004881740?type=journalists

114) FCA. (2023). Regulatory Sandbox. Financial Conduct Authority (FCA). https://www.fca.org.uk/firms/innovation/regulatory-sandbox;
MAS. (2023). Overview of Regulatory Sandbox. Monetary Authority of Singapore (MAS). https://www.mas.gov.sg/development/fintech/regulatory-sandbox
Sandbox (customization): 복잡한 신사업 모델에 대한 실험의 위험과 이점을 균형을 맞추기 위해 맞춤 설정이 필요한 경우에 사용
Sandbox Express (fast-track approval): 시장에서의 위험이 낮고 잘 이해되어 있는 활동에 대해 공개 정보와 미리 결정된 규칙에 따라 빠른 승인
Sandbox Plus (one-stop assistance): 규제 지원 및 재정 지원 분야에서의 일체형 지원

실효성 있는 규제 생태계 구축을 위해서는 규제 담당 전문인력의 확보와 조직 개선이 필요하며, 규제 영향 평가의 계량화를 위한 자체 역량을 키워야 한다. 선진국은 규제의 영향을 계량적으로 분석하여 기업 부담을 실질적으로 줄여나가고 있으나, 선진국과 달리 우리나라는 규제 담당 전문인력이 매우 부족한 상황이다. 각 부처와 연구조직에 조직 개선, 전문인력과 예산을 확충해 자체적인 역량을 키우는 것이 규제개혁 성공의 필요조건이며, 규제개혁 공감대 형성(25%), 강력한 규제개혁 리더십(20%), 적극행정 활성화(12.3%) 등이 규제개혁 추진의 중요 요소로 꼽힌다. 기업들은 낡은 규제 정비와 이해갈등 조정을 '차기 정부의 우선 과제'로 선정하였고, 기업의 혁신과 변화를 촉진하는 규제환경과 기업현장에 실질적인 도움이 되는 정책의 필요성을 강조하였다.[115]

〈대한상의 설문조사〉

- **새 정부의 규제개혁 과제**
  - 낡은 규제 일괄 정비(94.7%);
  - 이해갈등 조정(94.7%)
  - 규제 총량 관리 강화(93.3%);
  - 민간의 자율규제 확대(83.7%)
- 분야별
  - 고용·노동 분야 : 노사 간 힘의 균형을 위한 제도정비(44.7%)
  - 산업·안정 분야 : 근로자 개인의 안전 준수의무 강화(46%)
- 중요요소
  - 규제개혁 관련 인력확보·전담조직 권한 강화 등 시스템 개선(42.7%)

---

115) 한경 사회, '기업이 새 정부에 기대하는 1순위는 낡은 규제 정비와 이해갈등 조정', 한국경제, 2022.02.13., https://www.hankyung.com/society/article/202202139839Y

[부록] 현재 벤처생태계의 투자업계에서 일어나는 법·규제 변화의 단면

벤처 생태계가 발전하려면 투자펀드가 정부의 공급에 의한 양적 성장에서 민간자금 중심으로 재편되어야 한다. 이러한 점에서 개인투자조합을 운용할 수 있는 주체가 많아져야 한다. '벤처투자 촉진에 관한 법률'(벤처투자법) 시행령이 개정되어 금융당국이 개인투자조합, 벤처투자조합 등도 집합투자기구로 간주해 관리 감독하는 방향으로 전환하여 시장에서 개인투자조합을 운용할 수 있는 주체가 많아지고, 특히 비교적 대형펀드만 운용하는 신기술금융회사가 엑셀러레이터 라이선스를 획득하면 개인투자자로 구성된 중소형 펀드까지 조성할 수 있게 되었다.

2022년 12월 13일 개인투자조합 업무집행조합원 자격 요건을 개선하는 내용의 벤처투자법 시행령 개정안은, 8월 23일에 개정된 벤처투자조합 결성과 기업 인수합병 관련 규제를 완화하는 등의 벤처투자 분야 규제혁신의 연장선상에서 이루어졌다. 개인투자조합 결성 애로를 해소하고 조합 운용의 전문성을 강화하기 위해 개인투자조합을 운용하는 업무집행조합원의 자격 요건을 출자금 총액 5%에서 3%로 완화하고 전문성 자격요건을 신설하였다. 또한 개인투자조합을 결성하는 '법인'인 업무집행조합원의 자격요건을 완화하여 창업기획자 등이 상호출자제한기업집단 소속회사에 해당하더라도 가능하게 되었다.[116] 또한 2023년 6월 13일 벤처투자법 개정안에서는 창업투자회사의 명칭을 '벤처투자회사'로 변경하고 주된 업무인 벤처투자와 벤처투자조합 운용의 일관성을 제고하였다.[117]

---

116) 중소벤처기업부 (2022.12.13). 「벤처투자 촉진에 관한 법률 시행령」 개정안 국무회의 통과. https://www.mss.go.kr/site/smba/ex/bbs/View.do?cbIdx=86&bcIdx=1037846&parentSeq=1037846

117) 중소벤처기업부 (2023.06.13). 벤처투자법 개정안 국무회의 의결, 창업투자회사 명칭 '벤처투자회사'로 변경. https://www.mss.go.kr/site/smba/ex/bbs/View.do?cbIdx=86&bcIdx=1042340&parentSeq=1042340

이는 윤석열 정부의 중기벤처 정책 방향이 양적 성장을 넘어 질적 성장에 초점을 맞추고 '민간이 끌고 정부가 미는 역동적 경제'를 모토로 정부 개입은 민간의 혁신을 촉진하는 범위로 제한하는 점과 일맥상통한다. '지원' 위주의 정책에서 근본적 경쟁력 제고와 기업의 혁신성장에 집중하는 성과창출형 정책으로 전환하여, 혁신성장을 저해하는 각종 제도적 걸림돌을 찾아 제거하고 기업 성장의 핵심요소인 생산성·기술경쟁력 향상을 견인하겠다는 취지이다. 이는 스타트업 창업 단계를 넘어 스케일업을 견인하는 정책과 신산업 스타트업의 태동과 성장까지 유기적으로 연계 지원하며 대학부터 실제 사업화 성숙단계까지 '완결형 패키지 정책'을 위한 생태계 구축을 목표로 하는 정책과도 정합성을 이룬다.

대한민국 아카이브에는 대한민국이 없다

정기애/전 국가기록원 기록정책부장,

숙명여대 객원교수

인간의 기억 공간, 아카이브[118]의 두 얼굴

기록의 역사는 인류 문명의 역사와 맥을 같이 한다. 메소포타미아 문명을 일으킨 수메르 인들은 기원전 약 3000년대 말기부터 점토판에 세무, 급여, 군대의 식량 배급 등 지배계층의 통치와 재산권 유지를 위해 기록하였다. 그리스·로마 시대에도 역시 신전에 '에라리움'이라는 아카이브를 설치하여 기록을 특권층의 통치 수단으로 운영하였다. 기록이 특권층에게 독점된 것은 중세 시대도 마찬가지였는데, 이는 움베르토 에코의 『장미의 이름』이라는 소설에 잘 묘사되어 있다. 당시 역사적 기록에 충실한 이 소설은 수도원 내 도서관에서 일어나는 살인사건을 통해 자신의 신념을 위해 정보를 독점하고, 살인도 불사하는 인간의 왜곡된 신앙관과 중세 시대의 사회상을 잘 보여준다. 성경은 금속활자가 발명되어 대량 인쇄가 가능해지기 전까지 종교 지도자들에게만 접근이 허용되었다.

---

118) 아카이브(Archive)란 보존기록관이라 불리며 개인이나 조직이 사적 혹은 공적으로 생산하거나 접수한 기록 중에서 보존할 가치가 있거나 증거로서 보존할 필요가 있다고 평가 선별된 영구 보존 기록을 전문적으로 보존하는 조직 혹은 이를 위한 시설 및 장소를 말한다.[한국기록학회, 『기록학용어사전』 396쪽(p.129), ㈜역사비평사, 2008.

기록의 민주주의가 마침내 이루어지기 시작된 것은 1789년 프랑스 대혁명 이후이다. 당시 프랑스는 소수의 권력 그룹인 성직자와 귀족이 전체 토지의 상당 부분을 차지하고 있었고, 부와 명예는 물론이고 면세 혜택 등 사회적 권력을 독점하고 있었다. 반면에 당시 농노 신분이던 평민은 무거운 세금과 노동을 부담해야 했는데, 이렇게 오랫동안의 불합리한 사회 체제는 결국 민중 반란으로 이어졌고, 프랑스 제헌의회는 기존의 영주제와 농노제 폐지를 선언하기에 이른다. 그런데 그러한 사회적 대변혁의 기초 작업이 아카이브에서 이루어졌다는 것을 아는 사람은 많지 않다. 당시 제헌의회는 세계 최초의 공공성에 기반한 국립 아카이브 즉 국립기록보존소를 설립했는데, 오늘날 이곳에 역사적 의미를 부여하는 것은 왕궁과 수도원 등 귀족들의 독점적 권력 유지를 위해 존재하던 토지대장, 농노계약문건 등의 기록을 수거하여 공공 차원의 통합관리를 시작하면서 비로소 일반 국민에게 기록에 대한 열람권을 부여했기 때문이다. 기록의 접근권 확대는 곧 국민의 알권리 확대를 의미하고, 결과적으로 국민의 재산권에 대한 확대로 이어졌다.

　이처럼 아카이브에는 지배하고 쟁취하려는 인간의 욕망과 동시에 자유와 평등을 추구하는 고결한 정신이 끊임없이 부딪치고 갈등하는 과정이 그대로 담긴다. 아카이브의 기록들은 그 공동체의 구성원들이 살아온 시간이며, 후손들에게 어떤 경험과 기억을 남기고 전승할 것인가를 결정한 결과물이다. 역사는 승자의 기록이라는 말이 있다. 이 말에는 후손들에게 승자의 경험을 남기고, 투쟁의 정당성을 남기겠다는 인간의 의지가 담겨 있다. 인류는 자신들이 추구하는 이념과 체제에 기반하여 경험한 바(Lessons Learned)를 선별하여 축적해 왔다.

대한민국이 없는 대한민국 아카이브 : 프로파간다의 배경

　고대 및 중세 사회가 그랬듯이 강력한 통제가 이루어지는 공동체일수록 아카이브의 기록들은 지배 그룹의 권한과 명분을 지켜주는 것에 집중했다. 오늘날에도 중국이나 북한과 같은 사회주의 혹은 유사 전체주의 국가일수록 기록관리시스템이 매우 촘촘하게 구축되어 있는 것은 바로 그런 이유이다. 기록의 생산과 유통 및 보존 과정을 통제하고, 통치 철학에 부합하는 기록을 선별하여 개인의 자유를 억압하는 근거로 사용한다. 기록을 자신들의 지배 논리를 강화해 가기 위한 수단으로 간주하기 때문이다.

　미국이나 영국, 캐나다 등 서방 자유민주주의 국가에서도 아카이브는 공동체의 이념과 체제를 담는 공간이다. 즉 아카이브를 국가의 기억(National Memory) 공간으로 보는 개념이다. 아카이브에 축적된 건국 이념과 핵심 가치를 담은 기록들은 국가 공동체의 구성원을 결속시키는 역할을 한다. 그러나 사회주의 국가와 다른 점은 개인의 자유와 권리에 대한 보장과 공동체의 이념과 체제 수호라는 다소 상반되어 보이는 목표를 위해 상호 보완적 절차와 제도를 수립하고 있는 것이다. 그래서 아카이브의 또 다른 개념은 국민의 알권리를 충족하기 위한 공간이다. 아카이브의 기록은 공공영역 전반의 의사결정 과정에 대한 감시와 견제 및 설명할 책임(Accountability)의 근거가 되고, 공공 업무의 투명성을 확보해 준다. 또한 자칫 자신들에게 유리한 것만 남기고자 하는 인간의 원초적 욕구를 제도적으로 제어해 주는 역할을 한다.

　우리나라에도 공공기록물의 보존을 책임지는 국가기록원, 일반 사회에서 생산되는 인쇄출판물의 수집과 보존을 담당하는 국립중앙도서관, 국립중앙박물관, 역사박물관 등 다양한 형태의 아카이브가 있다. 그러나 문제는 그 많은 아카이브가 과연 어떤 대한민국을 보여주고 있는가 하는 점이다. 우리나라의 건국 과정과 그 건국에 이바지한 분들의 행적이 대한민국의 기억으로 남아 있는가? 그러나 이러한 질문에 대해 딱히 자신감 있게 대답할 수 있는 기관을 찾기가 쉽지 않다는 것이 우리의 현실이다. 건국 70여 년이 지난 지금도 우리 사회는 건국절에 대해 정치적 입장에 따라 견해가 다르고, 서로 다른 역사관을 가지고 살아가고 있다. 건국의 아버지가 누구인지 언급하려 하지 않으며, 국가 발전에 이바지한 지도자들에 대한 생각이 서로 달라 주기적으로 갈등한다. 경제, 과학기술, 문화 등에서 선진국 반열에 들어섰다고 자부하는 우리 사회가 여전히 국가의 핵심 가치에 대해서는 서로 생각이 다른 이유는 무엇일까?

아카이브의 기록들은 그 사회의 지난 시간에 대한 증거이고, 메시지이다. 오늘날 우리 사회가 이런저런 프로파간다에 쉽게 흔들리는 이유는 결국 아카이브들이 우리가 세웠던 가치와 성공적 경험을 온전히 축적하고 공유하지 못했기 때문이다. 다른 어느 나라보다 선진화된 건국 이념과 헌법을 토대로 산업화와 민주화의 기적을 만들어온 성공적인 경험이 있음에도 불구하고 대한민국 아카이브에는 그 경험과 자부심이 잘 보이지 않는다. 그 이유는 무엇일까? 그래서 우리나라의 아카이브 및 기록관리 제도의 발전과정과 현주소를 살펴볼 필요가 있다.

우리나라 기록관리제도는 좌파정부가 주도했다.

우리나라의 '아카이브' 즉 '기록관리' 영역의 학문적, 제도적 발전은 김대중 정부와 노무현 정부 그리고 문재인 정부를 통해 중요한 획이 그어졌다. 1999년 김대중 정부에서 '공공기관의 기록물관리에 관한 법률(이하 기록물법)'이 제정되면서 본격적으로 정부 부처 및 공공기관을 중심으로 기록관리 개념이 수립되었다. 사실 그 이전에는 정부 주요 공직자들이 본인이 관여한 업무 문서들을 자기 집으로 가져가는 일이 종종 있었다. 당시만 해도 기록이 곧 자신의 행적에 대한 설명할 책임의 증거이고 기관 입장에서는 선행 경험 자원이라는 개념이 부족했던 시기였다. 특히 1990년대부터 세계적으로 본격화된 디지털 기반의 전자적 업무로의 전환은 기존의 종이나 필름류의 아날로그 자료 관리 방식으로는 그 형식이나 양적인 측면에서 감당하기 어렵게 되었다. 인터넷이 소통 기반이 되고 사회 전 분야가 디지털이라는 새로운 환경으로 전환되면서 기존의 방식으로는 한계에 봉착하게 된 것이다.

결국 디지털 기반의 기록관리 개념이 본격적으로 공공영역으로 도입된 것은 2007년 노무현 정부에서 기록물법을 전부 개정하면서이다. 일단 정부의 단순한 문서 보존 기능을 하던 '정부기록보존소'를 국가 전반의 기록관리정책 수립과 시스템 구축을 총괄하는 '국가기록원'으로 확대 개편하였다. 또한 기록관리전문요원[119]이라고 불리는 전문 직종이 공공영역에 의무적으로 배치되고, 정부기관 및 지자체를 비롯한 공공영역 전반에 기록관리 시스템이 구축되었다. 특히 당시 노무현 대통령이 설계과정에 직접 참여하고 본인의 이름으로 특허 출원까지 냈던 청와대 행정 시스템인 'e-지원 시스템'은 이후의 정부 행정 프로세스에 중요한 틀이 되었다. 즉 업무 과정의 '기록' 생산을 의무화하고, 기록의 임의 삭제와 폐기를 어렵게 했다. 이는 단순히 기록의 사후 수집 개념에서 벗어나 기록의 생산부터 보존까지 의사결정 과정의 모든 것을 기록으로 남기도록 한다는 의미이며, 공공조직의 '설명 책임성'과 '투명성' 확보를 위해 중요한 개념이다. 당시 역사학계와 문헌정보학계의 일부 학자들이 대통령의 전폭적인 지원을 받으면서 공공기록물법의 전부개정과 기록관리시스템 구축을 추진하였고, 공

---

119) 기록물법 제41조에 의거하여 체계적, 전문적인 기록물 관리를 위하여 기록물관리기관에 배치되는 전문요원을 말하며 관련법에 의거하여 자격 및 배치 인원 등이 정해진다.

공기관의 기록물 관리 규정과 절차를 수립하는 데 참여했다. 황무지나 다름없었던 디지털 기록관리 체계를 제도적으로, 시스템적으로 기초 토대를 구축했다는 점에서 노무현 대통령과 당시 그 작업에 참여했던 학자들의 노고는 인정되어야 한다. 어쩌면 노무현 대통령은 기록과 아카이브가 곧 사회의 정신과 역사를 주관하는 토대가 된다는 것을 미리 내다본 유일한 대통령이었는지도 모른다. 그리고 문재인 정부에서는 우리나라 최초로 대통령 비서실 즉 대통령 직속 국정 수행 참모기관으로 '국정기록비서관실'을 설치했다. 일단 '기록'을 국가정책의 일환으로 보았다는 측면에서 관련 분야와 학계에 많은 기대를 안겨주었다. 특히 문재인 대통령의 국정운영을 객관적으로 기록할 일종의 '사관' 개념도 있었다고 하는데, 그러나 막상 문재인 대통령 임기 동안 국정기록비서관실은 대통령 기록과 관련하여 비상식적인 논란으로 사회적 이슈가 되었다. 어쨌든 기록과 아카이브의 역할에 대해 다시 돌아보는 계기가 된 점에서 의의가 있다.

'기록'의 지나친 정치 도구화

'기록'은 '사실(Fact)', '증거(Evidence)'의 다른 말로서, 용어 자체가 가치 중립적이다. 그러나 아쉽게도 우리 사회에서 '기록'은 초기 제도 수립과정에서 정의한 대로 '사실'을 남기게 하여 신뢰와 '설명할 책임'의 근거로 사용되기보다는 특정 그룹의 정치적 입장을 대변하는 수단으로 자주 사용되었다. 단적으로 그동안 기록계의 발표문이나 성명서의 내용을 들여다보면 이명박 정부나 박근혜 정부에 대한 정치적 공세가 대부분이다. 반면에 노무현 대통령의 남북정상회담 회의록 삭제나 문재인 정부 시절 수시로 터져 나왔던 기록 삭제 문제에 대해서는 늘 침묵으로 일관해 왔다. 이러한 일부 기록학자나 전문가들의 편향된 해석과 정치적 공세는 초기의 제도 수립과정의 노력과 학문적 발전을 오히려 훼손시키는 결과를 초래했다.

그 일례로 문재인 정부 초기에 국가기록원과 관련 전문가 단체는 이명박 정부의 사대강 정비사업과 관련된 모기업의 문서 무단 파기 의혹을 대대적으로 제기한 적이 있다. 의혹의 단서는 해당 기업의 문서파기 용역을 맡은 업체의 어느 일용직 노동자의 제보였다. 사실 모든 기관은 업무 과정에서 수많은 공식, 비공식 문건을 생산한다. 그리고 보존 연한이 지났거나, 중복문건이거나, 증빙이나 정보로서의 가치가 없는 문건들을 주기적으로 전문 파쇄 업체를 통해 파기한다. 당시 국토교통부와 국가기록원의 합동 조사가 이루어졌으나 결국 불법성이 발견되지는 못했는지 검찰의 기소까지는 가지 못하고 종료되었다. 그러나 언론은 '사대강 사업 관련 기업'이라는 말과 '문서 무단 파기'라는 그다지 상관없는 두 개의 문구를 내세워 '사대강 정비사업'에 대한 비우호적 여론을 만드는 데 적지 않게 기여했다.

탄핵당한 박근혜 대통령에 대한 기록 공세는 당시 사회적 분위기와 맞물려 더욱 심화되고 확대되었다. '면세점 선정 비리 의혹 관련 관세청 자료 파기 논란', '고 백남기 씨 상황 속보 파기 논란', '서별관 회의록 미생산 의혹 논란', '박근혜-최순실 게이트 당시 문건 파기 논란' 등 수많은 기록물 관련 정치적 공세가 이어졌다. 당시 관련 학회에서 '대통령기록물의 불법 유출과 무단 파기를 경고'한 성명서[120] 내용은 일반 국민에게 당시 청와대가 마치 기록물을 불법으로 유출하고 마구잡이로 파기하는 현장으로 인식하도록 만들었고. 자의든 타의든 언론의 '아니면 말고'식 기사의 근거가 되면서 대통령 탄핵의 정당성에 힘을 실어 주었다. 그러나 시간이 흐르면서, 사안들 대부분은 침소봉대되었거나 사안 자체가 근거가 없는 일로 귀

---

120) 한국기록학회·한국기록관리학회, '대통령기록물을 불법 유출과 무단 파기로부터 구하라'(성명서), 2017.03.17.

결되고 있다.

반면에 기록의 무단 삭제 등 명백한 불법 행위는 정작 기록관리제도의 틀을 만든 노무현 정부와 청와대에 '국정기록비서관실'이라는 독립된 직제까지 두었던 문재인 정부에서 발생했다. 노무현 대통령의 일부 비서진은 남북정상회담 회의록(일명 NLL 회의록)을 임기 말에 e-지원 시스템(이 시스템의 설계 철학과 구조는 앞에서 기술하였다)에서 프로그램 전문가를 동원하여 임의 삭제했고, 당연히 대통령기록관으로 이관하지도 않았다. 대법원은 해당 사건 관계자들에 대해 2020년 12월에 유죄 판결을 내렸다. 아이러니하게도 본 사건의 재판이 이루어지는 과정에서 당시 학계의 일부 학자들은 자신들이 학교에서 가르치는 교과 내용과는 전혀 다른 논리를 내세웠다. 이 사건과 관련하여 한때 명지대 기록관리학과에서 가르쳤던 강규형 교수는 한 언론과의 인터뷰에서 "일부 정치계와 기록계가 처음에는 노무현 당시 대통령의 NLL 포기 발언이 없었다고 목소리를 높였다가, 포기 발언 사실과 그 회의록의 존재가 확실해지자, 일제히 국가기록원에 이관된 노무현 대통령기록물에 그 회의록이 있는데 단지 못 찾을 뿐이라고 강변했고, 그러다가 다시 고의로 회의록이 삭제된 게 확실해지자 그때서는 그걸 삭제하는 건 불법이 아니라고 말을 180도로 바꿨다"고 기록계의 편향된 시각을 지적했다.[121]

문재인 정부 시절에는 탈원전 정책의 일환으로 이루어진 월성1호기 조기 폐쇄와 관련하여 일부 문건의 조작이 있었던 사실과 함께 해당 부처 공무원이 임의로 문서 500여 건을 불법 삭제하는 일이 벌어졌고, 해당 공무원은 자신이 신내림을 받았다는 해괴한 변명을 했다. 그뿐만 아니라 문재인 정부 법무부 장관이던 모 교수의 자녀가 다녔던 대학에서는 해당 사건

---

121) 강규형, 'NLL 포기 발언과 대통령기록물 폐기, 정계 은퇴해야', 매일신문 [강규형의 새론새 평], 2020.12.16., https://news.imaeil.com/page/view/2020121615153346221

에 대한 입시기록을 삭제했는데, 이 두 가지 사건 모두가 명백히 기록물법을 위반한 사건이었다. 최근에는 서해 공무원 문건 삭제 의혹까지 불거져 나왔지만, 지금까지 관련 단체나 전문가들은 침묵을 지키고 있다. 또한 문재인 정부의 '국정기록비서관실'은 기록원의 적폐 청산에 깊이 관여하면서 어떤 정권보다 기록을 정치적 수단으로 활용했다. 그뿐만 아니라 기록에 대한 과하게 자의적인 해석과 임기 말에 추진한 관련 법 개정은 그렇지 않아도 열악한 기록의 사회적 인식이 더욱 혼탁해지는 결과를 초래했다.

기록물은 생산자의 기능이나 책임을 입증해주는 데 의미가 있는 자료이어야 하고, 기록물의 내용을 표현한 기록의 지적 실체(Intellectual substance)로서 일정한 내용, 구조, 맥락을 가져야 하며, 매체에 고정해 반복적으로 전달할 수 있어야 한다.[122] 이러한 법적, 사전적 정의에도 불구하고 문재인 대통령 임기 말에 대통령기록관은 '풍산개'를 기록물로 정의하고, 관련 법까지 개정했다. 그 법을 근거로 대통령기록관은 대통령 임기 후에도 개 양육비를 지불하는 협약을 맺었다. 그러나 이 모든 일보다 더 큰 이율배반은 문재인 정부에서 이루어진 국가기록원에 대한 적폐 청산 작업이었다.

문재인 정부의 국가기록원 적폐 청산과 청와대의 정치적 개입

박근혜 대통령 탄핵 후 문재인 정부가 들어서면서 바로 온 나라를 들썩거리게 만들었던 말은 '적폐'였다. 당시 정부 대부분의 부처가 그랬듯이 국가기록원도 예외일 수는 없었다. '기록관리혁신위원회(이하 혁신위원회)'라는 이름으로 사실상 국가기록원의 적폐 청산을 추진했다. 위원장의 기자

---

122) 한국기록학회, 『기록학용어사전』 48쪽, ㈜역사비평사, 2008.

회견 발표문[123]에 따르면 당시 혁신위원회는 민간 전문가 14명으로 구성 되었고, 그들은 이명박 정부와 박근혜 정부의 기록관리 폐단 가운데 11개 사안을 조사 대상으로 삼았다. 그리고 '조사과정에서 국가기록원 업무 관리시스템 등록 기록과 업무 담당자 PC 저장 기록 등을 국가기록원으로 부터 공식적으로 제공받아 검토했고, 관련자 23명을 면담 조사했다. 조사 명분은 기록관리의 '중립성, 전문성, 정치화'라는 3가지 관점이었다고 제시했다. 그리고 조사나 수사에 관한 권한이나 전문성이 없는 14명의 민간 인들이 정부 조직 내에 '위원회'라는 이름으로 들어와 정부 업무관리시스 템의 기록과 개인의 PC를 조사하는, 전쟁 중에나 일어날 법한 초유의 상 황이 벌어졌다.

더 큰 문제는 적폐를 조사하는 위원회 조직도에 청와대 국정기록비서관 실이 공식적으로 들어와 있으면서, 사실상 위원회 활동 상황에 직간접적 으로 개입했다는 것이다. 아이러니하게도 적폐의 기준으로 '중립성, 전문 성의 훼손과 정치화'를 문제 삼으면서 오히려 자신들이 '중립성, 전문성의 훼손과 정치화'를 더 심화시키는 상황을 만들었다. 당시 혁신위원회가 적 폐로 지목한 주요 몇 가지 주요 사례를 보면 과연 문재인 정부의 '적폐'의 정의가 무엇이었는지 다시 생각하게 만든다. (아래의 박스는 당시 혁신위원회 의 보도자료 내용을 가능한 본문에 충실하게 요약 인용하였다.)

---

① 제16대 대통령기록물 유출 논란과 기록원 직원의 역할에 대한 적폐 규명
2008년 노무현 전 대통령이 대통령기록물을 봉하마을로 유출했다는 논 란과 관련해 당시 국가기록원이 참여정부 비서관 10명을 고발한 사건에 대 해 당시 '이명박 정부 대통령실 기획관리비서관실'이 고발을 주도했다는 사 실을 확인했다

---

123) 안병우, '국가기록관리혁신 TF 기자회견문', 국가기록관리혁신위원회, 2018.01.15.

당시 노무현 대통령 측에서 봉하마을로 가져간 것은 청와대 행정 시스템의 하드디스크를 복사해 간 것이다. 물론 전임 대통령의 회고록 작성 등을 위해 기록물 열람이 필요했을 수도 있다. 그러나 대통령도 임기가 끝나면 민간인 신분이다. 이를 허용하면 각 부처 장관이나 고위 공무원들이 자신이 속한 부서의 기록물을 개인의 집으로 복사 혹은 복제해 가는 것도 허용되어야 한다. 따라서 당시 검찰의 해당 하드디스크 회수를 지원했던 기록원 직원들을 정치적 중립성을 훼손한 것으로 규명한 것이야말로 오히려 정치적 중립성을 훼손한 것은 아닌지 생각해 보아야 한다.

② 10·4 남북정상회담 대화록의 생산과 성격에 관한 국가기록원의 역할에 대한 적폐 규명

'13.11.15. 검찰은 노무현 전 대통령의 지시에 따라 남북정상회담 대화록 초본을 삭제한 조명균(현 통일부 장관), 백종천 2명을 불구속기소했다. 이 사건의 재판 과정에서 국가기록원의 과장과 기록연구사가 각각 증인으로 출석하여 기록관리 전문기관 전문가로서 증언했는데, 그 내용은 당시 기록학계의 주장을 묵살하고 검찰의 논리를 수용하는 것이었다.

당시 기록원 직원들은 검찰의 논리를 수용했다기보다는 오히려 공공기록물법의 '업무 및 의사결정의 과정을 남겨야 한다'는 기록관리학의 기본 원칙대로 의견을 제시한 것뿐이다. 그러나 당시 혁신위원회는 해당 전문가와 기록원에 대해 기록학계의 주장을 묵살하고 전문적이지 못했다고 지적했다. 그 이후 해당 기록원 전문가는 인사상의 불이익을 감수해야 했다. 설사 위원회의 논리처럼 기록학계의 주장을 묵살했다 치더라도 그것이 과연 적폐인가? 기록학계의 주장이 '절대 가치'라는 매우 비상식적이고 반민주적인 전제에서만 가능한 일이었다.

③ ICA[124] 서울총회와 기록관리계 '블랙리스트' 논란

2016년에 개최된 ICA 서울총회가 정치화되었다고 확정짓고, 해당 사안을 조사하는 과정에서 이명박·박근혜 정부에서 국가기록원에 기록관리 전문가 '블랙리스트'가 존재했다. 관련 사안에 대해 당시 국가기록원장이 '문제 위원 8개 위원회 20명'을 단계적으로 교체 추진하겠다는 '15년 3월 26일자 장관 보고 문서와 한국 전문가가 국제기구인 EASTICA** 사무총장으로 선출되는 것을 저지했다는 '15년 10월 22일자 보고 문서를 확보했다. 그리고 TF 권한의 한계로 인하여 '문제 위원 8개 위원회 20명' 명단의 실재 여부까지는 확인하지 못했으나, 이는 국가기록원에서 특정 인사를 차별·배제했음을 확인했다.

그러나 본 발표 내용은 기록원 내부 행정기록과 회의록 등을 통해 확인한 결과와 다르다. 내부 문서와 직원들의 증언 등을 확인한 결과 임의의 위원 교체는 없었다. 물론 당시 혁신위원회도 블랙리스트가 실제로 이행된 바가 없다는 것을 확인했다. 그럼에도 불구하고 혁신위원회는 마치 블랙리스트가 있었고, 실제적인 위원 배제가 이루어진 듯이 언론에 발표했다. 그러나 정작 내로남불은 문재인 정부에서 이루어졌다. 당시 국가기록관리위원회의 위원장과 위원 5명을 적법한 근거 없이 자진사퇴의 형식으로 교체했다. '너는 안 되지만 나는 해도 된다'가 적폐의 기준이었다.

---

124) International Council on Archives (ICA; 불어: Conseil international des archives)는 기록 보관소와 기록 보관소를 위한 국제 협력을 촉진하기 위해 존재하는 국제 비정부 기구이다. 1948년 당시 프랑스 국립 기록 보관소의 이사였던 Charles Samaran이 회장의 주도로 설립되었으며, 회원 자격은 국내 및 국제 조직, 전문가 그룹이다. 2015년 현재 199개 국가의 약 1,400명의 기관 회원으로 구성된다. 〈https://en.wikipedia.org/wiki/International_Council_on_Archives〉

신영복 교수는 간첩이었다는 논란이 여전히 있다. 그가 실제로 간첩이었든 아니든 그런 논란이 있는 사람이 쓴 현판을 굳이 국가 체제 수호의 상징성을 가지는 대통령기록관에 걸어야 하는지 대한민국 국민이라면 당연히 가지는 의문이다. 당시 혁신위원회가 지적한 중립성이 정치적 중립성과 체제의 중립성을 착각한 것이 아니라면 본 사안은 정치적 중립의 문제가 아니라 체제 정립을 위한 국가기관의 당연한 의사결정으로 판단된다. 즉 중립성 훼손이 아니라 오히려 국가 정체성 회복이라는 차원으로 판단할 문제이다.

문재인 정부 비서실장의 캐비닛 문건 폭로

　2017년 3월 초부터 박근혜 대통령 탄핵 선고가 이루어진 시기에 수많은 탄핵의 정당성에 힘을 실어 주는 언론 기사들이 수없이 쏟아져 나왔고, 그 중에는 기록과 관련한 기사도 수시로 지면을 채웠다.

- 최순실 게이트 증거 파기? 9년 만에 또 사초 논란 [중앙일보 2017-3-15]
- 대통령기록관 "朴 1~3년차 기록물 건수 공개 안 해" [서울신문 2017-3-15]
- 최장 30년간 '봉인' 가능 檢 수사 차질 빚을 수도 [국민일보 2017-3-15]

- [단독] '청와대 주요 문서, 시스템 등록 안 하고 임의 폐기' [JTBC 2017-3-14]
- [사실은] 자택으로 옮겨진 '한아세안' 상자...대통령기록물? [SBS 2017-3-14]
- 최순실 유출 문서 '대통령기록물?' … '사초' 논란 [연합뉴스TV 2017-3-14]
- 기록전문가 '박 前대통령, 사저로 대통령기록물 가져갔다면 처벌 대상 [MBC라디오 2017-3-14]
- '청와대 메모 하나라도 갖고 나갔다면 징역 7년' [CBS라디오 2017-3-14]
- 靑vs야권 벌써 불거진 '사초 논란' [세계일보 2017-3-14]
- 민주 '국정농단 증거인멸 말라' 靑 'SNS 계정 비활성화 조치' [서울신문 2017-3-14]
- 수첩과 사초 [경향신문 2017-3-14]
- '청와대 범행 현장 증거인멸 막아야' [한겨레 2017-3-14]
- 강병원, 황 대행 대통령기록물 지정? '탄핵 주연급 조연, 범죄 덮는데 앞장 설 수도' [YTN라디오 2017-3-13]
- 청와대에 남은 '4년 기록물' … 임의폐기, 30년 '봉인' 우려 [JTBC 2017-3-13]
- [인터뷰] '청와대 종이류 기록물, 폐기·반출 가능성 높아' [JTBC 2017-3-13]

이러한 기사들 가운데에서도 관건은 박근혜 대통령 청와대 캐비닛 문건 논란이었다. 특히 2017년 10월 어느 날 당시 문재인 정부 모 비서실장은 본인이 직접 기자회견까지 하면서 직접 브리핑까지 했는데, 국가의 최고 실권자인 대통령 비서실장이 이런 일을 해도 되나 싶을 정도이다.

- 임종석 靑비서실장 '사사롭게 국정기록 함부로 다루고 농단' [한국경제 2017-10-12]
- 임종석 실장까지 나선 청와대 캐비닛 정치의 득과 실 [중앙일보 2017-10-12]
- 청와대의 '캐비닛 폭로' 정치, 결국 박근혜 구속 연장 끌어냈다? [조선일보

2017-10-13]

- 靑 "朴정부, 세월호 상황보고일지 조작 '캐비닛 문건' 발견" [신아일보 2017-10-12]
- (전문)靑 임종석 비서실장, '세월호 문건' 관련 브리핑 [서울경제 2017-10-12]

당시 대통령 비서실장이 직접 발표한 기자회견에 대해 모 언론은 "청와대의 '캐비닛 폭로' 정치, 결국 박근혜 구족 연장 끌어냈다?"[125] 라는 제목의 기사에서 기자는 이렇게 소감을 제시하고 있다.

"청와대 2인자가 직접 발표를 하길래, 시국이 시국인지라 전쟁이라도 나는 줄 알았습니다. 그런데 박근혜 정부 관련 문서가 나왔다는 얘기네요. 더군다나 사건 경위에 대한 조사도 끝나지 않은 상황에서 일찌감치 '가장 참담한 국정농단의 표본'으로 규정까지 했습니다. 정치적으로 하나 던진다는 느낌이 듭니다."

이처럼 당시 수많은 기록물 기사와 청와대 캐비닛 문건 논란은 마치 박근혜 대통령의 청와대가 기록물의 불법 파기와 은닉의 장소로 여겨지게 했고, 박근혜 대통령에 대한 탄핵의 정당성에 힘을 실어 주었다. 그러나 막상 청와대에서 캐비닛 문건이라는 이름으로 국가기록원에 이관되어온 기록물 중 대부분은 노무현 대통령과 이명박 대통령의 기록물이었다는 것을 아는 사람은 많지 않다. 더구나 그 중 상당수의 기록물은 대통령 비서실에서 업무 참고 목적으로 사무실에 상시 비치해 두고 활용하던 기록물이었던 것으로 알고 있다. 그러나 당시 우리 사회는 대통령의 비서실장이 직접 기자회견까지 하면서 폭로한 그 정체 모를 문건 하나에 분노했고 대통령은 결국 자리에서 내려왔다.

---

125) 〈뉴스를쪼다〉, "청와대의 '캐비닛 폭로' 정치, 결국 박근혜 구속 연장 끌어냈다?", 조선일보, 2017.10.13.

인포데믹 현상과 아카이브의 미래

아카이브는 기억을 축적하는 공간이다. 왜곡된 기억은 왜곡된 의사결정을 하게 한다. 우리 사회의 유난스러운 갈등 문제는 우리의 왜곡된 기억에 기인하는지도 모른다. 좌파 정부는 우리나라 아카이브 제도 수립에 기여했다. 그러나 과연 그 아카이브에 우리의 기억이 온전하게 축적되어 왔는가? 우리의 기억이 어디서부터 어떻게 왜곡되어 있는지 지금부터라도 제도적으로, 시스템적으로 점검할 필요가 있다.

그러나 정작 더 큰 위기가 있다. 세상의 소통이 디지털 공간을 통해 이루어지면서 기억은 더 쉽게 왜곡되고, 진실은 더 쉽게 사라지고 있기 때문이다. 디지털 기록은 '0'과 '1'이라는 '비트스트림'으로 이루어진, 인류가 지금까지 보지 못했던 형태와 구조로 되어 있다. 사람의 눈으로는 판독 불가능한 암호와 같은 디지털 정보는 삭제, 편집, 복제가 쉽고, 공간과 시간의 제약이 없다. 이러한 디지털의 속성은 인간의 정보 생산 능력을 거의 무한대로 끌어올리는 데 기여했다. 그러나 사람의 육안으로 확인과 검증이 불가능한 구조는 데이터의 신뢰성을 약화시키면서 정보의 조작과 왜곡을 일반화시키고, 세상은 바야흐로 '탈진실의 시대'를 맞이하게 되었다. 옥스퍼드 사전에서 2017년 '탈 진실(Post-truth)'을 올해의 단어로 선정한 것은 이러한 디지털이 만드는 시대적 상황을 반영한 것이다.

또한 빠르고 예측이 어려운 IT 기술의 변화는 기존에 생산된 데이터와 기록을 부지불식간에 불용(不用)하게 만들면서, 더 이상 '영구보존 개념'은 사라지고 있다. 재현되는 환경에 따라 모양과 속성을 바꾸는 디지털 정보의 특징은 인간의 망각 기능과 더불어 어제의 이슈를 오늘의 이슈로 덮고, 본질을 비본질로 덮으면서 해괴한 세상을 만들고 있다. 오늘날 디지털 시대의 새로운 아카이브는 인터넷상에서 정보 유통의 관문 역할을 하는 네이버, 구글, 페이스북, 인스타그램 등 수많은 디지털 정보 플랫폼들이다. 그리고 이 새로운 세상은 디지털 암흑시대(Digital Dark Age)를 예고하고 있다.

'가짜정보'가 전염병처럼 번지는 인포데믹(Infodemic)[126] 현상은 이미 우리 사회의 큰 흐름이 되어 있다. 공영 미디어와 주류 언론사에서 배포하는 정보조차도 시류를 좇아 사람들의 흥미에 집중하면서 '진실'과 '사실'은 점점 힘을 잃어가고 있다. '효순·미순 학생의 미군 장갑차 사고'와 'MBC 방송의 광우병 가짜뉴스로 인한 시위 사태', '천안함 사태에 대한 진위 논란', '세월호 사고와 대통령 탄핵 사태' 등 아니면 말고식 가짜뉴스와 그에 따른 사회 갈등 문제는 그야말로 '진실'보다 '가짜'가 사회를 움직인 사례들이다. 사실 이런 현상은 2000년대 초반부터 더욱 두드러졌다. 그런데 아이러니하게도 인터넷 서비스 개시 4년 만에 초고속 인터넷 가입자가 1,000만 명을 막 넘어선 해가 2002년이고, 효순·미순 학생 장갑차 사고의 시위 사태가 난 해도 2002년이라는 사실은 시사하는 바가 적지 않다.

새로운 기술은 새로운 제도와 시스템을 필요로 한다. 자동차가 도입되면서 수많은 법이 만들어졌듯이 디지털 기술도 마찬가지이다. 오늘날 우리 사회의 혼란은 인터넷과 정보시스템 등 물리적 인프라 구축에만 집중하고, 막상 디지털의 취약한 속성과 역기능에 대한 대응 마련에는 미흡했기 때문이다. 현대의 전쟁은 '총'이나 '탱크'보다 '콘텐츠'의 싸움이다. 그래서 사람들은 가짜를 동원해서라도 자신들에게 유리한 콘텐츠 생산에 혈안이 되어 있다. 그 옛날 고대와 중세 사회에서 정보와 기록이 특권층의 권력 유

---

126) 인포데믹(Infodemic)이란 '정보(Information)'와 '전염병(Epidemic)'의 합성어로서 미디어나 인터넷을 통해 허위 정보나 잘못된 정보가 전염병과 같이 급속하게 퍼지는 현상을 말함.

지를 위해 독점되었듯이, 오늘날은 '사상'과 '이념' 그리고 '집단 이기주의', 심지어 '정의'를 빙자한 '다수'를 내세운 '무리'가 특권층이 될 수 있다. 정보를 독점하려는 그룹들은 디지털 기술을 통해 더욱 세련되고 정교해진 방법으로 자신에게 불리한 기록은 삭제하고, 유리한 기록은 모으고 축적한다. 구글, 네이버, 트위터와 페이스북 등의 디지털 공간이 그 옛날 수도원의 폐쇄된 아카이브와 크게 다르지 않을 수 있다.

문제는 우리의 후세대가 그곳에 쌓인 기록을 통해 삶의 단서를 찾게 될 것이라는 점이다. 무엇이 진실인지 구분되지 않는 디지털 시대에 누군가는 진실을 남기고, 후손들에게 전승할 가치를 축적할 제도와 주체가 있어야 하지 않겠는가? 방법은 상호 견제와 감시, 설명할 책임의 강화를 통해 일방적인 정보 왜곡을 그나마 최소화할 수 있는 방법을 찾아야 한다. 그리고 대한민국이라는 국가 공동체의 구성원들이 동의하고 추구하는 핵심 가치를 우리의 후손들이 어디에서 발견할 수 있을지 누군가는 고민해야 한다.

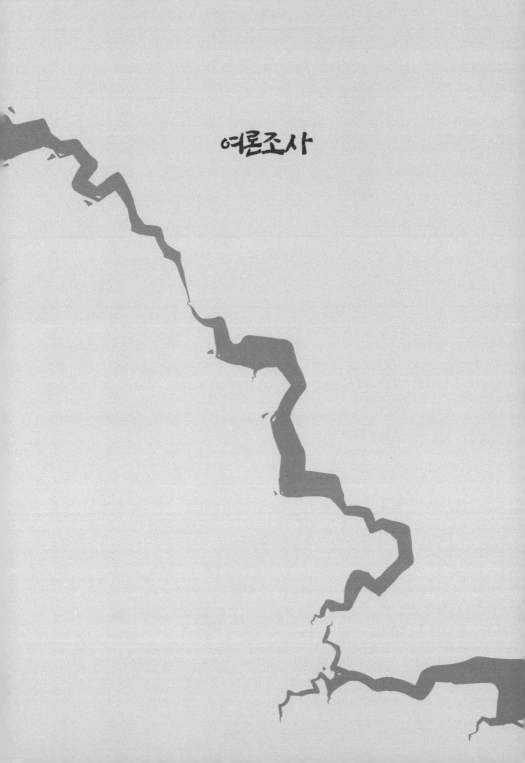

여론조사

문재인 정부에 대한 국민들의 평가
- 2021년 8월 전국민 대상 여론 조사 결과 -

황승연/경희대학교 사회학과 명예교수

2021년 8월 15일부터 19일까지 5일간 문재인 정부에 대한 국민들의 평가와 관련한 여론조사를 실시하였다. 문재인 정부 출범 4년이 넘었고 대선을 7개월 정도 남긴 시점이었다. 국민들이 문재인 정부를 평가하기에 충분한 시간이 흘렀다고 보았다. 이 조사는 필자가 설계하여 (주)리서치앤리서치에서 조사를 수행하였다.[127] 해당 여론조사는 만 18세 이상 전국의 남녀 2,012명을 대상으로 구조화된 설문지를 이용한 인터넷(웹) 조사로 이뤄졌다. 응답률은 35.8%이며 표본오차는 95% 신뢰수준에 ±2.19%p이다. 표본추출은 리서치앤리서치에서 자체 구축한 리서치 패널 약 14만 명(2021년 7월 기준)에서 추출하였고, 성·연령·지역별 인구구성비에 따른 비례 할당 추출법을 사용하였다.[128]

---

127) 이 조사는 4개의 사회연구단체, 차세대미래전략연구원(차미연), (재)굿소사이어티, 자유와 상생 네트워크(자생넷), 사회정의를 바라는 전국교수모임(정교모)의 지원으로 이루어졌다.
128) 2021년 7월 말 행정안전부 주민등록인구 기준으로 성, 연령, 지역별 가중치를 부여하는 림가중으로 통계를 보정하였다. 따라서 실사례 수는 2,012명이나 통계보정으로 2,000 표본으로 분석하였다.

정권 교체인가 정권 연장인가?

　차기 대선에서 정권 교체와 정권 연장의 바람은 50.5%대 27.2%로 정권 교체에 대한 바람이 훨씬 많았다. '절대 정권 교체'와 '절대 정권 연장'이라는 강한 표명에도 36.2%대 13.8%로 정권 교체 바람이 훨씬 컸다.

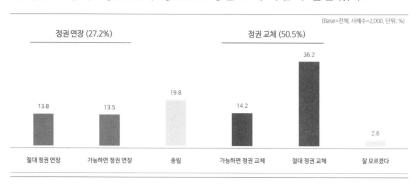

　전 연령층에서 정권 교체 의견이 많았고 특히 60대 이상에서 가장 많았다. 여성에게 상대적으로 중립 의견이 많았고, 호남에서 정권 연장 의견이 많았다. 정권 교체를 바라는 응답자들의 지역은 대구/경북이 가장 많았고 서울이 다음으로 많았다. 무당층도 정권 교체를 원하는 비율이 훨씬 높았다.

문재인 정부 출범 이후 일반적인 평가

　문재인 정부 출범 이전과 이후를 비교하는 평가에서 전반적으로 더 나아진 것은 없다고 국민들은 인식하고 있었다.

　문재인 정부 출범 이후 우리나라의 국제적인 위상이 경제적인 측면과 정치적인 측면 모두 더 나아지지도 않았다고 보고 있는데 20대와 60대에서 더 부정적이고 40대와 50대에서는 다소 긍정적으로 답하고 있다. 특히

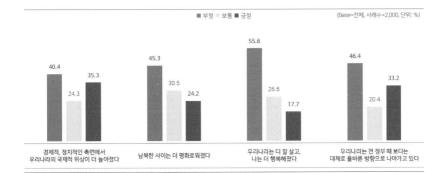

경제적, 정치적인 측면에서
우리나라의 국제적 위상이 더 높아졌다 40.4 / 24.3 / 35.3

남북한 사이는 더 평화로워졌다 45.3 / 30.5 / 24.2

우리나라는 더 잘 살고,
나는 더 행복해졌다 55.6 / 26.6 / 17.7

우리나라는 전 정부 때 보다는
대체로 올바른 방향으로 나아가고 있다 46.4 / 20.4 / 33.2

문재인 정부가 자랑하는 남북관계에 대해서도 남북한 사이가 더 평화로워졌다는 것에 부정적으로 평가하고 있다(45.3%대 24.2%). 역시 20대와 60대에서 더 부정적이고 호남에서 긍정적이다.

'우리나라는 더 잘살고 나는 더 행복해졌다'라는 질문에 55.6%대 17.7%로 압도적으로 부인하고 있다. 부인하는 정도는 3배 이상이다. 박근혜 정부 때와 비교해서 우리나라가 '대체로 올바른 방향으로 나아가고 있냐'는 질문에 이를 부정하는 답변이 46.4%대 33.2%로 많았다.

위의 모든 질문에서 20대와 60대 연령층에서 그리고 대구·경북에서 더 부정적이었다. 호남과 대구·경북의 차이가 늘 선명하게 드러났다. 호남이 문재인 정부의 지지기반이라는 것이 확인된다.

북한에 대한 의견

문재인 정부가 가장 심혈을 기울였던 대북 관련 주제들에 대한 국민들의 평가를 살펴보면, 우리나라가 자유민주주의를 포기하더라도 통일이 더 중요하다는 의견에 동의하는 사람들은 9.5%, 반대하는 사람들은 75.5%나 되었다. 통일과 관련한 국민들의 인식에 대한 파악이 부족하였고(파악할 생각조차 하지 않았고), 그들의 왜곡된 이념 지향대로 정책을 밀어붙인 것이 문재인 정부의 가장 큰 패착이라 하지 않을 수 없다.

역시 문재인 정부가 북한에 대한 지원을 확대하려는 태도에 대해서도 반대가 47.3%대 25.2%로 많았다.

한미연합 군사훈련에 대해서도 63.9%대 14.1%로 한미동맹에 대해 압

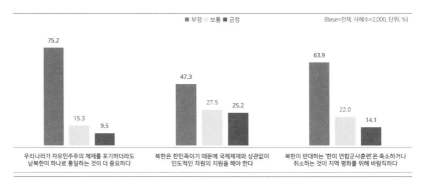

도적인 지지를 보내고 있다. 문재인 정부의 대북 친화정책과 반미정책이 국민들에게 전혀 먹혀들지 않고 오히려 반감을 불러오고 있다는 사실을 확인할 수 있었다. 그런데도 문재인 정부는 왜 그렇게 집요하게 대북 친화정책을 펼쳤던 것일까?

국제관계에 대한 의견(미국, 중국, 일본)

미국 사드배치에 대하여 긍정적으로 보는 의견이 부정적인 의견 17.2%보다 훨씬 많은 49.1%나 되었다.

중국에 대한 부정적인 의견은 예상을 훨씬 넘는 것이었다. 문재인 정부의 친중정책으로 우리나라의 자주성과 국익이 손상되었다는 의견이 47.5%인 반면 반대의견은 24.9%였다.

중국인들이 우리나라에서 토지 매입을 늘리고 있다는 언론보도가 있었는데 이 사실에 우려를 표한 의견이 78.6%이고, 반대 의견은 불과 5.9%에

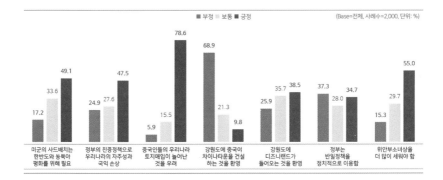

	부정	보통	긍정
미군의 사드배치는 한반도와 동북아 평화를 위해 필요	17.2	33.6	49.1
정부의 친중정책으로 우리나라의 자주성과 국익 손상	24.9	27.6	47.5
중국인들의 우리나라 토지매입이 늘어난 것을 우려	5.9	15.5	78.6
강원도에 중국이 차이나타운을 건설하는 것을 환영	68.9	21.3	9.8
강원도에 디즈니랜드가 들어오는 것을 환영	25.9	35.7	38.5
정부는 반일정책을 정치적으로 이용함	37.3	28.0	34.7
위안부소녀상을 더 많이 세워야 함	15.3	29.7	55.0

불과했다. 중국에 대한 강한 반감을 표하고 있다.

　강원도에 차이나타운을 건설한다는 계획과 미국의 디즈니랜드가 세워진다는 뉴스가 있었는데 이에 대해 비교하는 질문에서 차이나타운 건설에 대한 반대는 68.9%, 찬성은 9.8%였지만, 디즈니랜드는 반대가 25.9%, 찬성은 38.5%였다.

　중국과 미국에 대한 국민들의 태도는 극명하게 비교된다. 특히 60대 이상의 연령층에서 미국에 대한 친밀감과 중국에 대한 반감이 가장 높았다. 남성이 여성에 비해 더 명확한 의견을 제시하고 있고, 여성들은 중립적인 의견이 남성들보다 많았다.

선거에 대한 의견

　선거 관련 여러 이슈에 대한 의견에 대해 국민들의 태도는 대단히 부정적이었다. 4.15총선이 부정선거라는 의혹에 대해 검찰수사나 특검을 통해 밝혀져야 한다는 의견에 국민들 43.4%가 찬성하고 30.4%가 반대하고 있다. 성별과 연령과 지역에 차이가 없이 고르게 보이는 태도였다.

　드루킹 댓글 사건에 대해 가장 큰 수혜자인 문재인 대통령의 사과와 진상규명이 필요하다는 질문에 51.1%가 동의했고 반대는 24.4%에 불과했

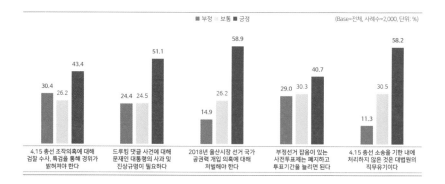

다. 60대 이상에서 동의가 더 높았고 호남에서 가장 적었다.

2018년 울산시장 선거에 경찰 권력이 개입했다는 의혹은 아직도 수사와 재판이 종결되지 않고 있는데, 이에 대해서도 58.9%대 14.9%의 차이로 국민들은 의혹을 밝히고 처벌해야 한다는 것에 동의하고 있다.

4.15 부정선거라는 의혹은 사전투표가 의혹의 중심에 있기 때문에 사전투표를 폐지해야 한다는 의견이 있는데, 이에 대해 40.7%가 동의하고 있고 29.0%가 반대하고 있다.

4.15총선에 대한 부정선거 의혹이 빨리 종결되지 않고 논란이 계속되고 있다. 선거 관련 재판은 6개월 이내 처리해야 한다는 법률에 의거하여 이미 종결되었어야 하는데, 이 법률이 강제조항이 아니라는 이유로 미루어져 차기 총선이 6개월 남은 지금까지도 해결되지 않고 있다는 것에 있다. 이에 대해 선거재판을 담당하고 있는 대법원의 직무유기라는 지적에 동의하는 국민이 58.2%이고, 반대하는 국민이 11.3%이다. 문재인 정부의 실패는 이러한 국민의 의견을 고려하지 않고 그들의 희망대로 아전인수 격으로 해석하고 반성하는 태도를 전혀 보이지 않았다는 데 있다.

문재인 정부의 각종 정책들에 대한 의견

문재인 정부의 가장 실패한 정책으로 탈원전 정책을 들고 있는데 2021년 8월의 조사에서도 나타나고 있다. 탈원전 정책의 폐지에 대해 찬성

45.7%대 반대 25.1%의 차이로 찬반이 나뉘고 있다. 남성이, 60대 이상에

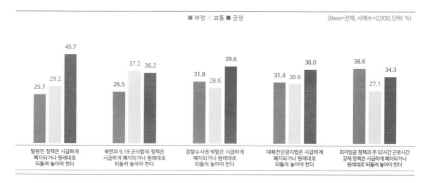

서, 대구/경북과 서울에서 찬성이 많고 30대 40대 연령층과 여성과 호남에서 반대의 의견이 상대적으로 높았다.

북한과 9.19군사합의 정책에 대해서도 36.2%가 폐지를 26.5%가 폐지 반대를 표했다.

검찰 수사권 박탈에 대한 정책에 대해서도 39.6%대 31.8%로 반대 의견을 더 많이 내고 있다. 대북전단금지법에 대해서도 38%대 31.4%로 반대의견을 더 많이 내고 있다.

최저임금 정책과 52시간 근로시간 정책에 대해서는 38.6%가 찬성을 표하고 34.3%가 반대 의견을 표했다. 남성, 60대 이상에서 반대를 더 많이 하고 있고 여성과 20, 30, 40대 연령층과 호남지역에서 이 정책에 대해 찬성하고 있다. 문재인 정부의 지지 세력이 명확하게 드러나는 질문이다.

경제 문제(부동산, 세금, 일자리, 복지, 기업)에 관한 의견

자유민주주의를 지켜나가는 것이 통일을 이루는 것보다 더 중요하다는 질문에 압도적으로 높은 동의를 보인 것을 앞에서 소개했다. 그러나 자유민주주의나 통일이라는 추상적인 개념이 아닌 구체적인 이익과 관련한 질문에서는 다른 태도를 보이고 있다. 즉 개인의 이익 측면에서 질문하면 약

간 달라진다.

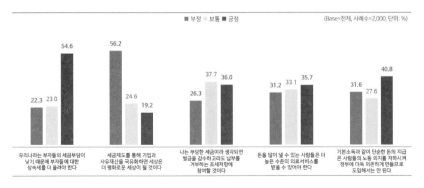

개인의 재산권에 해당하는 질문인 상속세에 관한 질문에서, 세계에서 최고인 현재의 상속세를 더 올려야 한다는 것에 동의하는 것이 54.6%대 22.3%로 두 배 이상 높았다. 자신의 재산이 아니면 남의 재산에 대해서는 더 많은 세율로 과세해야 한다는 태도를 보이고 있다. 특히 50대에서 가장 높았고 20대에서 가장 낮았다. 호남에서 가장 높았고 충청권이 가장 낮았다. 이 역시 문재인 정부 지지 세력과 일치하는 항목이다.

반면에 세금제도를 통해 기업과 사유재산을 국유화하면 더 평화로운 세상이 될 것이라는 질문에는 56.2%가 반대 의견을 보였다. 찬성은 19.2%였다. 다른 사람의 재산을 세금으로 걷는 것은 찬성하지만 사유재산을 국유화한다는 것에는 반대하고 있다. 이런 모순적인 태도를 보이는 이유는 무엇인가? 문재인 정부를 반대하는 연령층인 20대와 60대 이상에서 반대가 더 높았다. 부당한 세금에 대해서는 조세저항에 참여할 것이라는 질문에는 36%대 26.3%로 동의가 많았다. 남성에서 더 많았고 60대 이상에서 더 많았다.

의료보험을 많이 내는 사람들에 대한 특혜가 전혀 없는 우리나라 제도 하에서 더 높은 수준의 의료서비스에 대한 가능성에 35.7%대 31.2%로 동의하고 있는데 성별, 연령별 차이는 없지만 지역별로는 서울과 충청권이 조금 높았다.

기본소득과 같은 현금성 복지제도에 대한 평가에서 40.8%대 31.6%로 도입에 반대를 나타내고 있다. 남성보다 여성이 또 연령이 낮을수록 기본소득에 동의하는 정도가 높다. 서울 거주자들에게 반대하는 정도가 더 높았다.

시장경제에 대한 이해에 있어서, 일자리는 기업과 시장이 해야 할 일이라는 질문에 47.1%대 24.1%로 동의하고 있다. 남성이 60대 이상에서 동의의 정도가 더 높다.

재벌에 대한 정부의 통제에 대해서 반대의 의견이 42.4%대 28.6%로 더 높다. 특히 호남과 50대에서 정부 통제를 찬성하는 정도가 높았다.

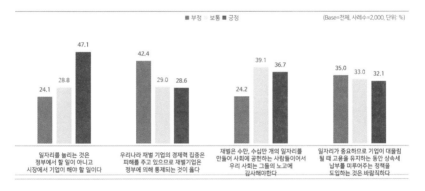

재벌에 대한 노고 인정에 대해 36.7%대 24.2%로 긍정적인 답변을 하고 있다. 다른 질문들과 마찬가지로 역시 남성과 60대 이상에서 좀 더 우파적인 시각을 보이고 있다.

상속세와 고용을 연계시킨 문제에 있어서 앞을 상속세 관련 질문에서와 마찬가지로 35%대 32.1%의 차이로 상속세에 혜택을 주는 것에 반대하고 있다.

전체적으로 시장경제 마인드는 건전한 편이라 할 수 있다. 이런 국민의 성향을 무시하고 무리하게 사회주의 정책을 내세운 문재인 정부는 실패를 예약하고 있었다고 볼 수 있다.

문재인 정부 내내 가파른 상승세를 보여 청년 세대들을 좌절감에 빠뜨린 부동산 가격이나 임대료 관련 질문에서 특히 40대와 50대에서 상대적 박탈감을 보여주고 있다. 사회적 약자 보호를 위해 국가가 임대료나 부동산 가격을 정하는 것이 필요하다는 질문에 44.1%대 31.6%로 동의의 의견을 더 많이 내고 있다. 부동산에 관하여는 자신은 사회적 약자이고 따라

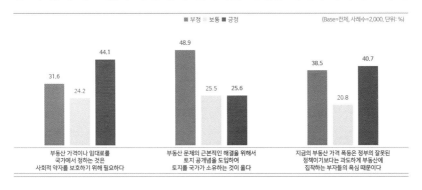

서 그들은 국가의 보호를 받아야 한다고 생각하고 있다. 이런 태도는 50대에서 가장 높고 60대가 가장 낮았다. 지역적으로 호남에서 가장 높았다.

또 토지공개념을 도입해서 토지를 국가가 소유하는 것이 부동산 문제의 근본적인 해결이라는 질문에 반대하는 의견이 48.9%대 25.6%로 높았다. 20대에 가장 반대가 많았고 50대에 찬성이 많았다. 토지의 국유화를 통해 부동산 문제를 해결하자는 사회주의적 사고에 동조자가 25.6%나 된다는 것은 놀라운 결과이다. 문재인 정부의 그 많은 실정에도 일정 지지자들이 견고하게 존재하는 이유는 바로 이 계층 때문이 아닐까 짐작하게 한다.

부동산 문제가 부자들의 욕심 때문이라는 질문에는 동조하는 답변이 40.7%대 38.5%로 약간 더 높았다. 40대와 50대에서 가장 동조의견이 높았다. 호남이 가장 높았다.

호남과 40대, 50대! 가장 사회주의 정서를 많이 가진 사람들이다. 문재인 정부의 지지자들이다. 무엇이 이들을 좌경화로 몰았나? 문재인 정부 말기의 국민 정서의 단면이다.

저자 소개

김주성(金周晟)

      한국외국어대학교 프랑스어과 학사

      서울대학교 행정대학원 석사

      미국 텍사스대학교 정치학 박사

      한국교원대학교 총장

      (현)특권폐지국민운동본부 공동대표

조성환(曺成懽)

      서울대학교, 동 대학원 외교학과 정치학 석사

      프랑스 사회과학고등연구원 정치학 박사

      세종연구소 연구위원,

      경기대 정치전문대학원 원장, 한국정치외교사학회 회장

      (현) 사회정의를 바라는 전국교수모임 공동대표

이호선(李鎬善)

      국민대학교 법과대학 졸업,제31회 사법시험합격

      사법연수원 제21기 수료. 영국 리즈대학교 졸업(LL.M.)

      한국헌법학회 부회장, 사회정의를바라는전국교수모임 공동대표

      (현) 국민대 법대 교수

오정근(吳正根)

      고려대학교 경제학 학사 석사

      영국 맨체스터대학교 경제학 석사 박사

      한국은행 외환연구팀장 통화연구실장 금융경제연구원 부원장

      고려대학교 교수, 건국대학교 특임교수, 한국국제금융학회 회장

      20대 대통령직 인수위 지역균형발전특위 간사

      (현) 한국금융ICT융합학회 회장, 바른언론시민행동 공동대표

      (현) 서울특별시 지방시대위원장

이종은(李宗恩)

　　서울대학교 경제학부 졸업

　　영국 런던대 경제학 박사

　　OECD 경제국 자문

　　(현) 세종대학교 경제학과 교수

　　(현) 산업통상자원부 무역위원회 위원

　　(현) 기획재정부 조달정책심의위원회 위원

　　(현) 한국은행 통화정책 커뮤니케이션 자문회의 위원

박은숙(朴恩淑)

　　이화여대 영문과 학사, 연세대 행정학 석사

　　경북대 행정학 박사, 숭실대 사회복지학 박사

　　강서대 사회복지대학원장

　　국무총리실산하 경제인문사회연구회 이사

　　국무총리실 정부업무평가위원

　　(현) 사회정의를 바라는 전국교수모임 공동대표

박진기(朴珍基)

　　해군사관학교 졸업

　　KAIST 미래전략대학원 졸업

　　대통령 직속기관 공무원

　　20대 대통령 인수위원회 위원

　　(현) 한림국제대학원대 겸임교수, K-POL 연구위원

　　(현) 국방혁신특별자문위원회 전문위원

이창위(李昌偉)

　　고려대학교 법과대학 및 동 대학원 법학석사

　　일본 게이오(慶應)대학 대학원 법학박사(국제법)

　　외교부, 국방부 자문위원

　　국제해양법학회 회장

세계국제법협회(ILA) 한국본부 회장

(현) 서울시립대학교 법학전문대학원 교수

홍승기(洪承祺)

　　고려대학교 법학과 동 대학원 석사

　　펜실베니아 대학(U'of Penn) 로스쿨 LL.M.

　　대한변협 공보이사, 미국 뉴욕주 변호사

　　언론진흥재단 감사, 저작권위원회 부위원장, 영화진흥위원회 부위원장

　　(현) 법조윤리협의회 위원장

　　(현) 인하대학교 법학전문대학원 교수

이영풍(李永豐)

　　부산대학교 경제학과 학사

　　영국 카디프대학교 해양정책 석사

　　한국해양대학교 해운경영학과 석사

　　KBS 아프가니스탄전쟁 종군 특파원

　　KBS 공영노조 부위원장

　　(현) KBS 보도본부 기자 (2023년 8월 9일자로 해직)

강규형(姜圭炯)

　　연세대학교 사학과 학사

　　인디애나대학교 역사학 석사, 오하이오대학교 역사학 박사

　　KBS 이사회 이사

　　방송통신위원회 시청자권익위원회 위원

　　문화재위원회 위원

　　유네스코 한국위원회 위원

　　(현) 명지대학교 교수

최경규(崔庚圭)

　　서울대학교 사범대학 수학교육과 및 행정대학원 졸업

스탠포드대학교 경영대학원 박사; 하버드대학교 케네디스쿨 석사
노스웨스턴대학교 로스쿨 LLM. 미국 뉴욕주 변호사
기획재정부 재정정책자문회의 민간위원, 공공기관운영위원회 위원
국무총리실 국제개발협력위원회 위원; 금융위원회 적극행정위원회 위원
(현) 국방부 전력소요검증위원회 위원; 국토부 항공교통심의위원회 위원
(현) 동국대학교 경영대학 교수

정기애(鄭麒愛)

숙명여자대학교 문헌정보학 학사
중앙대학교 기록관리학 석사, 동 대학원 박사
한국전력기술(주) 기술정보실 부장 / 인재개발교육원장
행정안전부 국가기록원 기록정책부장
문화체육관광부 국립장애인도서관장
(현) 국가기록관리위원회 부위원장
(현) 숙명여대 문헌정보학과 객원교수

황승연(黃承淵)

경희대학교 영문과 졸업
독일 자르브뤼켄 대학교 사회학박사
경희대학교 사회학과 명예교수
(현) 상속세제 개혁포럼 대표
(현) 굿소사이어티 조사연구소 대표

문재인 흑서
위선의 역사

2023년 12월 20일 초판 2쇄 펴냄

지은이 | 김주성, 조성환 , 이호선, 오정근, 이종은, 박은숙, 박진기, 이창위, 홍승기, 이영풍,
         강규형, 최경규, 정기애, 황승연

펴낸이 | 길도형
편 집 | 이현수
인 쇄 | 삼영인쇄문화
펴낸곳 | 타임라인출판
등 록 | 제406-2016-000076호
주 소 | 경기도 고양시 일산서구 덕산로 250
전 화 | 031-923-8668
팩 스 | 031-923-8669
E-mail | jhanulso@hanmail.net

ISBN 979-11-92267-08-1   03300